MÉMOIRES

SUR LE DIX-HUITIÈME SIÈCLE
ET LA RÉVOLUTION FRANÇOISE.

MÉMOIRES

INÉDITS

DE MADAME LA COMTESSE

DE GENLIS.

PARIS. — IMPRIMERIE DE PAIN, RUE RACINE, N° 4.

MÉMOIRES

INÉDITS

DE MADAME LA COMTESSE

DE GENLIS,

SUR LE DIX-HUITIÈME SIÈCLE

ET

LA RÉVOLUTION FRANÇOISE,

DEPUIS 1756 JUSQU'A NOS JOURS.

TOME QUATRIÈME.

A PARIS,

CHEZ LADVOCAT, LIBRAIRE
DE S. A. R. MONSEIGNEUR LE DUC DE CHARTRES,
AU PALAIS-ROYAL.

M. DCCC. XXV.

TABLE

PAR ORDRE ALPHABÉTIQUE

DES NOMS

CITÉS DANS LE QUATRIÈME VOLUME.

AFFAIRES PUBLIQUES ; manière dont il faut juger les personnes qui s'engagent dans ces affaires, 85.
ALFRED LE GRAND ; tour sur laquelle il proclame l'indépendance de l'Angleterre, 113, 114.
ALTONA (la ville d'), 287.
ANATOLE, petite-fille de madame de Genlis, 178.
ANCILLON (M.), 322.
ANDLAU (la baronne d'), 9, 84.
ANNALES FRANÇOISES, citées, 3, 4.
ANNALES PATRIOTIQUES, citées, 122, 123.
ANNEAUX reçus et donnés, 9.
ANTONIA (jeune folle par amour), 240, 242, 277.
ASSEMBLÉE NATIONALE, 106.

TABLE ALPHABÉTIQUE.

ATHALIE, tragédie, 121.

AUBERGISTES, en Allemagne et en Suisse, 197.

AUMONT (la duchesse d'), 306.

AVENTURE DANGEREUSE, 4 et suiv.

BARBANTANE (madame de), 3.

BARRÈRE, député, 96, 97.

BARROIS (M.), 419.

BATH, 112.

BAUDRY, commandant de la garde nationale, 5 et suiv.

BEAUHARNAIS (le vicomte de), 102.

BEAUJOLOIS (le comte de), 4, 10, 47.

BEAUVERT (madame de), 293.

BELGIQUE; effet de sa réunion à la France, 155.

BELLENGER, architecte, 116.

BERLIN (la ville de), 321.

BEZENVAL (mémoires du baron de), 3.

BLOT (la comtesse de), 306.

BOCQUET (M.), 324.

BOCQUET (madame), 324.

BOCQUET (mademoiselle), 321, 322.

BOUFLERS (madame de), 90.

BOURBON (le duc de), 246.

BREMGARTEN, 201, 223, 224.

BREVEL (village de), 345, 347, 353.

BRISSOT DE VARVILLE (M.), 106, 107, 108.

BRISTOL (le lord), 113.

BRULANT (MM. de), 24.

BUNBURY (le chevalier), 114, 127, 221.

BUTTLER (lady), 117.

Buffon (M. de), 160.
Bury, 114, 117, 128.

Calonne (M. de), 130, 131.
Cambridge, 115.
Castelreagh (lord), 117.
Charce (madame de la), 306.
Censure ancienne; ce qu'elle étoit en France, 314, 315.
Charles (le prince), duc de Lorraine, 170.
Charles II, roi d'Angleterre, 119, 120.
Chartres (duc de), 2, 3, 9, 10, 44, 45, 61, 146, 153, 167, 171, 176, 190, 196, 199, 203, 205, 208.
Chastellux (madame de), 12, 36, 37, 38, 41, 50, 52, 62, 80, 306.
Chevaliers du Cygne (les), roman de madame de Genlis, 300.
Chevreuse (la duchesse de), 209.
Cigognes; respect superstitieux pour ces oiseaux, 347.
Cimetière de Bury, ouvrage de madame de Genlis, 118.
Clanost (madame), 303.
Cobourg (le prince de), 193, 194.
Cohen (madame), 222.
Collé (Mémoires des), 4.
Colombe (village de), 4 et suiv.
Commissaires de la Convention, 172.
Condé (le prince de), 103, 247, 343.
Condorcet (M. de), 155.
Conrad (M.), 221, 275, 276, 277, 278.
Conti (la princesse de), 226, 239.
Cordeliers (société des), 106.

CRÉPIN (M.), commissaire des guerres, 167.
CREST (César du), 146, 211.
COUTUMES SUISSES AUX NOCES, 217. A l'égard des enfans, 218. — du Holstein, aux funérailles, 294, 295, 296.

DARNAL, domestique, 136.
DAVID, 102, 103.
DAVIS (M.), 221.
DERBYSHIRE (les grottes de), 115, 116.
DESROIS (madame), 29.
DESSAINT, aubergiste, 110, 111, 112.
DEVONSHIRE (la duchesse de), 222.
DIFFENTHALLER (M.), 245, 248, 251, 253.
DUBUISSON, commissaire, 158, 159, 160.
DUHEM, député, 171.
DUMOURIEZ (le général), 157, 159, 170, 171, 172, 178, 190, 291, 292.
DUPONT (mademoiselle), 108, 109.
DURFORT (le chevalier de), 307.

ÉGLANTINE, petite-fille de madame de Genlis, 118, 119.
ÉMIGRÉES (femmes), réduites, pour vivre, à travailler, 284.
ÉMIGRÉS, persécutoient leurs compatriotes dans les pays étrangers, 196, 197, 199, 204, 205, 206, 282, 329, 368.
ÉMIGRÉS (les Petits), ouvrage de madame de Genlis, 357.
ENTRETIENS IMAGINAIRES, 361.

FAUCHE, libraire, 300.
FEMMES DU PEUPLE, orateurs, 106.
FEMME JAUNE, nom donné à une femme qui assiste aux noces, en Suisse, 217.

TABLE ALPHABÉTIQUE.

FERGUS (miss), 114, 222.
FERNIG (les demoiselles), 301, 302, 303.
FOTHERGILL, médecin, 113.
FOX, 124, 128.

GAGES (lady), 114.
GAUTHIER, 104.
GAZETTE DE LEYDE; calomnie imprimée dans ce journal contre madame de Genlis, 270, 271.
GÉRALD (lord Édouard Fitz-), 131, 142, 149, 150, 151, 152, 220, 221, 340, 359.
GÉRALD (lady Fitz-). *Voyez* Paméla.
GERLACH (mademoiselle), 314, 324.
GIROUX, peintre, 1.
GIRARDIN, 102.
GORDON (lord William), 221.
GORSAS, journaliste, 122, 123.
GRIMM, 4.
GROUVELLE, 102, 103.
GUDIN (madame), 297, 298.
GUILLAUME (le prince), landgrave de Hesse-Cassel, 122, 224, 355.

HAMBOURG (la ville de), 298, 336.
HAMILTON (M. et Mme.), 156.
HAMILTON (mademoiselle), 156. *Voyez* Jouy.
HARPE (M. de La), 160.
HAYDN, 299.
HAYLEY, 221.
HENRIETTE (du Crest), 189, 220, 225, 256.

HERBIER MORAL (l'), ouvrage de madame de Genlis, 357.
HERMANN (M.), 322.
HERVEY (M.), 115, 221.
HISTOIRE; OUBLIS ET INJUSTICES HISTORIQUES, 120.
HOARE (le chevalier), 113.
HOLSTEIN; richesse de ce pays, 354, 355.
HONEGGER (M.), 230, 272.
HOWARD (M.), 115, 127, 128, 221.
HOZE, médecin, 221, 231, 274, 275, 276.
HUME (lady), 222.
HUME (le chevalier), 221, 222.

LACLOS, 10, 11, 12, 90.
LAFAYETTE (M. de), 163.
LAMETH (MM. de), 104.
LA LIPPE (la comtesse de), 222.
LAMBESC (le prince de), 191, 192.
LANGOLEN, 117.
LANGUES; manière d'apprendre les langues parlées, 112, 113.
LANSBERG (la princesse de), 186.
LEÇONS D'UNE GOUVERNANTE, citées, 12.
LEINSTER (la duchesse de), 151.
LETTRES de madame de Genlis au duc d'Orléans, 14.
LENOX, nom que prend madame de Genlis, 208.
LICHT (le docteur), 362, 363, 364, 365, 366.
LOMBARD (M.), 221.
LONDONDERY (lord et lady), 113, 221.
LONDRES, 112, 128.
LUSAC (M. de), 271, 272, 273.

TABLE ALPHABÉTIQUE.

Mack (le baron de), 192, 193, 194.
Mansfield (lord), 150.
Maret (M.), 131.
Marie-Antoinette (la reine), 82.
Marié (l'abbé), 343.
Marmontel, 307, 313.
Martin (aubergiste), 110 *et suiv.*
Mathiessen (M.), 221, 320.
Mathiessen (madame), 320.
Mayet (M.), 221, 322.
Mères rivales (les); madame de Genlis en fait le plan à Hambourg, 298.
Merys (M.), 148.
Millin, 102.
Modène (le duc de), 104, 110.
Morand (M.), notaire, 223.
Mons, 189, 194.
Monsigny, 4.
Montant (madame de), 84.
Montant (Joséphine de), 84.
Montesquiou (M. de), 201, 207, 211, 224, 226, 271, 272.
Montjoye (M. de), 178, 180, 182, 194, 195, 201.
Montmorency (Mathieu de), 102.
Montolieu (madame de), 218.
Montpensier (le duc de), 169.
Mirabeau, 104, 105.
Muller (madame), 272.

Neagle (M.), 113.
Necker (M.), 318.

NECKER (madame), 37.
NEW-MARKET (courses de), 115.
NOCES dans les cantons catholiques de la Suisse, cérémonies qui y sont observées, 217.
NORFOLK (lord), 115.
NOUVELLE HÉLOÏSE; critique de ce roman, 212, 213.

O'MORAN (le général), 155, 156, 165.
ORLÉANS (le duc d'), 10, 19, 21, 22, 51, 52, 53, 55, 59, 60, 61, 76, 77, 78, 89, 90, 91, 92, 93, 94, 107, 108, 110, 111, 121, 126, 127, 128, 135, 140, 145, 146, 149, 152, 153, 163, 164, 167, 168, 198, 243.
ORLÉANS (la duchesse d'), 9, 10, 16, 20, 40, 41, 48, 50, 51, 52, 57, 58, 59, 60, 61, 62, 77, 78, 79, 80, 81, 82, 198.
ORLÉANS (mademoiselle d'), 4, 19, 23, 28, 33, 41, 46, 47, 52, 64, 65, 75, 131, 140, 141, 153, 163, 164, 173, 177, 189, 199, 204, 209, 212, 225, 228, 239, 243, 249, 253, 255, 256, 258, 259 *et suiv.*
OSNABRUCK (ville d'), 286.
OSTENDE, 180.
OTT (M.), aubergiste, 197.

PAGEROE (le village de), 354.
PALISSOT, 131.
PAMÉLA, 4, 131, 142, 149, 150, 159, 161, 162, 220, 259, 340.
PARANDIER (M.), 221, 332.
PARVENUS (les), ouvrage de madame de Genlis, cité, 125.

TABLE ALPHABÉTIQUE.

Pêches de Bury, 114, 115.
Penthièvre (le duc de), 29.
Perrégaux (banquier), 162.
Peterson (la famille), 345 *et suiv.*, 359.
Peterson (Mlle. Léna), 346.
Pétion, 98 *et suiv.*, 121, 124, 125.
Peuple; mouvement populaire, difficulté de l'arrêter, 101.
Pieyre (M.), 10.
Planta (M.), 119.
Plock (M. et Mlle.), 287, 294.
Polyphème (pantomime), 1.
Ponsomby (miss), 117.
Pont-Saint-Maurice (la comtesse de), 254.
Portsmouth, 117.
Potocki (le comte), 318.
Poulk (M.), 221.
Précieuses ridicules (les nouvelles), comédie de madame de Genlis, 148.
Prusse (le roi de), 330.

Quevrain, 180.

Reclam (Mme.), 324.
Reed (M.), 132, 138.
Rice (M. de), 129.
Rime (Mlle.), 15, 33.
Riquet (Jenny), 327, 336, 344, 357, 358, 364, 365, 366.
Robespierre, 296, 102.
Rousseau (J.-J.), cité 26, 312.

SAINT-AMAND (la ville de), 170.
SAINT-LEU, 1.
SALIER (M.), 3.
SCHAFFHOUSE, 195, 276.
SCHÉE (M.), 90.
SCHOMBERG (M. de), 4.
SCHOOL FOR SCANDAL, comédie de Shéridan, 139, 140.
SÉGUR (le vicomte de), 11.
SERCEY (H. de), 4, 115, 319, 320, 337, 338, 339.
SEYMOURS (père de Paméla), 149.
SHÉRIDAN, 124, 128, 130, 131, 132, 136, 137, 138, 139, 164, 221.
SIEYÈS (l'abbé), 104, 329.
SILLERY (M. de), 141, 142, 146, 153, 154, 166, 210.
SLETWIG (la ville de), 355, 362.
SMITH (M.), 279, 280, 281.
SOUVENIRS DE FÉLICIE, cités, 117.
STONE (M.), 142, 161, 162.
STOURHEAD, 113.
STUART (M.), 117.
STUART, nom que prend en Suisse madame de Genlis, 208.
STUTTGARD (la ville de), 280.
SIMS (Mary), mère de Paméla, 149 *et suiv.*

TALLEYRAND (le prince de), 83, 221, 351, 352, 353.
TEXIER (M.), 221, 292.
THIÉBAULT (M.), 136.
TOPIN (madame), 76.
TOURNAY (la ville de), 144, 147, 152, 153, 169.
TRESSAN (M de), 4.

UNGER (le professeur), 221.

VALENCE (M. de), 89, 171, 282, 283, 284, 285, 300, 341.

VALENCE (madame de), 160, 161, 162, 167.

VAUX (M. de), 170, 171.

VOEUX TÉMÉRAIRES, ouvrage de madame de Genlis, 322, 357, 358.

VOLNEY, 102.

VOLTAIRE ; censure de cet auteur, 314, 315.

VOLTERS (le pasteur), 98, 299.

VOUNIANSKI (le baron de), 183, 185.

VOYAGEURS ; danger pour eux de juger par induction, 116, 117.

WARNER, médecin, 113, 221.

WÉDERCOP (le comte et la comtesse de), 222, 339, 342, 353, 361.

WIGHT (l'île de), 117.

WILKES (miss), 222.

WISBADEN, 194.

YOUNG, 115.

ZUG (la ville de), 197.

ZURICH (la ville de), 196.

FIN DE LA TABLE ALPHABÉTIQUE.

MÉMOIRES

DE MADAME LA COMTESSE

DE GENLIS.

La révolution éclata le 9 juillet; c'étoit la veille de ma fête, que l'on célébroit à Saint-Leu par de charmans spectacles. Un peintre, nommé Giroux, jouoit dans une pantomime le rôle de Polyphème; nous apprîmes les premiers mouvemens de Paris pendant nos spectacles. M. Giroux, très-curieux de voir ce qui se passoit, aussitôt qu'il eut joué son rôle, se précipita dans un cabriolet, et partit à toute bride pour Paris, sans avoir pris le temps de se déshabiller; son costume, et son œil peint au milieu du front, causèrent un tel étonnement qu'il fut arrêté aux barrières et conduit dans un corps-de-garde, où il resta plus de deux heures; on le questionna avec beaucoup de défiance et de sévérité sur les causes de ce singulier travestissement.

M. le duc de Chartres, quelque temps après la révolution, alla à son régiment, qui étoit à Vendôme; il y fit une action de courage et d'humanité qui lui valut une *couronne civique*, que lui donna solennellement la ville. Il s'étoit baigné à midi dans la rivière; comme il se rhabilloit sur le rivage, un homme, qui étoit encore dans la rivière, saisi d'une crampe violente à la jambe, cria au secours; M. le duc de Chartres s'élança dans l'eau, alla à lui, le saisit par les cheveux, au moment où il s'évanouissoit, et eut le bonheur de le sauver, et de le déposer sur le rivage. Cet homme étoit un employé dans les douanes, il vint le lendemain chez M. le duc de Chartres, avec sa femme et cinq petits enfans, qui se jetèrent à ses pieds pour le remercier. Cette aventure, qui s'étoit passée en plein jour et devant une multitude de témoins, fit un grand honneur à M. le duc de Chartres. Il m'envoya dans une lettre une feuille de chêne de sa couronne civique, que je conservai précieusement, que j'ai mise depuis dans mon livre de souvenirs, et que j'ai encore. Dans la lettre qui contenoit cet envoi, il me remercioit de la manière la plus touchante de lui avoir fait apprendre à nager. En effet, lorsque je l'envoyai à l'école de natation, ainsi que ses frères, je leur avois beaucoup répété que c'étoit une chose qu'il falloit savoir pour soi et pour les autres [1] ; et c'est ainsi que je leur fis apprendre à saigner et à panser des plaies. Je les ai menés, pendant tout un hiver, à l'Hôtel-Dieu, pour y panser les plaies des pauvres.

Il nous arriva, en 1790, une aventure qui

[1] On trouve dans un pitoyable ouvrage (*les Annales Françaises*, de Salier) une étrange confusion et une absurde calomnie sur ce fait. Il y est dit que feu M. le duc d'Orléans, père de mon élève, *pour imiter le duc de Brunswick*, feignit de sauver un noyé, en ordonnant à *un de ses jockeis* de se jeter dans la rivière, et de *faire semblant* d'être en danger, et que le prince, qui nageoit parfaitement, *fit semblant* de le sauver. Ce conte ridicule est un quiproquo de méchanceté sur l'aventure très-réelle de M. le duc de Chartres à Vendôme.

En général les mémoires *historiques* de ce siècle sont remplis de calomnies et de mensonges ; ceux qui portent le nom du baron de Bezenval (et qui ne sont nullement de lui) contiennent une infinité de faussetés, entre autres, sur madame de Barbantane ; tout ce qu'on y dit d'injurieux sur elle est absolument faux. Madame de Barbantane a toujours été mon ennemie : ainsi mon témoignage en ceci n'est nullement suspect. Je n'ai d'ailleurs

porta au comble le désir que j'avois de quitter la France : nous allions en calèche, à quatre heures, Mademoiselle, M. le comte de Beaujolois, ma nièce Henriette de Sercey, Paméla, et moi, voir une maison de campagne à quatre lieues de Paris; nous passâmes par le village de Colombe; c'étoit malheureusement un jour de foire : il y avoit dans ce village une multitude de peuple des environs; comme nous traversions ce village, le peuple s'attroupa autour de notre calèche, se mit dans la tête

aucun motif personnel qui puisse m'engager à dénigrer ces mémoires, car on n'y parle pas de moi. Dans les mémoires de Collé, il y a un portrait sans aucune vérité du célèbre Monsigny ; on l'y traite avec indignité, et ce grand compositeur, que j'ai connu dès mon enfance, avoit autant de vertus et de loyauté que de talent. Les mémoires de Grimm sont remplis d'historiettes de son invention : il y parle de vers *pleins de naïveté* que m'adressèrent, à une fête à Bercy, mesdemoiselles d'Orléans, et ces deux petites princesses jumelles avoient alors *onze mois*; il y cite une réponse impertinente de M. de Schomberg à M. le duc d'Orléans, que M. de Schomberg n'a jamais faite, et que, par son caractère, il étoit absolument incapable de faire. M. Grimm prétend que, dans un discours académique, prononcé en public, M. de Tressan fit mon éloge; ce qui est faux, etc., etc.
(Note de l'auteur.)

que j'étois la reine, avec Madame et M. le dauphin, qui se sauvoient de Paris ; ils nous arrêtèrent, nous firent descendre de la voiture, dont ils s'emparèrent, ainsi que du cocher et de nos gens. Dans ce désordre, le commandant de la garde nationale (un jeune homme fort bien né, nommé M. Baudry) vint à notre secours, harangua le peuple, qu'il ne put dissuader, mais le décida à permettre qu'il nous conduisît dans sa maison (qui étoit à deux pas de là), en donnant sa parole de nous y retenir prisonniers, jusqu'à ce que tout fût parfaitement éclairci. A travers une foule immense, il nous mena dans sa maison, et, durant ce court trajet, nous entendîmes un grand nombre de voix crier avec fureur qu'il falloit nous mettre *à la lanterne*. Enfin nous entrâmes dans la maison ; mais un quart d'heure après, quatre mille personnes de la populace en assiégèrent les portes, les forcèrent et entrèrent dans la maison avec un tumulte affreux. M. Baudry fit, avec beaucoup de courage et d'humanité, tous ses efforts pour les calmer : nous étions dans le jardin, et, comme j'entendis qu'ils alloient y arriver, je dis à mes élèves de jouer sur-le-champ aux quatre coins avec moi. En effet, une foule effrayante d'hommes et de femmes se précipitèrent dans le jardin; ils furent très-surpris de nous y voir jouer aux quatre coins; nous cessâmes aussitôt le jeu, et je m'avançai vers eux avec le plus grand calme : je leur dis que j'étois la femme d'un de leurs députés, que j'allois écrire un mot à Paris, que je les priois d'y envoyer un courrier, pour éclaircir la chose. Ils m'écoutèrent, ensuite ils s'écrièrent que *tout ça étoit des menteries*, que je voulois écrire pour avoir *un renfort;* ils conclurent que, si quelqu'un étoit assez osé pour aller à Paris, ils le mettroient à la lanterne, à son retour. M. Baudry prit aussi la parole et leur parla parfaitement, mais en vain. Pendant ce débat, je prenois du tabac et j'avois ma boîte ouverte; dans un moment où je proposois de nous donner une garde de dix ou douze hommes, et de nous laisser tranquilles jusqu'au lendemain, un vilain paysan, ivre-mort, le plus sale et le plus dégoûtant que j'aie jamais vu, vint prendre une prise de tabac dans ma tabatière; je jetai le reste du tabac, et je continuai froidement mon discours. Cette action les étonna et fit sur eux le meilleur effet : plusieurs d'entr'eux dirent que, si j'étois la reine, je ne serois pas si tranquille. Au milieu de cette scène, un homme qui étoit dans la foule, saisissant le moment où tout le monde parloit à la fois, s'approcha de moi et me dit à l'oreille : *Je suis un ancien garde de Sillery, soyez tranquille, je vais à Paris.* Ces paroles me remirent un peu de baume dans le sang.

Enfin, tous ces paysans consentirent à s'en aller, mais en nous donnant une garde de douze hommes armés, la baïonnette au bout du fusil, qui nous suivoient partout ; la plus grande partie de cette populace étoit ivre, elle resta dans la rue, et se répandit tout autour de la maison, de sorte qu'il nous étoit impossible de nous échapper : à huit heures du soir, le maire du village vint pour m'interroger, et, afin de me paroître plus imposant, il avoit mis son écharpe tricolore ; il me demanda gravement *de lui délivrer* tous les papiers que j'avois dans mes poches ; je lui donnai quatre ou cinq lettres ; comme il en examinoit attentivement les cachets, je le pressai de les ouvrir : il me répondit, d'un ton brusque, qu'il ne savoit pas lire, néanmoins il refusa de me rendre mes lettres. Nous passâmes la nuit toute entière dans cette situation ; les paysans qui nous assiégeoient s'endormirent dans les rues, ils cuvèrent leur vin et se réveillèrent avec un peu plus de raison. A cinq heures du matin, l'ancien garde de Sillery revint de Paris; il avoit été à la municipalité, et rapportoit l'ordre de nous laisser aller. Le bon garde-chasse avoit été bien sûr que la défense d'aller à Paris seroit totalement oubliée quand l'ivresse seroit passée. En effet, personne ne s'en ressouvint; on reconnut unanimement que je n'étois pas la reine, et on passa de l'emportement et de la colère à un repentir, qui porta une grande partie de ce peuple à vouloir nous reconduire *en triomphe* à Paris; ce qui auroit fait une histoire épouvantable dans les journaux. Il fallut toute mon éloquence pour les dissuader de nous rendre ce funeste honneur : enfin, j'en vins à bout; nous partimes, je n'arrivai qu'à six heures et demie à Belle-Chasse, bien fatiguée; mais cependant je ne fus point malade, malgré tout l'effroi intérieur que cette scène m'avoit causé.

Peu de temps après, j'éprouvai la plus déchirante douleur que l'on puisse ressentir : je perdis ma mère; je la soignai pendant trois jours et trois nuits sans me coucher une minute, et sans la quitter un seul instant. Mes élèves, d'eux-mêmes, voulurent aller à son convoi; ils l'aimoient, et ils partagèrent ma douleur de la manière la plus touchante.

Madame la duchesse d'Orléans m'avoit donné, au commencement de 1789, un anneau émaillé, avec ces mots tracés dessus, *Vous savez combien vous m'aimez, mais vous ne pouvez pas savoir comme je vous aime ;* l'anneau portoit seulement en petits diamans les lettres initiales de chacun des mots de cette phrase. En reconnoissance, je lui donnai un anneau émaillé figurant un ruban avec un nœud, et sur la partie qui n'étoit pas nouée ces mots étoient tracés : *Impossible à dénouer* [1]..

[1] Tous mes élèves, mes amis, ma mère, mon mari, mon frère, mes filles, me donnèrent chacun un anneau, avec une devise : voici celle de M. le duc de Chartres (il avoit alors dix-sept ans) : *Qu'aurois-je été sans vous ?* .. Cette trop modeste devise me toucha d'autant plus

J'eus dans ce temps toutes les espèces de mécontentemens : M. le duc d'Orléans me fit la proposition la plus étrange : il me dit que M. le vicomte de Ségur lui avoit demandé une place de secrétaire des commandemens auprès de M. le duc de Chartres, pour M. de Laclos, auteur des *Liaisons dangereuses ;* je restai confondue. Après un moment de silence, je lui répondis que, s'il donnoit cette place à un tel homme, je quitterois le lendemain l'éducation de ses enfans. La place ne fut point donnée,

qu'elle étoit bien de lui, ainsi que celle de Mademoiselle, qui me donna un large anneau d'or qui s'ouvroit, et qui renfermoit ces paroles, *Est-il rien que je puisse préférer au bonheur d'être avec vous ?* et sur l'anneau est écrit ce nom, *Adèle,* qu'elle portoit dans notre intérieur. M. le duc de Chartres avoit pris celui de *Théodore.* M. Pieyre fit pour M. le duc de Montpensier cette jolie devise : *T'aimer est mon devoir, te plaire est mon bonheur.* Il me la donna sur un anneau émaillé de noir ; cette couleur me fit de la peine : c'étoit un pressentiment !... M. le comte de Beaujolois me donna un simple anneau qu'il avoit tourné lui-même, sur lequel il fit graver ces mots : *Je suis votre ouvrage, et je vous donne le mien.* La devise de celui de madame la duchesse d'Orléans est prise des *Lettres de madame de Sévigné.*

(Note de l'auteur.)

mais il avoit vu plusieurs fois M. de Laclos, qui lui avoit plu : il forma avec lui une liaison intime; il le consulta sur beaucoup de choses importantes, pendant la révolution ; on a vu les suites de cette confiance. M. le vicomte de Ségur eut le manque de pudeur et d'esprit de venir tout exprès à Belle-Chasse, pour me reparler en faveur de M. de Laclos : il me dit, entre autres choses, que M. de Laclos étoit l'un de *mes plus grands admirateurs*, et que, si je voulois bien y réfléchir, je trouverois un grand fonds de morale dans son roman : je lui répondis, ce qui étoit vrai, que je venois de le lire pour la première fois ; que non-seulement je le trouvois exécrable par les principes, mais qu'il me paroissoit un fort mauvais ouvrage, sous les rapports littéraires. En effet, on n'y trouve ni invention, ni caractères, ni peintures neuves ou fidèles du monde. Il n'y a nul talent dans la conception de la femme perverse qu'il représente; elle est seulement grossière et dégoûtante; il étoit absurde de louer son imagination, et de ne pas lui faire inventer un moyen plus ingénieux de se venger de sa rivale, que celui de l'attirer chez elle pour la faire fouetter par ses laquais.

Le triste changement de madame la duchesse d'Orléans pour moi, après vingt ans de l'amitié la plus tendre et de la confiance la plus intime, devint tel, que je pris enfin le parti de me retirer. Ce changement fut préparé depuis le veuvage de madame de Chastellux, la révolution seulement l'augmenta, et surtout y servit de prétexte. J'ai donné, dans les *Leçons d'une Gouvernante*, le détail le plus circonstancié de ma conduite dans cette triste conjoncture. C'est là que l'on pourra voir toute la pureté de mes intentions, et les efforts inouïs que j'ai faits pour lui gagner et conserver le cœur de ses enfans, malgré toutes les injustices que j'éprouvois. J'en vais tracer ici un rapide abrégé. Je ne voulus point consigner ces faits dans mon *Journal d'Éducation*, afin que mes élèves n'en n'eussent point connoissance, et qu'ils ne pussent altérer en rien les sentimens que je leur désirois pour leur vertueuse mère. Ils n'ont connu de la conduite de madame la duchesse d'Orléans, depuis notre rupture, que ce que je n'ai pu leur cacher, c'est-à-dire, que les choses dont ils ont été témoins. Ils ont donc ignoré les détails suivans jusqu'au mois de mai 1791. Je ne leur parlai ni directement ni indirectement, des démarches que je faisois pour ramener madame la duchesse d'Orléans, et des lettres dont on va lire les copies. Non-seulement je leur cachois ces tentatives infructueuses ; mais, afin de diminuer à leurs yeux l'injustice accablante de madame la duchesse d'Orléans à mon égard, je leur répétois mille fois, *que je me reconnoissois un tort*, celui de n'avoir pas fait auprès d'elle les démarches qui auroient pu l'éclairer et la ramener ; que je la chérissois toujours, parce que j'étois sûre que rien ne pouvoit changer le fond de son cœur ; mais que j'avois une certaine roideur de caractère qui ne me permettoit pas d'employer les moyens qui peuvent produire un rapprochement ; qu'enfin, lorsque l'amitié s'éloigne de moi, je ne sais que gémir en secret, et sinon m'éloigner aussi, du moins rester immobile à la place que l'on m'assigne : c'est ainsi que j'atténuois à leurs yeux, des procédés inconcevables aux miens ; voilà le seul artifice que j'aie employé avec eux ; mais, quand malgré la prévention cruelle dont j'étois l'objet, je leur faisois l'éloge de la vertu, de la bonté naturelle et du caractère si attachant et si aimable de madame la duchesse d'Orléans, je ne remplissois qu'un devoir, je rendois justice à la vérité; je contois ce que j'ai vu pendant dix-huit ans et ce qui a existé toujours. On peut aigrir et tourmenter un cœur sensible et vertueux; on peut y jeter d'injustes défiances, mais on ne l'endurcit point; on ne le change point. Vouloir éloigner une mère de ses enfans est un dessein bien noir, et c'est de plus une idée bien absurde quand cette mère étoit madame la duchesse d'Orléans.

Le 10 de septembre 1790, j'écrivis à M. le duc d'Orléans la lettre suivante :

« Ce triste moment que je prévois depuis plus d'un an, est enfin arrivé. Je suis absolument forcée de vous demander ma démission, à moins (ce que je ne crois pas) que, sous trois jours, on ne m'accorde la réparation que je mérite. Vous savez où en étoient les choses, c'est ce que vous avez vu de vos yeux; vous savez si j'ai eu de la douceur, de la patience et de la modération; mais enfin, on veut me pousser à un parti qui déchire mon cœur, et que je ne puis m'empêcher de prendre. Je ne vous ai point dit, il y a quelques jours, que madame la duchesse d'Orléans est venue voir Mademoiselle, dans l'après-midi, ce qu'elle ne fait pas ordinairement; au bout de deux minutes, elle lui a dit devant mademoiselle Rime qu'elle voudroit voir ses fils, et lui a demandé où ils étoient, Mademoiselle a répondu qu'ils étoient *comme à l'ordinaire à cette heure*, avec moi; *dans ce cas*, a repris madame la duchesse d'Orléans, *je ne les verrai pas;* cela est fort clair et dit à haute voix à Mademoiselle et devant une femme de chambre... Cependant j'étois décidée à ne vous point parler de cela, ainsi que de bien d'autres choses. Mais vous savez que madame la duchesse d'Orléans avoit dit à ses enfans, devant toute l'Académie [1], qu'elle les recevroit dimanche à dîner [2]. Ce matin, à dix heures et demie à mon réveil, Mademoiselle est venue.

[1] C'étoit l'étude du dessin que nous appelions ainsi.

[2] Chaque année, aussitôt après le retour de la campagne, les enfans alloient dîner une fois par semaine chez elle, quelquefois menés par moi et le plus souvent sans moi.

(Notes de l'auteur.)

se jeter dans mes bras, toute en larmes, en me disant que madame sa mère étoit venue à neuf heures lui dire; *que des raisons très-fortes l'empêchoient de la recevoir chez elle; qu'elle ne pouvoit lui dire ces raisons, parce qu'elle n'avoit pas mérité sa confiance; mais qu'elle espéroit que ces raisons cesseroient bientôt, et qu'alors elle lui expliqueroit cela.* Ceci a été accompagné de plusieurs questions, entre autres celle-ci : *mais est-il vrai que vous aimiez tant madame de Sillery? Il faudroit*, a répondu Mademoiselle, *que je fusse bien ingrate pour ne la pas aimer de toute mon âme, etc.* M.^r le duc de Chartres et son frère ont eu de leur côté la même scène. Il résulte de tout ceci, que maintenant il est bien prouvé à vos enfans que leur mère me déteste et désapprouve publiquement la confiance que vous avez mise en moi, et qu'elle y avoit mise elle-même à cet égard; qu'ainsi vous n'agissiez plus de concert avec elle, et que vous êtes ouvertement divisés d'opinion et de sentimens. Ajoutez à ceci qu'ils n'aperçoivent madame la duchesse d'Orléans que des minutes; qu'ils en sont traités avec une extrême froideur; qu'ils voient que je leur suis entièrement consacrée;

qu'ils pensent que de tels soins devroient inspirer de la reconnoissance à une mère; que d'ailleurs, malgré tous les procédés que j'ai éprouvés, et dont ils ont été témoins, je ne leur parle d'elle que pour vanter sa vertu, et pour les exhorter de toutes les manières à la chérir. Certainement ils ne me donneront pas tort, et il est impossible qu'une telle conduite ne finisse pas par les aigrir profondément[1]. Je ne puis, dans une semblable position, res-

[1] Cette lettre ne devoit pas être vue par mes élèves, puisque j'écrivois pour M. le duc d'Orléans; et, dans le désir d'obtenir ce que je demandois, j'exagérois ma crainte à cet égard, ou, pour mieux dire, je ne songeois nullement à peser et à mesurer mes expressions; mais au fond je n'ai jamais cru que des enfans bien nés fussent capables *de s'aigrir profondément* contre une mère, parce qu'elle ôte sa confiance à leur institutrice. Aussi mes élèves avoient-ils tous les sentimens qu'ils devoient avoir, c'est-à-dire une parfaite soumission aux volontés de leur père, un respect et une tendresse inaltérables pour madame la duchesse d'Orléans, une vive reconnoissance de tout ce que j'ai fait pour eux, et de l'indignation pour la personne qui abusoit d'une manière si odieuse de l'ascendant subit qu'elle avoit pris sur l'esprit de madame la duchesse d'Orléans.

(Note de l'auteur.)

TOME IV.

ter avec honneur dans ma place; ainsi, mon parti est irrévocablement pris, et le voici : ayez la bonté de décider madame la duchesse d'Orléans à m'autoriser de dire à ses enfans, *sous trois jours*, que j'ai été lui demander une explication au Palais-Royal (ou d'une autre manière); qu'on m'avoit fait auprès d'elle des tracasseries dont je me suis pleinement justifiée; qu'elle a repris pour moi toute sa bonté, et que cela soit suivi d'une manière décente de vivre avec moi; qu'elle vienne ici les soirs comme jadis, etc. Et alors je resterai, j'oublierai tout, et il ne m'en coûtera rien de lui donner toutes les preuves du monde de respect et d'attachement; car, malgré ses injustices envers moi, qui lui sont inspirées par des méchans qui abusent cruellement de la facilité de son caractère, je rendrai toujours justice à sa vertu, au fonds de bonté qui est dans son âme, et j'excuse sans peine une conduite dont je suis bien sûre qu'elle ne sent pas les conséquences; enfin je vous conjure d'obtenir sans délai, ce que je vous demande; mais, si cela n'est pas possible, recevez, je vous le répète, ma démission. Je puis tout faire pour vos enfans (et je l'ai prouvé), à l'exception de m'avilir, et c'est ce que je ferois, en restant ici dans l'état où sont les choses. »

« De Belle-Chasse, ce vendredi, 10 septembre 1790. »

On voit quel étoit mon langage en parlant de madame la duchesse d'Orléans à M. le duc d'Orléans, dans un moment où j'étois d'autant plus aigrie d'une longue suite de mauvais traitemens, que jamais madame la duchesse d'Orléans ne m'avoit accordé la plus légère explication ; quelques torts que l'on puisse supposer, à une personne à laquelle on a prodigué, pendant dix-neuf ans, les plus touchans témoignages d'amitié et de confiance intime, au moins faudroit-il l'instruire avec détail, des sujets de plaintes que l'on croit avoir, et ne pas la condamner sans l'entendre !............ M. le duc d'Orléans ne voulut point recevoir ma démission, et me promit de faire, sous peu de jours, ce que je désirois. Pendant cet intervalle, Mademoiselle qui, d'après toutes les choses dont elle étoit témoin, craignoit, depuis long-temps, que je prisse enfin le parti de me retirer, me voyant fort triste et très-agitée, pénétra facilement mon dessein; mais elle crut devoir ne m'en pas parler, et cette contrainte la mit dans un état affreux; elle s'évanouit un jour dans le jardin de Belle-Chasse; les personnes qui étoient avec elle la rapportèrent sans connoissance; j'accourus et je la trouvai dans les convulsions les plus effrayantes; en ouvrant les yeux, et en me voyant, elle fondit en larmes; cette scène, qui ne s'effacera jamais de mon souvenir, amena une explication dans laquelle je pris l'engagement formel de terminer son éducation c'est-à-dire, de ne la point *quitter volontairement*, enfin *de ne jamais demander ma démission*. Ce nouvel engagement me fit désirer plus que jamais le retour des bontés de madame la duchesse d'Orléans; ayant naturellement une extrême répugnance à me plaindre, je n'avois parlé à M. le duc d'Orléans que très-vaguement de ma situation, et avec une douceur qui ne devoit pas lui persuader que j'en fusse le moins du monde aigrie; il m'avoit répondu que madame la duchesse d'Orléans étoit loin de montrer à cet égard ma modération; que ses nouveaux amis étoient parvenus à changer entièrement son caractère; mais qu'il lui étoit absolument impossible d'articuler contre moi un seul fait positif, et d'alléguer sur cette aversion subite et violente, un seul motif qui eût le moindre fondement. M. le duc d'Orléans pensoit bien qu'au fond, la haine de la constitution nouvelle étoit une des principales causes de celle qu'avoient pour moi les amis de madame la duchesse d'Orléans; mais il croyoit aussi qu'elle n'oseroit jamais déclarer ouvertement ce motif, puisque mes sentimens, à cet égard, étoient ceux de M. le duc d'Orléans; et qu'elle ne pouvoit pas concevoir l'espérance qu'un père pût consentir à faire élever ses enfans dans des opinions absolument contraires aux siennes, et de plus contraires à son serment, à celui du roi et aux lois établies. D'après ces réflexions, M. le duc d'Orléans ne doutoit pas que madame la duchesse d'Orléans ne revînt enfin à des sentimens modérés et raisonnables; mais, pour l'y ramener, il crut devoir à sa vertu et à l'affection si vive et si pure dont elle lui avoit donné tant de preuves jusqu'à l'époque de la révolution, d'épuiser toute l'indulgence, tous les égards, toute la condescendance de l'amitié la mieux fondée et la plus tendre, avant de faire usage de son autorité. Cette conduite étoit, pour

M. le duc d'Orléans, un devoir de reconnoissance; il l'a rempli dans toute son étendue. Cette extrême douceur eût sans doute subjugué madame la duchesse d'Orléans, livrée à elle-même; mais la personne qui la conseilloit, ne vit dans de tels procédés que de l'insouciance et de la foiblesse, et son audace s'en accrut.

Cependant j'instruisis M. le duc d'Orléans de l'engagement que j'avois pris avec Mademoiselle. J'ajoutai que je désirois en rendre compte à madame la duchesse d'Orléans, et saisir cette occasion de m'expliquer enfin avec elle. J'écrivis la lettre qu'on va lire, dont je gardai une copie. Je la lus à M. le duc d'Orléans; ensuite il se chargea de la remettre lui-même, de la faire lire devant lui, ainsi que plusieurs passages de mon Journal d'éducation que je lui confiai. Tout cela fut exécuté. On en va voir le succès :

« Je supplie Madame de vouloir bien m'entendre sans prévention et avec cet esprit de justice qui la caractérise, et de ne me juger que d'après des faits. Je ne me suis chargée de vos enfans, Madame, que parce que vous l'avez désiré aussi vivement que Monseigneur; Madame se le rappelle certainement, et j'ai plus de cent cinquante lettres d'elle qui le prouvent, et qui prouvent de plus que, jusqu'à l'époque du mois d'octobre dernier, Madame m'honoroit de tous les témoignages de la plus tendre amitié, qu'elle étoit *heureuse* que ses enfans fussent entre mes mains, *et reconnoissante au delà de l'expression* des soins et de l'éducation que je leur donnois. Je cite les propres expressions de Madame, répétées dans presque toutes ses lettres. J'ose dire que je méritois de tels sentimens. Il y a près de douze ans que Mademoiselle est entre mes mains; mon devoir ne m'obligeoit qu'à présider à ses leçons, et je lui ai donné moi-même des leçons avec un zèle et une suite que nul maître n'auroit pu avoir : aussi peut-on dire sans exagération qu'elle est pour son âge un prodige sur la harpe, talent qu'elle ne doit qu'à moi seule, puisque le valet de chambre musicien qui la fait répéter mes leçons n'a nulle connoissance de cet instrument, et ne sait même pas l'accorder. Mademoiselle a d'autres talens très-agréables, et je ne crois pas qu'on puisse citer une jeune personne de treize ans plus formée, plus aimable et plus intéressante. A l'égard de vos fils, Madame, je m'en suis chargée, comme vous savez, pour l'unique et seul plaisir de vous prouver, ainsi qu'à M. le duc d'Orléans, un attachement sans bornes, refusant toute espèce d'appointemens, quoiqu'alors je fusse chargée de mes filles, et très-mal à mon aise, MM. de Brûlart n'ayant hérité de madame la maréchale d'Estrées que plusieurs années après cet événement : l'éducation que je leur ai donnée a été approuvée et louée universellement, et par mes ennemis mêmes : vous en avez parue, Madame, infiniment satisfaite, excepté depuis un an. Je prends donc la liberté de vous demander comment il est possible que vous ayez oublié tout à coup une satisfaction de *onze ans* et les droits qu'une si longue suite d'années, tant de désintéressement, de soins, de sacrifices et de succès à cet égard, devoient m'assurer dans votre cœur? Qu'ai-je fait depuis *onze mois* qui puisse balancer dans le cœur d'une bonne mère ces *onze années* de dévouement à ses enfans? Pourriez-vous imaginer que j'aie été capable un seul instant de négliger d'inspirer et de fortifier dans le cœur de vos enfans l'amour qu'ils vous doivent? Cette idée seroit monstrueuse, et par conséquent indigne d'une âme telle que la vôtre. D'ailleurs, si j'étois capable d'une semblable horreur, je serois aussi absurde que malhonnête. Quel est mon intérêt, Madame, en élevant vos enfans? Assurément il est prouvé que ce ne peut être ni celui de ma fortune, ni celui de l'ambition. La *seule amitié* fut jadis mon unique motif; et depuis, le désir et l'espoir d'offrir le modèle d'une excellente éducation ont uniquement pu me soutenir dans de tels travaux. Mon véritable intérêt, le seul que je puisse avoir, est de faire de vos enfans d'excellens sujets. Et comment pourroient-ils le devenir, si je ne cultivois pas en eux, avec un soin extrême, tous les sentimens qu'ils doivent avoir? J'ai donc désiré avec ardeur qu'ils vous aimassent avec une tendresse extrême, et je n'ai nullement désiré qu'ils m'aimassent de manière à ne pouvoir se passer de moi; je leur ai ôté, et dès les premiers instans qu'ils ont été entre mes mains, et toujours constamment depuis, l'idée qui peut le mieux entretenir une vive affection, celle que je passerois ma vie avec eux, leur répétant sans cesse, et de vive voix et par écrit, et souvent, Madame, en votre présence, que leur éducation finie, je n'aurois plus rien de commun avec eux, que je quitterois Paris et le monde sans retour; et c'est une vérité et une résolution d'autant plus solide, qu'elle est dans mon cœur depuis douze ans [1]. Ainsi, Madame, pourquoi voudrois-je les éloigner de vous? Pour les gouverner seule? Je n'ai jamais dominé personne, pas même mes propres enfans, par mille raisons, et surtout parce qu'il faudroit pour cela des soins, des assiduités, et une souplesse, absolument contraires à mon caractère et à mes goûts. D'ail-

---

[1] Je savois très-bien qu'en leur persuadant que je ne les quitterois jamais, j'augmenterois infiniment leur affection pour moi; mais je voulois qu'ils aimassent, de préférence à moi, ceux auxquels ils doivent le jour; et je n'avois pas, à cet égard, la manière de penser d'un instituteur beaucoup plus habile que moi; écoutons sur ce point J.-J. Rousseau. « Émile doit honorer ses pa-
» rens, mais il ne doit obéir qu'à moi. C'est ma pre-
» mière ou plutôt ma seule condition; j'y dois ajouter
» celle-ci qui n'en est qu'une suite : qu'on ne nous
» ôtera jamais l'un à l'autre que de notre consentement.
» Cette clause est essentielle, et je voudrois même que
» l'élève et le gouverneur se regardassent tellement
» comme inséparables, que le sort de leurs jours fût tou-
» jours entre eux un objet commun. Sitôt qu'ils envisa-
» gent dans l'éloignement leur séparation; sitôt qu'ils
» prévoient le moment qui doit les rendre étrangers l'un
» à l'autre, ils le sont déjà : chacun fait son petit système

leurs, je le répète, je ne resterai pas une minute dans le monde aussitôt que j'aurai recouvré ma liberté : ainsi je ne puis avoir deux projets contradictoires, celui de les gouverner et celui de me séparer d'eux pour toujours.

» Mais quand je voudrois rester avec eux, et conserver un grand ascendant sur leur esprit, pourquoi me seroit-il nécessaire de les rendre de mauvais fils ? Loin d'avoir be-

» à part, et tous deux occupés du temps où ils ne seront
» plus ensemble, n'y restent qu'à contre-cœur... Mais
» quand ils se regardent comme devant passer leurs
» jours ensemble, il leur importe de se faire aimer l'un
» de l'autre, et par cela même ils se deviennent chers.
» L'élève ne rougit point de suivre dans son enfance
» l'ami qu'il doit avoir étant grand ; le gouverneur
» prend intérêt à des soins dont il doit recueillir le
» fruit ; et tout le mérite qu'il donne à son élève est un
» fonds qu'il place au profit de ses vieux jours. »

Ces idées sont justes : cependant je ne les ai point suivies, parce que je ne voulois pas devenir l'objet du premier sentiment de mes élèves ; parce que je ne voulois pas exalter cet attachement naturel, si vif et si tendre, que tout enfant bien né éprouvera toujours pour une personne raisonnable et sensible qui lui consacrera tous ses soins.

(Note de l'auteur.)

soin de les corrompre pour établir mieux mon empire sur leurs cœurs et sur leur esprit, je ne pourrois l'établir sûrement, cet empire, qu'en faisant ce que j'ai fait sans ce dessein, qu'en mettant tous mes soins à les rendre parfaitement honnêtes, bons et vertueux. Madame peut se rappeler que dans le temps où j'avois le bonheur de la voir et de lui parler, je l'avois conjurée de moi-même de partager avec moi quelques soins d'éducation relatifs à Mademoiselle, parce que j'avois remarqué que la tendresse de Mademoiselle pour moi tient surtout à la vive reconnoissance que lui inspirent les soins que je lui consacre et les leçons que je lui donne.

» J'avois réfléchi là-dessus, et en conséquence proposé à Madame, il y a un an, un arrangement à cet égard, qui auroit inspiré à Mademoiselle, pour Madame, l'espèce de sentiment qu'elle a pour moi relativement à cet objet. Cette proposition de ma part prouve incontestablement combien je désirois vivement saisir tous les moyens possibles de vous unir à Mademoiselle; mais, grâce au ciel, il existe encore une preuve plus convaincante que tous ces faits, du désir infini que j'ai eu dans tous les momens, que Madame fût chérie de ses enfans ; cette preuve est une démonstration géométrique ; c'est, madame, le journal particulier que je fais pour vos enfans, et qu'ils lisent chaque jour. Que j'aurois été heureuse si vous aviez voulu le lire, ce journal ! je n'aurois jamais perdu le bonheur d'être aimée de vous ! un des plus grands chagrins que vous m'ayez causés, Madame, a été de me refuser, en présence de Mademoiselle, de le lire... Le voici ; daignez le parcourir, vous y verrez partout, que mon plus vif désir est que vous soyez adorée de vos enfans, que j'y parle sans cesse de votre *tendresse pour eux*, *de vos vertus angéliques*, *de l'amour*, *de la confiance sans bornes qu'ils vous doivent*, *etc*. Tel est constamment mon langage, et ce langage n'a pas changé depuis un an, malgré les traitemens étranges que j'ai éprouvés ! Madame verra encore dans ce journal que je n'ai pas négligé de leur inspirer aussi tous les tendres sentimens qu'ils doivent à M. le duc de Penthièvre, et même ceux qu'ils doivent à d'autres personnes que j'ai le droit de ne pas estimer, parce qu'elles ont été d'une très-noire ingratitude envers moi : telles, par exemple, que madame Desrois ; mais je leur parle, non d'après mes sentimens particuliers, mais d'après ceux qu'ils doivent avoir, n'ayant qu'un seul but, celui de les rendre vertueux. Maintenant, Madame, je vous supplie de vous mettre un moment à ma place; après douze ans de travaux, après tant de sacrifices, de soins qui n'eurent jamais d'exemple, quelle est ma récompense? J'en ai sans doute une grande; une conscience irréprochable, les succès de vos enfans, leur vive reconnoissance, celle de M. le duc d'Orléans et l'approbation universelle; mais puis-je être contente quand je suis privée d'une satisfaction dont nulle autre ne peut me dédommager, celle de vous voir, Madame, apprécier ma conduite? Que dis-je! vous la désapprouvez hautement à la vue de vos enfans : ils voient, à n'en pouvoir douter, la chose la plus dangereuse et la plus funeste pour des enfans, que leur père et leur mère n'ont plus, relativement à eux, la même opinion, qu'ils n'agissent plus de concert, que l'un estime ce que l'autre désapprouve ouvertement; ils voient enfin, Madame, que la personne qui s'est uniquement consacrée à eux depuis douze ans, et que vous avez honorée de votre confiance et de votre amitié jusqu'au mois d'octobre dernier, est devenue tout à coup l'objet de votre disgrâce la plus éclatante! Ils savent à quel point j'ai toujours tâché de fortifier en eux la tendresse qu'ils vous doivent, et ils voient que vous ne voulez plus les recevoir chez vous, parce que je les conduis! Toutes les personnes attachées à l'éducation sont témoins que, depuis six mois surtout, vous ne voulez plus du tout me voir : une telle conduite, et qui est absolument en opposition avec celle de M. le duc d'Orléans, devroit naturellement me noircir aux yeux de ceux qui en sont témoins; car on doit supposer que Madame ne traiteroit pas ainsi une ancienne amie et la gouvernante de ses enfans, si elle n'avoit pas à me reprocher les torts les plus avérés, les plus graves et les plus affreux, surtout lorsqu'on me voit supporter de tels traitemens, et ne pas donner ma démission! toute autre à ma place l'eût donnée il y a plus de huit mois; M. de Sillery désiroit vivement que je prisse ce parti ; je suis dans une situation, et nous sommes dans un temps où je pourrois attacher un grand prix à ma liberté ; mais je n'ai dû ni pu donner ma démission dans un temps où M. le duc d'Orléans étoit persécuté, dans un temps où le Palais-Royal perdoit chaque jour de son éclat : les injustices et les calomnies qu'éprouvoit M. le duc d'Orléans, resserroient les liens qui m'attachent à lui et à sa maison; on n'auroit vu, dans ma retraite, qu'une lâcheté déshonorante; ainsi, j'ai dû tout souffrir et rester; c'est ce que j'ai fait. D'ailleurs je me flattois toujours que Madame daigneroit enfin, ou m'apprendre des torts que j'ignore, et qui ne peuvent être que supposés, ou qu'elle me rendroit justice. J'espérois que le retour de M. le duc d'Orléans dissiperoit ces cruels nuages. Quand il arriva, je cédai à mon premier mouvement en revoyant Madame le jour de son arrivée; en m'aprochant d'elle je pris la liberté de l'embrasser, elle me reçut avec un vif attendrissement, je vis couler ses larmes, j'y mêlai les miennes, mon cœur ne désira plus d'autre explication; je crus que tout étoit fini. Je conservai cette douce erreur quelques jours, Madame me traita infiniment moins mal, elle vint même deux fois dans ma chambre, et puis tout à coup, sans aucun événement nouveau, aucune cause apparente, elle a rompu tout-à-fait, et de la manière la plus publique.

» Il ne me fut pas possible de m'abuser, et je vis enfin que Madame vouloit décidément me forcer à donner ma démission; après mille combats, après des tourmens inexprimables, je pris un moment la résolution de donner ma démission, lorsque l'affaire des procédures calomnieuses intentées contre M. le duc d'Orléans seroit finie. Je prévoyois bien, avec une douleur impossible à dépeindre, que ces premiers momens seroient affreux pour vos enfans, Madame, et surtout pour Mademoiselle, qui me perdroit entièrement; mais je voulus vous donner cette marque de mon respect pour vos volontés, et je l'annonçai à M. le duc d'Orléans, qui augmenta ma douleur par celle qu'il me laissa voir. Cependant Mademoiselle, depuis long-temps inquiète et souffrante de ma situation, pénétra, ou du moins soupçonna mon dessein par le trouble où elle me vit; car je ne lui en dis pas un seul mot. Elle me cacha ce qu'elle soupçonnoit; mais le soir de ce jour, étant avec mademoiselle Rime dans le jardin, elle se trouva mal, on la porta dans le salon, j'y courus, et la trouvai dans un état affreux de convulsions et de sanglots : elle me dit *qu'elle étoit au désespoir, qu'elle en mourroit*, ce furent ses propres expressions. Je renvoyai ses femmes, alors elle m'expliqua ses craintes, et avec une impétuosité de douleur et de désespoir, dont je n'ai jamais vu d'exemple, surtout à son âge. Je ne dus songer dans ce moment qu'à la calmer, qu'à la rassurer; je lui répétai que les nuages qui l'inquiétoient se dissiperoient bientôt; qu'elle avoit la plus tendre comme la plus vertueuse des mères, et le meilleur des pères; qu'elle devoit placer en eux toute sa confiance et tout l'espoir du bonheur de sa vie, et surtout se résigner avec une entière soumission à tout ce que leur tendresse décideroit relativement à elle; que, s'ils avoient paru différer un moment d'opinions, ce n'étoit qu'une opposition apparente et passagère, fondée sur quelque malentendu; que leur vive affection pour leur aimable et chère enfant devoit dissiper toutes ses inquiétudes, et que, pour moi, je lui promettois de ne jamais préférer ma liberté au bonheur d'achever son éducation, et de ne jamais donner ma démission. C'est ainsi que j'ai rétabli le calme dans le plus sensible cœur, et le plus reconnoissant que forma jamais la nature. Ces détails, dont j'ai sur-le-champ rendu compte à M. le duc d'Orléans, ont augmenté, s'il est possible, son extrême tendresse pour cette adorable enfant. Que n'a-t-il pas droit d'attendre, ainsi que vous, Madame, d'une telle âme! Il m'est donc absolument impossible de donner ma démission, puisque dans l'état où sont les choses, je suis certaine que la délicate constitution de Mademoiselle ne résisteroit pas à un tel chagrin. Ce n'est point du tout que je croie qu'elle ne pourra jamais se passer de moi, ce seroit une folie et une absurdité, et je l'ai déjà dit, je lui ai répété mille fois, et elle sait parfaitement qu'aussitôt qu'elle n'aura plus besoin de mes soins, je quitterai le monde sans retour, c'est-à-dire, dans trois ou quatre ans au plus tard. Mais quelle différence pour elle, de ne me quitter que lorsque son éducation sera finie, de me voir, heureuse d'avoir achevé mon ouvrage, la remettre dans vos bras, Madame, et de vous entendre applaudir à tout ce que j'aurai fait pour elle et pour vous, Madame, ou de me voir forcée de la quitter avant la fin de son éducation, et m'arrachant d'auprès d'elle, chargée des marques publiques de votre mécontentement et de votre disgrâce! Songez d'ailleurs, Madame, que Mademoiselle est dans sa quatorzième année, qu'elle entre dans un âge très-dangereux pour toutes les jeunes personnes, et que son extrême délicatesse et son incomparable sensibilité rendront plus critique pour elle que pour toute autre. A l'approche de cette époque, les secousses violentes, les chagrins sont d'un danger excessif; laissez-moi lui consacrer mes soins jusqu'à ce qu'elle soit formée, et que sa santé ne puisse plus vous donner d'inquiétudes. J'ai vainement cherché à deviner pourquoi vous vouliez, Madame, m'arracher l'enfant que vous m'aviez confiée avec tant de joie. Madame, jusqu'au mois d'octobre dernier, a toujours paru charmée de l'éducation que je lui donnois; depuis cette époque, je n'ai changé ni de plan, ni de conduite; d'ailleurs, Madame a cessé de me voir et de suivre les détails de cette éducation; ainsi, pour mon malheur, elle n'en a pu juger. M'a-t-on noircie ou calomniée à cet égard près d'elle? Mais qui l'a pu faire? aucune des personnes qui entourent Madame ne vient chez moi; par conséquent ces personnes ne peuvent me juger. On m'assure que madame de Chastellux est mon ennemie, et qu'elle me déchire impitoyablement : mais pourquoi ? Je lui ai rendu beaucoup de services, j'ai dix lettres d'elle et autant de son mari, qui ne parlent que *de la tendre reconnoissance*, de la reconnoissance *éternelle* qu'ils me doivent, et qu'elle promet de *conserver toute la vie*. Je l'ai servie auprès de vous, Madame, auprès de M. le duc d'Orléans; je me suis fait beaucoup d'ennemis pour la défendre avec chaleur dans le monde, dans les commencemens de son mariage; je l'ai menée dans ce temps, comme ma fille, chez madame Necker, qui étoit très-prévenue contre elle; chez ma tante, chez ma fille. Contre mon goût, j'ai fait avec elle toutes les visites qui pouvoient lui être utiles; malgré mes occupations, je me suis chargée de toutes ses commissions, achats, etc., relativement à son mariage; j'ai décidé mon frère à engager M. le duc d'Orléans à prêter à son mari l'argent qui lui étoit nécessaire pour l'arrangement de ses affaires; je lui ai offert un appartement dont je disposois; enfin, j'ai été charmée quand j'ai vu que Madame la prenoit véritablement en amitié. Je n'ai jamais parlé d'elle à Madame que pour faire son éloge : voilà des faits incontestables. Et madame de

Chastellux voudroit me perdre auprès de vous, Madame! Mais avec la droiture et la générosité qui sont dans votre âme, j'ose croire qu'un moment de réflexion vous fera sentir que si madame de Chastellux me hait et me déchire, elle est ingrate et bien injuste à mon égard; et que, puisqu'elle ne me voit pas, et qu'elle n'a nulle connoissance de ce qui se passe dans mon intérieur, le mal qu'elle dit de moi ne peut avoir le moindre poids. Madame a eu la bonté de me répéter mille fois que j'avois *le meilleur cœur qu'elle connût;* que j'étois incapable *de la moindre rancune;* et j'ose dire que rien n'est plus vrai. Exigez-vous, Madame, que je pardonne à madame de Chastellux le mal qu'elle m'a fait? rien ne me coûtera pour vous, j'y consentirai; et quand je vous l'aurai promis, vous y pourrez compter: j'oublierai tout du fond de l'âme. Que désirez-vous d'ailleurs? parlez, Madame : pour conserver Mademoiselle, pour regagner vos bontés, je trouverai tout possible. Voudriez-vous que Mademoiselle fût logée avec vous? Madame ne m'a jamais montré ce désir; au contraire, elle a toujours paru sentir que les distractions inévitables au Palais-Royal seroient extrêmement nuisibles à son éducation, et que le beau jardin et le bon air de Belle-Chasse étoient infiniment nécessaires à sa santé. Mais enfin, Madame, avez-vous changé d'opinion ? j'y céderai.

» J'irai au Palais-Royal : mon logement ne doit point vous embarrasser ; je me contenterai pour moi d'une seule chambre, d'un cabinet, de tout ce que vous voudrez. Daignez donc, Madame, vous expliquer ; daignez voir que les choses ne peuvent rester en l'état où elles sont ; daignez me rendre la justice que vous devez, je l'ose dire, à mon attachement et à mon dévouement sans bornes. Ma tendresse pour Mademoiselle me met dans l'impossibilité absolue d'offrir ma démission ; pour que je puisse la donner, il faut qu'elle me soit demandée ; mais comme je démontre la pureté de ma conduite par des faits et des preuves positives, et qu'il est impossible qu'on puisse me faire un seul reproche fondé relativement à l'éducation de mes élèves, la connoissance que j'ai du caractère, des principes et de l'équité de Madame, me donne la certitude qu'après cette explication elle me rendra tout mon bonheur, en me rendant ses bontés. Ah ! Madame, n'écoutez que vous seule ; n'écoutez que vos propres lumières et votre cœur, et je serai, dès ce soir, parfaitement heureuse. Après la lecture de cette lettre, suivez votre premier mouvement, il sera celui de la justice et de la bonté, il vous conduira à Belle-Chasse; vous y viendrez consoler et rassurer pour toujours un cœur plein de respect et d'attachement pour vous; vous y viendrez serrer dans vos bras l'enfant qui, si jeune, montre déjà une âme si sensible, si reconnoissante, et un caractère si attachant et si estimable; cette enfant qui fera le charme et la félicité de votre vie, par ses vertus et sa tendresse! Que de choses j'aurois à dire encore! Au nom du ciel, Madame, au nom de vos enfans, daignez venir avec monseigneur; venez m'entendre, venez me rendre des droits que je n'ai jamais dû perdre : je recevrai ce juste retour avec la reconnoissance, la joie et la sensibilité que pourroit inspirer le pardon le plus généreux.

« 3 octobre 1790. »

M. le duc d'Orléans, comme je l'ai dit, porta cette lettre avec mon journal à madame la duchesse d'Orléans; elle lut la lettre, n'en parut nullement touchée, et refusa obstinément de lire un seul article du journal. Cependant, comme il lui fut absolument impossible d'alléguer une seule raison; qu'elle étoit vivement pressée par M. le duc d'Orléans, qui vouloit une réponse avant qu'elle eût le temps de consulter madame de Chastellux, elle promit formellement ce qui suit : qu'elle me traiteroit à l'avenir d'une manière convenable; qu'elle viendroit quelquefois chez moi; qu'elle recevroit ses enfans à dîner tous les dimanches; qu'elle trouveroit bon que j'y dinasse avec eux comme par le passé, quand cela me conviendroit; qu'en conséquence elle m'autorisoit à dire à ses enfans que nous avions eu une explication dont elle étoit satisfaite; et enfin il fut convenu qu'elle viendroit le lendemain matin chez moi; mais à condition, ajouta-t-elle, que je n'entamerois pas un seul mot d'explication, et que tout cela se passeroit sans aucun éclaircissement de part ni d'autre. M. le duc d'Orléans accepta pour moi ce traité, et je le ratifiai. En effet, le lendemain, madame la duchesse d'Orléans vint chez moi, conduite par M. le duc d'Orléans; elle me fit l'honneur de m'embrasser; nous parlâmes de choses indifférentes; ensuite, au bout d'un quart d'heure, elle alla trouver ses enfans qui étoient dans une chambre voisine; elle leur dit qu'elle m'avoit parlé; qu'elle étoit contente, et que désormais ils viendroient chez elle avec moi comme à l'ordinaire; et j'écrivis ces mêmes choses sur mon journal d'éducation. Le dimanche d'ensuite j'allai dîner au Palais-Royal avec tous mes élèves que j'y conduisis; M. le duc d'Orléans y dîna aussi, et madame la duchesse d'Orléans me traita parfaitement bien. Le lendemain, elle m'écrivit ce billet que j'ai conservé et dont voici la copie exacte.

« Je prie madame de Sillery de prendre des
» arrangemens pour que ma fille soit libre
» trois fois par semaine, les mardi, jeudi et
» samedi, depuis midi jusqu'à une heure un
» quart. J'irai prendre mes enfans à trois
» heures tous les dimanches, et je les ramè-
» nerai à six, quand madame de Sillery ne
» viendra pas. »

Si j'avois eu quelque chose à me reprocher, je n'aurois pas vu sans inquiétude ces tête-à-tête trois fois la semaine entre madame la duchesse d'Orléans et une jeune personne de treize ans, à laquelle il étoit si facile de faire dire la vérité avec des caresses, des questions réitérées et les droits d'une mère. Mais, loin de craindre ce rapprochement, je l'avois toujours désiré; je le vis avec plaisir, et sur-le-champ je proposai de nouveaux moyens de procurer à madame la duchesse d'Orléans le plaisir de passer plus de temps seule avec sa fille. Elle parut surprise et touchée de ce procédé, et je vis clairement qu'on avoit eu la maladresse de lui dire d'avance que je me conduirois très-différemment. Elle m'écrivit à cette occasion la lettre suivante que j'ai conservée, ainsi que toutes les autres.

« Je vous remercie, madame, de m'avoir in-
» diqué un moyen de prolonger et de multi-
» plier les momens que je pourrai passer avec
» mes enfans. Je serois fâchée d'interrompre
» les courses que ma fille fait pour son instruc-
» tion, quoique vous me disiez que celles qui
» lui restent à faire sont de peu d'importance.
» Autant que possible, les jours où ses frères
» iroient voir un cabinet, etc., j'y mènerai ma
» fille à la même heure; mais, n'étant avertie
» que de la veille, il se pourroit que j'eusse
» un arrangement de fait, ce qui me déter-
» mine à accepter l'offre que vous voulez bien
» me faire de me donner une notice, parce

» qu'alors la première fois que je prendrois ma
» fille, je la menerois au lieu indiqué. »

Quelque temps après, j'écrivis à madame la duchesse d'Orléans la lettre suivante, dont M. de Chartres n'a jamais eu la moindre connoissance.

« Pour vous seule, Madame ; *cette lettre* ne regarde que M. le duc de Chartres.

» Il fut un *temps*, Madame, et ce temps n'est pas éloigné, où je pouvois vous parler et vous ouvrir mon âme sur ce qui me paroissoit intéressant pour vous. Aujourd'hui vous ne voulez plus m'entendre ; mais cependant ma conscience et l'intérêt le plus cher me forcent à vous supplier de faire une chose qui vous importe encore plus qu'à moi. M. de Chartres a dix-sept ans, et il est son maître. Il a la liberté d'aller seul où il veut, etc. Il est si bien né, il a reçu de si bons principes, il a un si excellent cœur, que cette liberté sera beaucoup moins dangereuse pour lui que pour tout autre ; mais enfin, à son âge, elle le sera toujours. Il a le plus vif désir de vous rendre heureuse par sa tendresse et sa conduite ; je désirerois donc, Madame, qu'à ce moment, où on lui donne sa liberté, vous eussiez très-incessamment un entretien avec lui, dans lequel vous lui diriez : *Qu'il ne peut faire votre bonheur qu'en se conduisant d'une manière irréprochable; que vous espérez qu'il conservera ses principes de religion, et que s'il les abandonnoit, et s'il laissoit altérer la pureté de ses mœurs, il vous rendroit très-malheureuse; et qu'au contraire, s'il conserve ses mœurs et ses principes, il vous rendra la plus heureuse des mères, et que vous l'aimerez passionnément.*

» Je suis certaine que ce discours, dans votre bouche, achèvera de le fortifier et de le maintenir dans ses excellentes résolutions. Je me flattois, il y a dix-huit mois, qu'à cette époque où nous sommes, j'aurois le bonheur de le remettre moi-même dans vos mains, en sortant des miennes, et de vous instruire de tous les détails qui pourroient vous faire connoître son caractère, et vous donner sur-le-champ cet ascendant que j'ai sur son esprit, et qu'une parfaite connoissance de ses défauts et de ses vertus et de la tournure de son esprit, peut seule donner, ascendant qui seroit encore plus puissant en vous, Madame, puisqu'il seroit fortifié par les tendres sentimens de la nature, qui sont très-exaltés dans son âme, ainsi que dans tous vos autres enfans. Il est si bien disposé par la nature, et, j'ose le dire, par mes soins, à vous chérir, que vous prendrez certainement cet ascendant, quand vous le connoîtrez bien; mais si vous aviez voulu écouter la seule personne qui puisse le connoître parfaitement, vous seriez déjà sur ce point aussi avancée que moi-même; et il est important pour lui que votre empire à cet égard, s'établisse promptement, car la plus dangereuse année pour lui est celle qui va s'écouler. Je ne puis le surveiller dans le monde, cet emploi est celui de sa bonne et sensible mère; elle peut le préserver de tous les piéges, de toutes les séductions, si elle s'y prend de la manière qui convient à son caractère. Je ne vous demande pas pour cela de m'entretenir, quoiqu'un seul entretien vous instruiroit mieux que vingt lettres, et qu'il y ait à l'âge de M. le duc de Chartres des détails impossibles à écrire, et dont il seroit cependant à désirer qu'une mère, telle que vous, fût instruite; mais si cette lettre ne vous déplaît pas, et si vous m'ordonnez de vous écrire tout ce que je crois important sur son caractère, sur la manière de le prendre, etc., je vous écrirai avec la vérité et le zèle que j'ai toujours eu, et que j'aurai toujours pour tout ce qui regarde vos enfans. J'attends, à cet égard, votre réponse; mais je vous conjure d'avance de ne mettre personne dans la confidence des choses que je vous dirai; vous sentirez vous-même, Madame, que vous seule sur ce point devez *connoître, juger et agir.* »

Deux jours après, Mademoiselle m'a dit qu'elle avoit fait la commission dont je l'avois priée de se charger pour madame la duchesse d'Orléans, au sujet de M. de Beaujolois, et qu'elle avoit répondu qu'elle iroit à cette instruction religieuse avec un extrême plaisir. Je lui disois : « Vous êtes, Madame, une excellente mère, et vous serez la plus heureuse des mères, soyez-en bien sûre; Mademoiselle est dans le ravissement de la manière dont vous la traitez; soyez heureuses toutes deux l'une par l'autre comme je le désire, ce sera mon bonheur et ma justification; ce sera la plus douce et la plus complète que je puisse souhaiter. Permettez-moi d'ajouter un seul mot sur Mademoiselle : une des choses qui lui plaît et qui l'attache, c'est la familiarité dans l'intérieur ; quand elle sera seule, tête à tête avec Madame, je voudrois que Madame lui ordonnât de lui donner des *petits noms d'amitié*, de la tutoyer même, etc. Ces détails paroissent puérils, mais les résultats ne le sont pas ; il en résulte une aisance, une tendresse intime qui ne peut exister sans cela. »

On voit, par ce billet, que j'avois engagé madame la duchesse d'Orléans à présider à l'instruction religieuse de M. de Beaujolois, qui se faisoit trois fois la semaine chez lui, et à laquelle mes occupations auprès de ses frères et de Mademoiselle ne me permettoient pas de présider moi-même. En outre, je l'engageai encore à lire chaque jour le journal de la matinée de M. de Beaujolois, journal fait par son premier valet de chambre, homme qui avoit reçu une très-bonne éducation, et qui avoit beaucoup de mérite. Madame la duchesse d'Orléans, qui ne vouloit pas lire mon journal, parut me savoir infiniment de gré de lui conseiller de lire celui-ci, et, dès ce moment, on le lui porta tous les matins avant de me l'envoyer. Ces faits furent consignés sur ce même journal par celui qui le faisoit. Ce journal, très-détaillé, étoit écrit chaque jour et sans lacune, de la main de M. Barrois, et formoit plusieurs volumes qui me furent remis, auxquels je n'attachois nul prix, et que j'ai perdus. On voyoit encore, sur ce journal, que pendant près de six mois toutes les études de M. le comte de Beaujolois avoient été dérangées ou interrompues par les ordres de madame la duchesse d'Orléans. Il dinoit tous les dimanches chez elle, et n'en revenoit qu'à six heures et demie, sept heures; en outre, tous les quinze jours je l'y envoyois encore avec Mademoiselle, parce que je ne dînois pas à Belle-Chasse; et sous prétexte de lui faire donner des séances pour un portrait, madame la duchesse d'Orléans l'envoyoit chercher régulièrement chaque matin, et le gardoit une heure et demie, ce qui a duré long-temps; tous les soirs elle le gardoit encore chez elle une heure et demie, ce qui le faisoit coucher à onze heures, et l'obligeoit à se lever beaucoup plus tard. Je voyois avec peine ce dérangement total dans les études de cet enfant charmant, qui annonçoit en tout genre de si heureuses et de si brillantes dispositions; mais, depuis long-temps accoutumée à souffrir en silence, je me taisois, et je n'en parlai point à M. le duc d'Orléans. Avant d'éprouver ces dernières peines et tant d'autres, j'eus un moment d'espérance et de joie. Madame la duchesse d'Orléans vint me voir, et me parla de ma dernière lettre et de M. le duc de Chartres, avec le sentiment de la plus tendre mère, me remercia des petits conseils que je lui donnois relativement à Mademoiselle, et m'assura qu'elle les suivroit ; enfin je la retrouvai ce qu'elle étoit naturellement, quand elle ne consultoit que son cœur, remplie de bonté, de douceur et de sensibilité. En me quittant elle parut attendrie ; mais elle confia sans doute l'impression qu'avoient produite sur son âme, et ma dernière lettre et cet entretien, et je vis bientôt l'effet cruel des conseils perfides qu'elle recevoit. Tout se passa parfaitement pendant quinze jours. Madame d'Orléans venoit régulièrement prendre Mademoiselle tous les matins, trois fois la semaine, la gardoit cinq quarts d'heure ou une heure et demie, passoit tout ce temps seule avec elle, et la combloit de caresses et des plus touchantes marques d'affection ; mais tout à coup les tête-à-tête cessèrent ; madame de Chastellux surtout, et quelques autres personnes, étoient toujours avec madame la duchesse d'Orléans, soit chez elle, soit en voiture, et Mademoiselle n'eut plus le bonheur de se trouver seule avec sa mère. J'avois laissé passer trois semaines sans aller dîner au Palais-Royal; mais, au bout de ce temps, je priai Mademoiselle de prévenir madame la duchesse d'Orléans que j'aurois l'honneur de l'y conduire et d'y dîner le lendemain. Madame la duchesse d'Orléans répondit simplement que, dans ce cas, elle n'iroit pas chercher Mademoiselle, puisque je la mènerois. Mais le lendemain, jour du dîner, elle me fit dire à deux heures après-midi qu'elle ne dîneroit pas chez elle, parce qu'il lui étoit survenu une affaire; je ne soupçonnai point encore la vérité. M. le duc d'Orléans étoit à la campagne, il revint et m'apprit avec beaucoup d'émotion et de mécontentement qu'il avoit retrouvé madame la duchesse d'Orléans plus aigrie que jamais, sans qu'elle en eût pu dire la cause; mais qu'elle avoit déclaré qu'elle ne pouvoit se résoudre à me recevoir davantage chez elle. Ce procédé étoit d'autant plus inconcevable, que, dans notre dernier rapprochement, madame la duchesse d'Orléans avoit donné sa parole de me recevoir à dîner quand il me conviendroit d'y

4*

mener ses enfans, ce que d'ailleurs elle exprimoit très-positivement dans un des billets que j'ai cités d'elle. Qu'avois-je fait depuis cette parole donnée? on en a vu le détail. Qu'alléguoit madame la duchesse d'Orléans pour manquer ainsi à ses engagemens? rien, sinon *une répugnance invincible à me voir et à me recevoir*. M. le duc d'Orléans n'employa encore, dans cette occasion, que les prières et les représentations, qui furent également vaines.

Le dimanche suivant, je laissai aller mes élèves sans moi au Palais-Royal, et depuis cette époque je n'y ai pas remis le pied. Les traitemens de ce genre se multiplièrent à l'infini; M. le duc d'Orléans donna à dîner à ses enfans à Mousseaux; leur mère n'y voulut pas venir, parce que j'y étois. Elle venoit toujours chercher Mademoiselle avec deux ou trois personnes dans sa voiture, la menoit promener ou chez des marchands, suivie de madame de Chastellux et d'autres personnes; et Mademoiselle ne voyoit que moi seule exclue de ces parties. Mademoiselle donna dans l'hiver, non des bals, le peu d'étendue de son logement ne le permettoit pas, mais *quatre goûters dansans*; M. le duc d'Orléans vint à tous; madame la duchesse d'Orléans, malgré les prières de ses enfans, n'y voulut jamais paroître; en un mot, les témoignages de sa haine devinrent si éclatans et si bizarres, qu'après avoir souffert et toléré avec une douceur et une patience inaltérables pendant si long-temps des injustices si étranges, M. le duc d'Orléans résolut enfin d'y mettre un terme. Il alla trouver un matin madame la duchesse d'Orléans, pour lui déclarer qu'il exigeoit d'elle ce qu'elle avoit constamment refusé à ses prières, c'est-à-dire, une *explication positive et détaillée* avec moi; et, dès le lendemain, madame la duchesse d'Orléans, après beaucoup de difficultés, y consentit, et le promit formellement. Elle vint chez moi le lendemain matin, à neuf heures; je l'attendois avec la douce espérance que, puisqu'elle consentoit à s'expliquer et à m'entendre, il me seroit bien facile de la ramener, ou du moins de lui faire comprendre les dangereuses conséquences du plan de conduite qu'on lui traçoit. Je comptois lui dire : « S'il est vrai que vous ne puissiez revenir de vos préventions contre moi; s'il est vrai que les preuves évidentes de la droiture de ma conduite ne puissent vous toucher, prenons, avec calme et prudence, des mesures sages pour arriver à votre but, moins promptement à la vérité que vous le désirez, mais d'une manière décente et convenable pour vous et pour moi. J'ai promis à Mademoiselle de ne point donner ma démission; ainsi, je ne la donnerai point. Vous ne pouvez me la demander, parce que M. le duc d'Orléans est maître de ses enfans, et que vous ne feriez pas une démarche contraire à sa volonté, et par conséquent à votre devoir. Madame de Chastellux, qui ne connoît que les usages de Liége, qui n'a nulle idée des nôtres, et qui pense que tout peut s'arranger avec de l'argent, a bien pu vous dire qu'il ne tenoit qu'à vous de me renvoyer comme on renvoie une femme de chambre, et qu'en m'offrant des *pensions*, je trouverois ce procédé fort simple. Mais vous, Madame, qui avez une âme si noble et si délicate; vous qui connoissez la mienne, du moins sous ce rapport, vous qui savez que je n'ai jamais voulu accepter de vous, pour moi ou pour mes filles, je ne dis pas un bienfait, mais rien de ce qui peut s'appeler un *présent*; vous qui savez que je n'ai consenti à me charger d'élever vos trois fils qu'à condition de ne jamais recevoir d'appointemens pour cet emploi; vous ne croyez pas que vous puissiez agir et parler ainsi. Enfin si votre cœur m'est fermé sans retour, et si l'intérêt de l'éducation de vos enfans, leur attachement pour moi, la volonté de M. le duc d'Orléans, ne peuvent l'emporter sur vos préventions, je ne veux point conserver ma place malgré vous; mais procurez-moi les moyens de la quitter sans un éclat fâcheux, et sans causer un violent chagrin à vos enfans. Il faut pour cela, au lieu de paroître vous opposer aux volontés de M. le duc d'Orléans, avoir l'air d'y déférer, et de vous rapprocher de moi. Je ne vous demande pas les apparences de cette intimité qui existoit, il y a deux ans, mais traitez-moi avec les égards qui sont dus à celle qui a consacré douze ans de sa vie à vos enfans; n'ayez l'air, ni de me haïr ni de me fuir. Parlez de moi sans aigreur à vos enfans; louez-les de la reconnoissance qu'ils me témoignent, en même temps, montrez-leur de la confiance; voyez-les souvent seuls, questionnez-les avec intérêt sur leurs sentimens, leurs études, leurs occupations; cette conduite soutenue pendant cinq ou six mois, établira entre eux et vous cette aisance, cette familiarité si douce, qui peuvent seules produire une véritable intimité. Si vous daignez suivre ce conseil, je pourrai avec honneur me retirer l'hiver prochain; vous direz alors à Mademoiselle, que par son application et mes soins, son éducation étant presque entièrement achevée, vous désirez jouir du bonheur de l'avoir avec vous; dans cet état de choses, elle me quittera sans désespoir, et se trouvera avec joie sous la seule autorité de sa tendre mère. Me voyant bien traitée par vous, elle ne regardera pas ma retraite comme une persécution et comme une séparation éternelle; ses larmes couleront sans amertume, et les soins d'une mère chérie en tariront bientôt la source. »

Voilà ce que je comptois lui dire, avec le projet de prendre, à cet égard, tous les engagemens qui auroient pu lui prouver le mieux ma bonne foi. Ainsi, je me bornois à demander un délai de six ou sept mois, en proposant des moyens qui levoient la difficulté formée par la parole que j'avois donnée à Mademoiselle, et qui concilioient tous les différens intérêts qui devoient toucher madame la duchesse d'Orléans. Je m'occupois de ces idées, lorsque ma porte s'ouvrit ; madame la duchesse d'Orléans parut, et à peine eus-je jeté les yeux sur elle qu'une partie de mes espérances s'évanouit. Elle s'avança brusquement, s'assit, m'imposa silence, tira de sa poche un papier, en me disant du ton le plus impérieux, qu'elle alloit me déclarer ses intentions, et aussitôt elle me fit à haute voix, et avec une extrême volubilité, la lecture de l'écrit du monde le plus surprenant. Madame la duchesse d'Orléans me signifioit dans cet écrit que, *vu la différence de nos opinions*, je n'avois d'autre parti à prendre, *si j'étois honnête, que de me retirer sans délai ;* que, si je prenois ce parti, *elle ne feroit point d'éclat, diroit dans le monde ce que je voudrois sur ma retraite, et assureroit aux deux jeunes personnes que j'élevois, le sort que je fixerois, à condition cependant qu'en m'en allant sur-le-champ, je prendrois les précautions nécessaires pour que Mademoiselle n'en fût pas trop affligée, ce qui me seroit bien facile, en disant que j'allois en Angleterre prendre les eaux pour ma santé ; que j'y avois déjà fait un voyage il y a quelques années, et qu'ainsi Mademoiselle verroit celui-ci sans peine ;* mais que si je résistois, comme elle étoit au désespoir *que ses enfans fussent entre mes mains*, il n'y avoit point d'éclat auquel je ne dusse m'attendre, et *qu'elle ne me verroit de sa vie, etc.* Voilà l'extrait fidèle de ce discours, et voilà ce que madame la duchesse d'Orléans appeloit *une explication*. Quand l'excès de ma surprise put me permettre de parler, je répondis qu'après une déclaration aussi positive, je n'avois en effet *d'autre parti à prendre, que celui de me retirer;* non que je pensasse que madame la duchesse d'Orléans eût le droit de m'y contraindre; non que je fusse intimidée par sa colère qui étoit injuste, ou par ses menaces que je ne redoutois point; mais parce que l'autorité d'une mère, quoique restreinte par les lois, étoit sacrée à mes yeux. Que, quant à ses offres, un moment de réflexion lui feroit sentir que je ne pouvois que les dédaigner; que je pouvois faire un sacrifice et non *un marché*. Qu'à l'égard de ce qui se diroit dans le monde, je n'avois qu'un désir à former, c'est que l'exacte vérité y fût bien connue. J'ajoutai qu'au reste mon respect pour madame la duchesse d'Orléans, et la connoissance que j'avois de son caractère et de sa délicatesse, ne me permettoient pas de lui attribuer l'étrange écrit qu'elle venoit de me lire, dont le style, les raisonnemens et les sentimens, étoient si peu dignes d'elle [1]. Je terminai, en assurant madame la duchesse d'Orléans que je quitterois Belle-Chasse aussitôt que Mademoiselle auroit fait ses Pâques, parce que je pensois que la douleur que lui causeroit ma retraite ne lui laisseroit pas la liberté d'esprit nécessaire pour les bien faire après mon départ. Enfin je promis, non de dire à Mademoiselle que je la quitterois pour aller aux *Eaux de Bristol*, artifice qui n'auroit pu l'abuser un moment, mais de lui cacher son malheur et le mien, de partir secrètement, et de prendre toutes les précautions possibles pour lui adoucir l'amertume de cette cruelle séparation. Cependant M. le duc d'Orléans attendoit au Palais-Royal madame la duchesse d'Orléans; il croyoit, d'après la parole qu'il avoit reçue d'elle, qu'elle *s'expliqueroit* avec moi, et son étonnement fut égal au mien, lorsqu'elle lui déclara la vérité, et lui montra

---

[1] En effet, qui connoissoit la manière d'écrire, simple et naturelle, qu'a eue madame la duchesse d'Orléans pendant vingt ans, ne l'accusera jamais d'avoir dicté la plupart des écrits qu'elle daigna honorer de sa signature pendant deux ans. (Note de l'auteur.)

l'écrit qu'elle m'avoit lu et qu'elle n'avoit pas voulu laisser entre mes mains.

Une telle démarche, faite à l'insu d'un mari et d'un père, devoit en effet causer beaucoup de surprise, et la manière étrange dont l'écrit étoit conçu et rédigé, n'étoit pas faite pour la diminuer. D'ailleurs, cette manière nouvelle de *lire* au lieu de *parler* dans un tête-à-tête, est, par elle-même, assez bizarre. Le chagrin profond de M. le duc d'Orléans auroit augmenté le mien, s'il avoit pu s'accroître, me voyant irrévocablement décidée à partir, le 26 avril, comme je l'avois annoncé à madame la duchesse d'Orléans, à moins qu'elle ne me demandât elle-même de rester, ce qu'assurément je n'espérois pas. M. le duc d'Orléans se flatta de pouvoir la décider à cette démarche, en lui représentant que, jusqu'à ce moment, elle avait eu la plus grande influence sur l'éducation de ses enfans; mais que, si je les quittois, elle n'en auroit aucune désormais, puisqu'en me forçant à me retirer, elle montroit avec éclat à ses enfans et au public, des volontés et des opinions absolument opposées aux siennes; qu'elle auroit toujours la liberté de voir Mademoiselle à Belle-Chasse, tant qu'elle le voudroit; mais qu'elle ne la feroit plus sortir, ne l'emmèneroit plus seule, parce qu'en lui laissant l'autorité qu'elle avoit eue jusqu'alors, le public pourroit penser qu'il avoit changé d'opinion, ou que du moins il consentoit à ce que ses enfans en adoptassent d'autres. M. le duc d'Orléans fit valoir encore l'intérêt si touchant du bonheur, de la santé et de l'éducation de sa fille, qui perdroit ses talens, qui ne pouvoient être perfectionnés à son âge, et qui ne se consoleroit pas d'un malheur si imprévu, accompagné de circonstances si affligeantes. Il demandoit ce qu'on lui diroit pour la consoler ou pour justifier de tels procédés. Madame la duchesse d'Orléans répondoit qu'il falloit lui cacher la vérité, et lui dire que j'avois voulu, de mon propre mouvement, me retirer. M. le duc d'Orléans répliquoit que ce seroit me calomnier auprès d'elle, puisque je lui avois donné ma parole de ne point demander ma démission; qu'il ne souffriroit jamais ce mensonge, même quand j'y pourrois consentir, et qu'il lui diroit l'exacte vérité. Enfin, M. le duc d'Orléans, pour dernière ressource, employa auprès de madame la duchesse d'Orléans, M. le duc de Chartres, qu'il instruisit de tous les détails; le cœur de madame la duchesse d'Orléans, naturellement si bon et si sensible, fut vivement ému par les prières et les larmes de son fils; on craignit sans doute cet attendrissement, et on l'entraîna tout à coup loin de lui; elle partit subitement pour la ville d'Eu, suivie seulement de madame de Chastellux; alors M. le duc d'Orléans, envoyant un courrier, écrivit au véritable auteur de tant de troubles, à madame de Chastellux, pour lui déclarer que, n'attribuant qu'à ses conseils, les procédés de madame la duchesse d'Orléans, il la prioit de choisir une autre demeure que sa maison, et de lui faire remettre, sous quinze jours, les clefs de son appartement, au Palais-Royal. Quel fut le résultat de cette démarche? *La demande en séparation*, faite par madame la duchesse d'Orléans..... Cependant, fidèle à la parole que j'avois donnée, j'eus le courage de cacher à Mademoiselle la douleur qui m'accabloit. Le 26 avril, je la fis sortir sans moi à huit heures du matin, et je partis...... Mais, avant de quitter Belle-Chasse, j'écrivis trois lettres pour mademoiselle d'Orléans, en recommandant qu'on les lui remît successivement dans le cours de la journée, en lui disant à chaque fois, qu'on ne les lui donneroit que lorsqu'elle seroit *calme* et *raisonnable*. Je convins avec M. le duc d'Orléans de lui laisser l'espoir, non que je pusse reprendre ma place, mais de nous revoir un jour, précaution que nous jugeâmes indispensable pour modérer l'excès de son saisissement et de sa douleur. Je vais donner des copies littérales de ces lettres. Voici mon premier billet:

Ce 25 avril 1791, à huit heures du soir.

» Chère enfant, je suis forcée de vous quitter, du moins pour un temps; mais nous nous retrouverons, je l'espère. Au nom de votre tendresse pour moi, soyez raisonnable, et soignez votre santé. Madame la duchesse d'Orléans m'a forcée à m'éloigner de vous; mais mon cœur vous reste. Songez, chère amie, que vous devez vous soumettre aux volontés d'une mère, et que, malgré cette rigueur, cette mère vous aime, et vous adoreroit, si elle vous connoissoit mieux; songez que tout ce qu'il y a de bon et de vertueux est dans son cœur; et que la prévention qui nous sépare n'est pas d'elle. Croyez qu'absente de mon enfant, de ma tendre amie, je ne m'occuperai que d'elle. Oui; je vous écrirai tous les jours; je penserai à vous dans tous les momens de ma vie. Pour prix de mes soins, soyez raisonnable; surmontez votre douleur; dissipez-vous si ma vie vous est chère : je ne pourrois vivre si vous étiez malade. Je ne quitterai point la France, parce que vous y êtes. Vous aurez sans cesse de mes nouvelles; j'exige de vous que vous alliez après-demain à la promenade avec votre sensible et tendre père [1]. Il vous aime au delà de l'expression. Ne lui faites pas le chagrin mortel de vous livrer à une douleur déraisonnable. Adieu, chère enfant de mon cœur; vous devez lire dans ce cœur, et connoître tout ce qui s'y passe. Jamais, jamais il n'aimera rien dans le monde plus que vous. »

Deuxième billet, ce 25 à minuit.

» Vous l'avez senti, chère enfant, ce battement de cœur si violent que j'éprouvois quand vous avez été vous coucher [2]..... Je ne pleu-

---

[1] L'état affreux de sa santé ne lui permit pas de suivre ce conseil.

(Note de l'auteur.)

[2] Elle étoit sur mes genoux et appuyée sur ma poitrine, elle sentit ce battement de cœur en m'embras-

rois point, mon visage étoit le même ; mais vous avez senti ce mouvement involontaire.... On est venu me dire que vous vous étiez trouvée mal; sans deviner pourquoi, j'ai eu le courage de faire tout ce que vous avez entendu.... Je t'ai trompée, ô ma chère et tendre amie ! je t'ai trompée pour la première fois de ma vie ; mais je voulois te faire passer une

sant... Elle alla se coucher en silence et se trouva mal dans son lit, mais sans perdre connoissance ; comme elle pleuroit, on la questionna ; elle répondit qu'elle me parleroit, mais qu'elle désiroit qu'on ne vînt me chercher que lorsque les personnes qui étoient chez moi seroient sorties ; on le lui promit, et cependant on vint m'avertir ; j'étois déjà inquiète, parce que j'avois entendu du bruit dans sa chambre qui n'étoit séparée de la mienne que par une porte de glace ; connoissant, par ce qu'on me disoit, qu'elle avoit quelques soupçons confus, je me mis à jouer de la harpe, de manière à en être entendue, ce qui la calma un peu ; au bout de trois quarts d'heure, je m'approchai de la porte de glace pour voir si elle dormoit ; elle étoit assise sur son lit ; j'entrai ; elle fondit en larmes, m'avoua des craintes vagues ; il fallut lui protester que ces craintes n'avoient aucun fondement : je n'ai de ma vie tant souffert ! Je la laissai parfaitement rassurée... Et en la quittant je lui écrivis cette lettre.

(Notes de l'auteur.)

bonne nuit. Et d'ailleurs en vous laissant cette crainte confuse, vous n'auriez pas voulu sortir demain. Et comment nous séparer en nous disant adieu ? Cela étoit impossible. J'ai voulu vous épargner ces adieux déchirans pour vous et pour moi..... Je sors de cette chambre ; je viens de vous embrasser encore..... Ma chère enfant, je n'aurois jamais demandé à vous quitter, quelque traitement qu'on m'eût fait ; mais madame la duchesse d'Orléans, elle-même, me l'a demandé positivement. Il a fallu obéir. Je vous écrirai demain matin une longue lettre ; mais on ne vous la remettra que lorsque vous serez calmée et raisonnable. Chère enfant, je vous aime plus que ma vie, mille fois ; ayez soin de votre santé, si vous voulez que je vive. Nous nous retrouverons, soyez-en sûre. Calmez-vous ; ne vous livrez point à une douleur déraisonnable. Ton amie t'en conjure au nom de tout ce qu'elle a fait pour toi. »

Troisième billet, ce 29 matin.

» Ma chère enfant, je vais écrire avec plus de détail. Je vous avois promis de ne jamais demander à vous quitter, quelque traitement que j'éprouvasse ; je vous ai tenu parole ; j'ai souffert tout ce que vous avez vu depuis deux ans. J'ai été traitée comme ne le seroit pas une femme de chambre, puisque madame la duchesse d'Orléans m'avoit interdit d'aller au Palais-Royal, même avec vous. J'ai souffert bien d'autres choses dont vous avez été témoin. Si je ne vous avois pas aimée, comme on n'aima jamais, j'aurois demandé et dû demander ma démission dès les premiers instans de cette conduite; mais, pour vous conserver, rien ne me coûtoit. Il y a environ un mois que j'ai supplié M. le duc d'Orléans de m'obtenir enfin une explication de madame la duchesse d'Orléans, parce que je craignois quelque événement d'éclat quand nous partirions pour la campagne, ou quand nous y serions [1]. Madame la duchesse d'Orléans, qui avoit toujours refusé toute explication et de lire mon journal, a, cette fois, promis à M. le duc d'Orléans de s'expliquer avec moi. Elle est venue à Belle-Chasse à neuf heures du matin, et, au

---

[1] J'avois, à cet égard, des craintes très-fondées. D'ailleurs, l'état actuel des choses étoit plus que suffisant pour me faire désirer que cette explication ne fût plus différée.
(Note de l'auteur.)

lieu d'une explication, elle a tiré un papier de sa poche, qu'elle m'a lu, et qui étoit écrit à l'insu de M. le duc d'Orléans, et dans lequel elle me signifioit que je n'avois d'autre parti à prendre que de me retirer, *vu la différence de nos opinions*, et que si je restois, elle ne me verroit de sa vie. Vous concevez, chère enfant, qu'après avoir entendu, de la bouche d'une mère, un tel discours, il m'étoit impossible de rester auprès de sa fille. Je savois bien, au fond de l'âme, que depuis deux ans elle désiroit ma retraite; mais elle ne me l'avoit point demandée, et je restois. Enfin, elle a prononcé cet arrêt; il a fallu s'y soumettre. J'ai voulu du moins vous faire faire vos Pâques, c'est pourquoi je ne suis partie que le 26. Jugez, chère amie, de tout ce que j'ai dû souffrir dans ce dernier mois que j'ai passé avec vous ! En vous donnant vos leçons, en paroissant calme et tranquille, que de larmes j'ai dévorées! quels déchiremens de cœur n'ai-je pas éprouvés! Mais je savois que vous ne supporteriez pas mes adieux; ainsi, il falloit vous cacher mon départ, et souffrir pendant un mois la plus affreuse contrainte : j'en ai eu le courage, parce que c'étoit pour vous.

Je donnerois ma vie pour assurer votre bonheur, ma chère enfant, et vous le savez bien ; ainsi rien ne peut me coûter pour vous. Imitez donc ce courage, chère amie ; ne vous laissez point abattre ; n'affligez pas mortellement le meilleur des pères, en vous abandonnant à vos regrets et à votre douleur, et n'ajoutez pas à mes maux les plus cruelles inquiétudes..

» Quant à madame la duchesse d'Orléans, elle nous sépare, il est vrai ; mais songez que c'est à sa volonté, que c'est à son choix que vous avez dû douze ans de mes soins. Ainsi vous lui devez le fruit que vous en avez retiré. Elle est aveuglée par une prévention injuste à mon égard ; mais son âme est angélique. Comme je vous l'ai dit tant de fois, tout ce qu'il y a de bon, de généreux, de vertueux, est en elle ; tout ce que vous avez vu de bizarre et d'injuste depuis dix-huit mois n'est point d'elle : chérissez-la toujours, ce sentiment est profondément gravé dans votre cœur ; et montrez-lui, par votre soumission et votre tendresse, la bonté de votre âme et de vos principes. M. le duc d'Orléans ne vous a point laissé ignorer les craintes d'une séparation que demande madame la duchesse d'Orléans; craintes affreuses et déchirantes pour vous et vos frères. Mettez tous vos soins à les réunir; c'est un devoir sacré pour vous, et vous le remplirez avec ardeur, j'en suis sûre. Grâces au ciel, je ne suis pas même le prétexte de ce dernier éclat de madame la duchesse d'Orléans; elle m'a demandé de me retirer le jour où elle vint seule ici dans ma chambre, il y a un mois, et je lui répondis que je me retirois : ainsi elle obtenoit tout ce qu'elle désiroit. Quelques jours après, M. le duc d'Orléans écrivit à madame de Chastellux pour lui demander son appartement; et cinq ou six jours après cette demande, madame la duchesse d'Orléans a fait celle de la séparation. Il est aisé de deviner pour quel motif et par quel conseil.

» Notre séparation est bien cruelle, ma tendre amie; mais un tel malheur n'est pas sans exemple. Souvenez-vous de l'histoire de Fénélon et de son élève le duc de Bourgogne [1]; ils furent à peu près séparés ainsi. Le jeune prince faisoit une perte irréparable, une perte mille

---

[1] Je lui avois lu à dessein cette histoire, quelques jours avant notre séparation. (Note de l'auteur.)

fois plus grande que la vôtre : il perdoit Fénélon, et il étoit fait pour régner ! Il sentit vivement son malheur; il aima Fénélon toute sa vie; il fut fidèle à l'amitié et à la reconnoissance; mais les sentimens de la nature n'en furent point altérés; mais son respect pour son grand-père égala ses regrets; il pleura, mais ne murmura point.

» Voilà ce que j'attends de mon Adèle. Comptez-vous pour rien, chère amie, la liberté de nous écrire ? Vous lirez toujours dans mon cœur, je lirai dans le vôtre; nous nous occuperons toujours l'une de l'autre. Voulez-vous me prouver une véritable tendresse: ayez du courage; soignez votre santé; cultivez vos talens, ces talens que vous devez à l'affection la plus vive qui fut jamais, cette harpe..... O mon amour ! je sens bien ce que le seul son d'une harpe produira sur ton sensible cœur... et quels souvenirs il te rappellera ! Mais veux-tu me faire perdre toutes ces heures que j'ai consacrées à ces leçons ? A ces mêmes heures, tous les jours, j'en jouirai moi-même; figurez-vous cela; depuis six jusqu'à huit, je jouerai vos pièces que je ne veux point oublier, dans l'espoir de les reprendre avec vous. Si je pensois que dans le même temps vous les jouez aussi, je me ferois l'illusion que nous sommes ensemble, ce qui seroit un bonheur pour moi : ces deux heures seroient encore pour votre amie, les plus douces de la journée. J'emporte une harpe avec cette idée. Mandez-moi, chère enfant, qu'elle plait à votre cœur comme au mien, et que vous prenez cet engagement. Si vous voulez changer d'heure, à cause des promenades, mandez-le-moi ; je prendra exactement les heures que vous fixerez [1]. . . .

» Soyez toujours aussi bonne, aussi douce, aussi égale. Je vous recommande tous vos gens qui m'ont donné les plus touchantes marques d'attachement [2]. Je vous fais ce détail, parce

---

[1]. Malgré l'état où elle étoit, elle essaya plusieurs fois de jouer ; mais comment l'auroit-elle pu, puisque ses mains étoient encore si tremblantes, qu'elle ne pouvoit jouer que la moitié du temps qu'elle donnoit à cette étude, qui lui étoit si agréable ? L'état inquiétant de ses nerfs, sa foiblesse, sa maigreur excessive, le changement de sa figure, ne montrèrent que trop ce qu'elle avoit souffert, et dont elle se ressentit long-temps. Elle n'avoit jamais été malade ; elle devoit à mes soins la plus brillante santé !... (Note de l'auteur.)

[2] Ce moment si cruel dans ma vie m'a valu des preuves

que je suis sûre que ce sera une raison de plus pour vous d'être bonne avec eux; soyez toujours bien douce avec mademoiselle *Rime* qui est si raisonnable et si vertueuse.

» N'oubliez point la véritable amitié que j'ai pour Horain [1]; je l'ai chargé de m'écrire; il me mandera si mon enfant est raisonnable et suit mes conseils. Songez enfin que vous seule au monde pouvez me consoler par votre conduite. Si vous n'êtes point raisonnable, vous me tuerez, car je suis affoiblie et bien épuisée par mes insomnies, depuis un mois, et l'horrible contrainte que je me suis imposée. Mettez votre confiance en Dieu, ma chère amie, il nous commande la résignation, et il nous

d'intérêt, d'estime et d'amitié, dont je ne perdrai jamais le souvenir; entre autres de la part des dames religieuses de cette respectable maison (qui m'avoient écrit la lettre la plus touchante), de tous les instituteurs et maîtres attachés à l'éducation de mes élèves, de tous les domestiques de leur maison, etc. Toutes ces personnes m'avoient écrit en corps ou séparément, la surveille ou la veille de mon départ, et j'ai conservé précieusement leurs lettres, comme les preuves et les témoignages les plus honorables de l'irréprochabilité de ma conduite.

[1] Valet de chambre de mademoiselle d'Orléans

(*Notes de l'auteur.*)

en récompense. Priez-le qu'il nous réunisse, et, pour l'obtenir, soumettez-vous à sa volonté. J'embrasse mon enfant, ma chère et charmante enfant, avec toute la tendresse qu'elle me connoît. Ah! jamais je ne vous en donnerai une preuve qui puisse égaler l'effort qu'il a fallu me faire hier pour vous faire passer une bonne nuit. Songez-y, et voyez quel courage, quel empire sur soi-même peut donner une véritable affection!

» Je vous autorise, chère enfant, à montrer, sans exception, toutes mes lettres à madame la duchesse d'Orléans. Vous ne devez point avoir de secret pour elle, et il n'y a rien dans mon cœur que je doive cacher.

» Je me flatte que vous recevrez bien madame *Topin*, qui est si bonne et si estimable, et qui a tant d'amitié pour moi. Je suis sûre aussi, que vous sentirez vivement le prix de l'amitié d'*Henriette*, et qu'elle adoucira vos peines [1]. J'emmène votre autre jeune amie; vous connoissez son sensible cœur; vous croyez

[1] J'étois convenue avec M. le duc d'Orléans de lui laisser ma nièce, dans ces premiers momens, mais seulement pour trois ou quatre mois. (Note de l'auteur.)

bien que nous ne pourrons parler que de vous, que penser à vous... Hélas! nous aurons grand besoin l'une de l'autre; le même sentiment nous occupera uniquement : nous n'aurons qu'un entretien, et toujours mon Adèle sera entre nous deux. »

Mon projet étoit de voyager six semaines en Auvergne et en Franche-Comté, de revenir ensuite à Paris, à l'insu de Mademoiselle, d'y rester seulement un mois, pour y faire imprimer sous mes yeux, les *Leçons d'une Gouvernante*, de partir après pour Sillery, jusqu'aux approches de l'hiver, que je comptois passer en Angleterre, pays que mon goût particulier, la reconnoissance et l'amitié me rendoient également cher, et où j'espérois être plus heureuse qu'en France, si je pouvois trouver le bonheur loin de ma famille, de mes élèves et de ma patrie.

Je reçus de Clermont des lettres qui commençoient à m'inquiéter vivement, sur l'état de mademoiselle d'Orléans; mais, arrivée à Lyon, j'y trouvai des lettres si alarmantes, que je renonçai à mon voyage de Franche-Comté, et je pris la résolution de retourner, sans délai, à Paris; mais comptant toujours y rester cachée pour elle. A six lieues d'Auxerre, je rencontrai un courrier de M. le duc d'Orléans, qui avoit ordre d'aller à Besançon, où l'on me croyoit arrivée; il me donna un paquet qui contenoit des lettres de M. le duc d'Orléans, de M. de Sillery, de ma fille, de mes élèves, de M. Pieyre et de quelques autres personnes, qui toutes me mandoient que les évanouissemens et les convulsions de Mademoiselle, loin de diminuer, *s'aggravoient tous les jours, qu'elle dépérissoit à vue d'œil, qu'enfin l'on craignoit pour ses jours, pour peu que cet état affreux se prolongeât.*

Voici la lettre de M. le duc d'Orléans :

« Voici, *dear friend*, la copie de la lettre
» que j'ai écrite ce matin, à madame la du-
» chesse d'Orléans, et sur laquelle je fonde
» l'espérance de la santé, de la vie et du bon-
» heur de ma fille [1]. Je la lui ai montrée, et

---

[1] Dans cette lettre, comme on le verra, M. le duc d'Orléans mandoit à madame la duchesse d'Orléans qu'il regardoit une phrase d'une de ses lettres, comme l'expression de son consentement à mon retour; qu'en conséquence il alloit me presser de revenir, et il pensoit que cette phrase de madame la duchesse d'Orléans suffiroit pour m'y décider, surtout en m'apprenant l'état où

» à l'effet qu'elle lui a fait, que je ne pourrois
» vous peindre, elle en mourroit, si ses es-
» pérances étoient trompées.

» Sa mère, comme vous voyez par la lettre,
» qu'elle a écrite à Montpensier[1], annonce
» qu'elle n'a aucun droit sur elle, qu'elle n'y
» veut prendre aucune part, et s'en remet
» absolument à moi pour toutes les précau-
» tions à prendre pour elle. Je vous le répète,
» *dear friend*, ma fille ne vivroit vraisembla-
» blement pas, mais bien sûrement ne vivroit
» jamais heureuse, si vous ne lui rendiez pas
» vos soins. Elle y compte, sa tendresse pour
» vous vous en fait un devoir, mes enfans et
» moi nous nous joignons à elle, pour vous
» le demander. Vous ne nous refuserez pas,
» *dear friend*, et nous attendons votre ré-
» ponse, qui, à ce que nous espérons, ne pré-
» cédera pas de beaucoup votre retour, avec

étoit Mademoiselle, et qu'on lui avoit donné l'espérance positive de mon retour.

[1] M. de Montpensier remit cette lettre à M. le duc d'Orléans, parce que c'étoit une réponse à ce que M. le duc d'Orléans avoit chargé son fils d'écrire, et M. le duc d'Orléans m'envoyoit une copie de cette réponse de madame la duchesse d'Orléans.

(Notes de l'auteur.)

» bien de l'impatience, mais sans inquiétude,
» parce que nous connoissons votre tendresse,
» et qu'encore une fois vous ne pouvez vous
» refuser à la nôtre. »

Dans cette lettre étoit incluse la copie de la lettre de M. le duc d'Orléans à madame la duchesse d'Orléans. Je n'en citerai qu'un passage relatif à Mademoiselle et à moi ; le voici :

« Vous avez mandé à Montpensier que vous
» n'aviez pas d'inquiétude sur l'état de votre
» fille, et vous vous exprimez ainsi : *Ce qui me*
» *rassure parfaitement pour la vie de cette mal-*
» *heureuse enfant, c'est que son père est auprès*
» *d'elle, il prendra certainement toutes les*
» *précautions pour assurer son existence* [1]. La
» précaution la plus sûre et la plus efficace,
» pour ne pas dire la seule que je connoisse,

---

[1] Madame la duchesse d'Orléans répondoit par cette phrase aux lettres pressantes dans lesquelles on la conjuroit de me rappeler *pour rendre sa fille à la vie* ; ainsi en disant qu'elle étoit *parfaitement rassurée*, parce que M. le duc d'Orléans prendroit les *précautions pour assurer son existence*, c'étoit dire que non-seulement elle consentoit à mon retour, mais qu'elle le désiroit ardemment ; car que peut-on désirer plus vivement que de *voir assurer l'existence* de son enfant ?

(Note de l'auteur.)

» est d'engager madame de Sillery à vouloir
» bien reprendre la place qu'elle occupoit au-
» près d'elle. Je vais faire tous mes efforts pour
» l'y déterminer. »

De toutes les autres lettres que renfermoit ce paquet, je ne citerai plus qu'un fragment de celle de M. de Sillery ; le voici :

« Vous voyez, par la lettre de M. le duc
» d'Orléans, combien il désire votre retour, et
» qu'il le regarde comme le seul moyen de pou-
» voir sauver son enfant ; il faut qu'il ait senti
» le danger bien pressant, puisqu'il lui a con-
» fié toutes les démarches qu'il fait auprès de
» vous pour vous faire revenir, et que c'est le
» seul moment de consolation que nous ayons
» pu lui procurer. M. le duc d'Orléans lui a
» formellement dit que votre retour ne dépen-
» doit que de vous seule, et je ne puis croire
» que vous puissiez hésiter un moment.... Je
» n'ajoute rien aux marques de tendresse que
» tous vos enfans vous donnent en ce moment ;
» la pauvre petite est ivre de bonheur d'imagi-
» ner qu'elle va vous revoir, car elle ne doute
» pas un moment que vous ne veniez la sauver
» de la mort ou d'un état cent fois pire... Re-
» venez donc, tout ce qui vous aime vous at-

» tend avec impatience, et ne peut être heu-
» reux qu'en vous revoyant. »

Comment aurois-je pu balancer à reprendre ma place auprès de Mademoiselle, quand je la savois dans cet état affreux, quand on venoit lui donner espérance de mon prompt retour, et que M. le duc d'Orléans me mandoit *qu'elle mourroit si ses espérances étoient trompées*; quand madame la duchesse d'Orléans restoit constamment à cinquante-deux lieues d'elle, et chargeoit expressément son père du soin de faire tout ce qui pouvoit la consoler et lui rendre la santé? Personne ne peut concevoir que madame la duchesse d'Orléans, d'après des courriers qu'elle recevoit sans cesse, d'après les détails effrayans faits par un médecin, enfin d'après les lettres touchantes de ses enfans, ne soit pas revenue auprès de sa fille ; madame de Chastellux cherchoit sans doute à lui persuader qu'on lui exagéroit le danger de Mademoiselle ; mais qu'en savoit madame de Chastellux ! Un père, des frères, un médecin, et vingt autres témoins n'étoient-ils pas plus croyables ?

Toutes ces personnes *affirmoient* que Mademoiselle étoit dans l'état le plus alarmant, et elles étoient auprès d'elle. Madame de Chastellux *conjecturoit* que Mademoiselle n'étoit pas dangereusement malade : je revins, et je trouvai effectivement ma chère élève dans un état qui me perça le cœur. Mes soins et ma tendresse lui rendirent bientôt la santé; mais rien ne me rendit la tranquillité que j'avois perdue. Le motif d'éloignement subit de madame la duchesse d'Orléans, pour moi, étoit évidemment la différence d'opinions politiques; mais je reconnois aujourd'hui que toutes ses craintes, qui me parurent alors si exagérées, et même si injustes, n'étoient que trop fondées. Telles devoient être les suites inévitables des odieux principes répandus depuis un demi-siècle en Europe, et surtout en France, par la fausse philosophie. A la suite de tant d'efforts, des états généraux rassemblés, des millions d'innovations proposées, devoient produire tout ce que l'on a vu. Mon indignation sur certains abus, qu'il étoit si facile de réformer, m'inspira une sorte d'enthousiasme pour le commencement d'une révolution, dont je ne sentis aucune des conséquences, et qui me parut même faite pour affermir la durée de la monarchie. L'imagination n'égara point madame la duchesse d'Orléans ; elle ne s'abandonna point à des rêves romanesques; elle jugea mieux que moi, elle sut lire dans l'avenir. Cependant je n'avois jamais été plus loin que le roi lui-même : il avoit pris le titre de *restaurateur* de la monarchie françoise. La reine répétoit sans cesse (comme on peut le voir dans tous les papiers du temps) à toutes les députations qu'on lui faisoit, *qu'elle élevoit son fils dans les principes de la révolution,* chose fort inutile à dire, si elle n'étoit pas vraie, 1°. parce qu'on ne lui demandoit pas sa profession de foi politique; et 2°. parce que ce n'est pas une reine, qui n'est ni veuve ni régente, qui élève son fils. J'ai toujours pensé que, dans toutes ces protestations solennelles, le roi et la reine étoient de bonne foi : par un sentiment louable, puisqu'il étoit généreux, ils croyoient alors à la reconnoissance nationale! Ils ignoroient encore que les peuples ne sont reconnoissans que lorsqu'ils sont heureux et soumis.

Dans tous les temps, j'ai eu des principes monarchiques, et j'ai été attachée à la race royale, comme le prouvent tous mes ouvrages. Dans l'émigration, j'ai montré ces sentimens dans *les Chevaliers du Cygne*, dans *les Petits Émigrés*. Enfin, sous l'empire de Napoléon, j'ai remis Louis XIV à la mode dans *la Duchesse de La Vallière* et *Madame de Maintenon*. Sous ce règne, je n'ai pas perdu une occasion de louer les héros de l'ancien temps; dans *Mademoiselle de Clermont*, j'ai fait l'éloge du grand Condé, et j'ai osé dire : *Où peut-on mieux rêver à la gloire que dans les jardins de Chantilly?* Enfin, toujours sous le règne de Napoléon, j'ai écrit une nouvelle qui a pour titre, *un Trait de la Vie de Henri IV*, et qui contient en outre un éloge détaillé de ce grand roi; j'ai donné *Mademoiselle de La Fayette*, où tous les mêmes sentimens se retrouvent. Je fis les *Mémoires de Dangeau;* on ne me permit pas de les publier. M. le prince de Talleyrand, qui existe, en demanda vainement la permission plusieurs fois. Je voulus faire l'histoire de Henri le Grand, et même je la commençai; mais j'eus la certitude qu'on ne me permettroit pas de l'imprimer : je l'achevai, à la restauration, et j'ai eu le courage de la faire paroître, au retour de Bonaparte; mais il est vrai que j'ai toujours haï le despotisme, les lettres de cachet, les emprisonnemens arbitraires et les droits de chasse. Voilà mes sentimens et toute ma politique, qui n'a jamais varié un seul moment. Depuis la révolution, je n'avois publié, en France, que mes *Leçons d'une Gouvernante*, et mes *Discours moraux*, qui en contiennent un contre la *suppression des couvens*. Il n'y a pas un mot dans tous les autres que j'eusse intérêt à désavouer aujourd'hui; cependant, dès les premiers momens de la révolution, je perdis plusieurs amis, entre autres mesdames de Montant et d'Andlau. Nous regrettâmes doublement la première à Belle-Chasse, parce qu'elle étoit mère d'une charmante jeune personne, Joséphine de Montant, que Mademoiselle aimoit beaucoup.

Arrivée à cette grande époque de la révolution, je n'ai nullement le projet de réfuter d'absurdes inculpations; je n'attache aucun prix à l'opinion de ceux qui me jugent sur des libelles anonymes, au lieu de me juger sur des faits, sur des travaux si longs, et sur des ouvrages peut-être fort médiocres, mais qui du moins montrent quelques connoissances et de bons principes. Ma conscience et l'examen de l'emploi de ma vie me donnent la douce certitude que l'on ne peut que me calomnier, et qu'il est impossible de me noircir. Personne ne croira qu'une femme, qui a toujours constamment cultivé les arts et les talens, qui n'a jamais sollicité une grâce de la cour, jamais paru chez un ministre, qu'on a toujours accusée d'être sauvage, qui enfin s'est enfermée, à trente ans, dans un couvent cloîtré, pour y achever l'éducation de ses filles, et y commencer celle d'enfans encore au berceau ; qui, de ce moment, renonçant entièrement à la cour, à la société, a passé treize ans à donner des leçons, et à composer vingt-deux volumes; on ne croira pas, dis-je, qu'une telle personne ait été une intrigante. Je ne m'abaisse donc point à présenter une *justification*; je n'en ai nul besoin, et s'il étoit vrai qu'elle me fût nécessaire, je n'éprouverois aucun désir de la donner; car il est des injustices si révoltantes qu'elles ne peuvent inspirer que le dédain.

Ce seroit une injustice de ranger dans la classe des intrigans tous ceux qui s'engagent dans les affaires publiques, quoiqu'ils n'en soient pas directement chargés; l'amour du bien public, et le désir de servir ses amis, peuvent, aussi-bien que l'ambition et la cupidité, diriger à cet égard : j'ai connu des gens vertueux et des femmes estimables qui avoient le goût des affaires; et je les approuvois de s'en mêler, parce qu'ils étoient guidés par des motifs purs, et qu'ils avoient le caractère et les talens qui doivent, dans ce genre, procurer le succès. Pour réussir dans les affaires, il faut nécessairement, sinon de la fausseté, du moins une sorte de souplesse; il faut savoir non-seulement ménager, mais gagner tous ceux qui peuvent être utiles; il faut de la prudence, et au moins *un peu de dissimulation;* il faut, par-dessus tout, une inconcevable activité physique. Je n'ai aucune prudence, il m'est impossible de dissimuler, je ne puis me résoudre à quitter ma chambre, et jamais personne ne m'a parlé, un quart d'heure, d'affaires, sans s'apercevoir que j'écoutois avec la plus extrême distraction. Il y a dans ce caractère des inconvéniens et une sorte de frivolité très-ridicule à mon âge; mais je me suis trop occupée des autres pour avoir eu le temps de réfléchir et de travailler sur moi-même; j'ai su corriger les défauts de mes élèves, et j'ai gardé tous les miens. Du moins ces défauts mêmes auroient-ils dû me mettre à l'abri des étranges calomnies qui me poursuivent depuis tant d'années!....

De ma vie je ne me suis mêlée d'affaires de politique ou d'ambition ; mon dégoût pour tout ce qui peut y ressembler, et par conséquent mon incapacité sur ce point, étoient si reconnus, que jamais mes amis les plus intimes ne m'ont consultée sur leurs projets dans ce genre. Ils me confioient leurs sentimens et les secrets de leur intérieur, mais je n'avois qu'une connoissance très-vague et très-confuse de leurs espérances d'ambition et de fortune. J'ai toujours joint à cette espèce d'insouciance le goût d'une vie retirée, sédentaire et paisible, et une extrême aversion pour tout ce qui peut troubler cette tranquillité d'esprit si nécessaire à ceux qui cultivent les lettres avec une véritable passion. D'après ce caractère je pouvois aimer une révolution dans le gouvernement, si je la jugeois nécessaire au bonheur de la nation ; mais je devois craindre les mouvemens qui en sont inséparables. Aussi, dès la convocation des états généraux, prévoyant que le désordre des finances, le mécontentement général produiroient beaucoup de troubles, je désirai m'éloigner, et je déclarai publiquement que j'irois à Nice avec mes élèves. Leurs parens y consentirent, et il fut convenu que nous partirions au mois de septembre. Malheureusement je l'avois annoncé; et l'on censura tellement ce projet dans les papiers publics, il parut porter une telle atteinte à la fragile et funeste popularité de la maison d'Orléans, qu'il fallut y renoncer, du moins pour le moment. Sans doute, ayant élevé ces jeunes princes sans aucune espèce d'intérêt pécuniaire; n'ayant jamais voulu recevoir d'appointemens pour leur éducation; possédant, par un héritage, une très-grande fortune depuis deux ans, j'aurois été parfaitement indépendante, si je l'eusse voulu; mais j'aimois ces enfans comme s'ils eussent été les miens; je ne pus me résoudre à les quitter; l'aîné devoit passer encore près de deux ans avec moi : m'en séparer avant ce temps, c'étoit presque sacrifier leur éducation, et les travaux de tant d'années. Je restai !.....

Ce fut un véritable sacrifice; je leur en ai fait depuis de plus grands encore !

Cependant j'obtins la promesse qu'on nous laisseroit faire un voyage en Angleterre, aussitôt que la Constitution seroit finie; on croyoit alors que ce travail seroit terminé sous peu de mois; il fut beaucoup plus long. Malgré mes vives instances, et le désir ardent que je conservois constamment de quitter la France, l'époque de mon départ se reculoit toujours, sous divers prétextes; mais, enfin, on nous promit positivement que nous partirions dans le cours de l'automne de 1790. En conséquence je fis tous mes préparatifs; je me croyois à la surveille de notre départ, lorsqu'un soir M. de Valence vint chez moi, pour me dire qu'il savoit, à n'en pouvoir douter, que M. le duc d'Orléans partoit dans la nuit pour l'Angleterre. Il lui fut impossible de me persuader une chose aussi inattendue et aussi étrange; mais rien n'étoit plus vrai, M. le duc d'Orléans partit à cinq heures du matin; on me remit un billet de lui, dans lequel il me disoit qu'il reviendroit *au bout d'un mois*, et il resta à Londres près d'un an !...

Ce voyage étoit inconcevable de toutes manières, et ne permettoit plus à mes élèves de sortir de France; le peuple, déjà mécontent du départ de leur père, avoit l'œil sur eux, et les auroit arrêtés si l'on eût voulu les emmener. Dans tout ceci, je n'étois surprise que du procédé de M. le duc d'Orléans, qui manquoit à ses promesses formelles ; et, d'ailleurs, je ne m'étonnois pas qu'il m'eût fait un mystère de ses projets personnels : et, c'est un fait très-connu de ceux qui ont vécu avec lui, que, depuis la révolution, il n'a demandé des conseils qu'à M. de Laclos, et n'a eu de confiance qu'en lui. C'est encore un fait, que je ne connoissois aucune des personnes qu'il s'étoit particulièrement attachées depuis la révolution ; je n'ai, de ma vie, rencontré M. de Laclos et M. Shée ; je n'ai jamais eu la moindre relation avec eux, et je ne les connoissois même pas de vue. J'étois si peu au fait des affaires de M. le duc d'Orléans, que, lorsque *ses Cahiers à ses commettans* parurent, plusieurs personnes les avoient lus imprimés, avant que je susse qu'ils existassent [1]. Les Cahiers firent beaucoup de bruit, et eurent un très-grand succès ; ils donnoient le premier exemple de

[1] Entre autres, madame de Boufflers la douairière ; elle vint, à cette époque, à Belle-Chasse, me parla de ces Cahiers : je lui répondis que je ne savois même pas ce que c'étoit, que je n'en avois nulle espèce de connoissance. Comme ce fait lui parut surprenant, je suis persuadée qu'elle se le rappellera.
(Note de l'auteur.)

sacrifices très-généreux, et ils servirent de modèle à tous ceux qui ont obtenu depuis l'applaudissement public. Si j'avois eu quelque part à cet ouvrage, d'après un tel succès je n'aurois eu nul intérêt à le nier, et de soutenir qu'on ne me les avoit pas même communiqués avant l'impression; ce mensonge eût été absurde, et absolument inconcevable; et il est très-certain que j'ai déclaré hautement, dès le premier moment, que je ne les connoissois pas, et c'est un fait que j'ai consigné dans un ouvrage que j'ai fait imprimer, et qui a paru dans les derniers jours d'août 1791, c'est-à-dire, deux mois environ avant mon départ de France. Cet ouvrage a pour titre, *Journal d'Éducation, ou Leçons d'une Gouvernante.* J'y rends compte de ma conduite, relativement à mes élèves, jusqu'à cette époque. J'étois alors au milieu de gens avec lesquels j'ai passé ma vie; M. le duc d'Orléans existoit; j'écrivois sous ses yeux, et je dis dans cet ouvrage tout ce que je viens de répéter ici : 1°. Que je ne me suis jamais mêlée d'affaires; 2°. qu'il ne m'a jamais parlé des siennes que vaguement; 3°. que, depuis la révolution, il a totalement cessé de m'en parler; 4°. que je ne connois aucun de ses gens d'affaires, pas même de vue; 5°. que je n'ai eu connoissance de ses Cahiers imprimés que lorsqu'ils ont été publiés. J'ajoute dans ce même ouvrage que, pour être d'une scrupuleuse vérité, je dois dire que, depuis la révolution, il m'a cependant consultée sur un seul objet; ce fut relativement à la régence, dans le temps où l'on parloit de déclarer le roi déchu du trône, après son retour de Varennes. La régence, dans ce cas, eût été déférée à M. le duc d'Orléans, qui me dit qu'il étoit décidé à ne point l'accepter, et à l'annoncer d'avance; il me pria de rédiger cette déclaration, qu'il vouloit faire mettre dans les papiers publics. J'écrivis sur-le-champ une demi-page, qui contenoit cette déclaration d'une manière très-formelle : M. le duc d'Orléans emporta cet écrit, qui fut en effet inséré dans les journaux[1]. En contant ce fait dans un journal, tel

---

[1] Voici cette déclaration :

A l'auteur du journal intitulé, Assemblée Nationale.

« Ayant lu, Monsieur, dans votre journal, n°. 689,
» votre opinion sur les mesures à prendre d'après le
» retour du roi, et tout ce que vous a dicté sur mon
» compte votre justice et votre impartialité, je dois vous

que je le retrace ici, j'y répète que ce fut l'unique occasion où j'aie été consultée par

» répéter ce que j'ai déclaré publiquement dès le 21 et
» le 22 de ce mois à plusieurs membres de l'assemblée
» nationale, que je suis prêt à servir ma patrie sur
» terre, sur mer, dans la carrière diplomatique, en un
» mot dans tous les postes qui n'exigeront que du zèle
» et un dévouement sans bornes au bien public; mais
» que, s'il est question de régence, je renonce dans ce
» moment et pour toujours au droit que la constitution
» m'y donne ; j'oserai dire qu'après avoir fait tant de
» sacrifices à l'intérêt du peuple et à la cause de la li-
» berté, il n'est plus permis de sortir de la classe du
» simple citoyen, où je ne me suis placé qu'avec la ferme
» résolution d'y rester toujours, et que l'ambition se-
» roit en moi une inconséquence inexcusable. Ce n'est
» point pour imposer silence à mes détracteurs que je
» fais cette déclaration : je sais trop que mon zèle pour
» la liberté nationale, pour l'égalité, qui en est le fon-
» dement, alimenteront toujours leur haine contre moi.
» Je dédaigne leurs calomnies, ma conduite en prouvera
» suffisamment la noirceur et l'absurdité; mais j'ai dû
» déclarer dans cette occasion mes sentimens et mes ré-
» solutions irrévocables, afin que l'opinion publique ne
» s'appuie pas sur une fausse base dans ses calculs et ses
» combinaisons, relativement aux nouvelles mesures
» que l'on pourra être forcé de prendre.

» L. P. D'ORLÉANS.

» Le 26 juin 1791. »

(Note de l'éditeur)

M. le duc d'Orléans, et que jamais depuis il ne m'a confié un seul mot de ses affaires [1]. Dira-t-on que par d'autres moyens et d'autres liaisons j'ai pris part aux affaires publiques? Ce seroit une inculpation tout aussi dénuée de fondement. Depuis la révolution je n'ai pas fait le moindre changement dans ma manière de vivre; toujours consacrée aux mêmes travaux, aux mêmes études, à la même retraite, j'ai vécu, depuis cette époque, comme avant la révolution; passant cinq mois à Paris, dans mon couvent, n'en sortant qu'avec mes élèves

---

[1] J'imagine qu'il me chargea de rédiger cette déclaration, parce qu'apparemment ses véritables conseils n'approuvoient pas cette démarche, que l'ambition ne pouvoit ni suggérer, ni trouver prudente. Au reste, cette idée n'est qu'une conjecture, et je ne la donne que pour telle. J'ai encore rédigé un petit écrit d'une page pour M. le duc d'Orléans, et qui fut mis dans les journaux; mais ce ne fut point à sa prière: ce fut, le lendemain de son départ pour l'Angleterre, madame la duchesse d'Orléans qui me demanda de faire l'annonce de cet étrange voyage. J'y consentis, et madame la duchesse d'Orléans fit mettre ce petit écrit dans tous les papiers publics. Voilà, sans exception, toute la part que j'ai eue, depuis la révolution, dans les affaires de la maison d'Orléans.

(Note de l'auteur)

pour aller voir des cabinets de tableaux, d'histoire naturelle, et des manufactures; ne voyant, d'habitude, chez moi que la famille de mes élèves et la mienne, et seulement depuis huit heures du soir jusqu'à neuf heures et demie, heure où nos grilles se fermoient; ne voyant du monde que tous les huit jours, et uniquement pendant ces cinq mois d'hiver; car j'ai constamment passé le reste de l'année à la campagne avec mes élèves, et toujours dans une absolue solitude. Je vais à présent rendre compte des nouvelles liaisons que je formai à cette époque.

Quelque temps auparavant, une personne de ma connoissance me parla avec les plus grands éloges d'un jeune député, qui arrivoit du fond des provinces méridionales, et qui, me dit-on, *passionné* pour mes ouvrages, avoit un vif désir de me connoître. Je pensai que, puisqu'il aimoit mes ouvrages, il avoit les principes qui donnent le goût des mœurs et le respect pour la religion. On me confirma dans cette idée, en m'apprenant qu'il étoit lui-même homme de lettres et auteur de deux ouvrages qui avoient concouru pour les prix proposés par l'académie littéraire de Toulouse.

Les deux ouvrages, imprimés avec son nom, quoique publiés depuis deux ans, étoient très-peu connus à Paris. L'auteur me les envoya : l'un étoit l'*Éloge de Louis XII, père du peuple et roi de France*, et, avec le panégyrique de ce prince, il contenoit l'*Éloge du gouvernement monarchique et de l'amour des François* pour leur roi; l'autre ouvrage étoit l'*Éloge* de feu *M. Lefranc de Pompignan*, et contenoit en même temps un éloge touchant de la religion, et la satire la mieux fondée *de la philosophie moderne*. Ces discours étoient mal écrits (l'auteur n'a pas depuis perfectionné son style); mais on y trouvoit de l'esprit, de la raison, des traits ingénieux, et une excellente morale. Je consentis enfin à recevoir ce député..., c'étoit M. Barrère!... Cette curieuse anecdote l'auroit conduit à l'échafaud, si je l'eusse rappelée, sous le règne de Robespierre; mais mon silence, et l'oubli profond dans lequel étoient tombés ces deux éloges, assuroient à l'auteur l'impunité du *délit énorme* d'avoir montré des sentimens humains et religieux dans ces premières productions de sa plume, d'ailleurs très-médiocres. Voilà de quelle manière je fis connoissance avec lui;

il étoit jeune, jouissoit d'une très-bonne réputation, joignoit à beaucoup d'esprit un caractère insinuant, un extérieur agréable, et des manières à la fois nobles, douces et réservées. C'est le seul homme que j'aie vu arriver du fond de sa province, avec un ton et des manières qui n'auroient jamais été déplacées dans le grand monde et à la cour. Il avoit très-peu d'instruction, mais sa conversation étoit toujours aimable, et souvent attachante; il montroit une extrême sensibilité, un goût passionné pour les arts, les talens, et la vie champêtre; ces inclinations douces et tendres, réunies à un genre d'esprit très-piquant, donnoient à son caractère et à sa personne quelque chose d'intéressant et de véritablement original. Voilà ce qu'il me parut être, et sans doute ce qu'il étoit alors; la lâcheté seule en a fait un homme sanguinaire : au reste, ma liaison avec lui (ainsi qu'avec les autres personnes que j'ai connues seulement depuis la révolution) ne fut jamais intime; je ne le recevois qu'une fois par semaine, le dimanche, jour où je voyois du monde; je ne lui ai écrit qu'une seule fois dans ma vie, pour lui demander quelques détails sur les mœurs des pâtres des Pyrénées. Il me répondit une lettre de trois pages, uniquement sur ce sujet; il m'écrivit depuis une seule lettre, sur la fin de mon séjour en Angleterre, pour m'engager à revenir. Il ajoutoit dans cette lettre, que j'ai conservée, qu'il imaginoit facilement que *les scènes terribles qui s'étoient passées à Paris, causoient à ma sensibilité une terreur sans doute invincible; qu'il ne me proposoit point de revenir à Paris, mais qu'il m'offroit pour asile son habitation dans les Pyrénées, où je pourrois rester jusqu'à la fin des troubles; que là, je vivrois paisible dans la retraite, et au milieu des pâtres, dont j'avois si bien peint les mœurs et les vertus patriarcales,* etc. [1]. Le reste de la lettre ne contenoit que des complimens, elle étoit datée du 1ᵉʳ. octobre 1792. Je ne fis point de réponse; je n'ai jamais eu d'autre correspondance avec lui.

Ma liaison avec Pétion fut du même genre: j'avoue que j'ai eu pour ce dernier une véritable estime, jusqu'à l'époque affreuse de la mort du roi; mais je le voyois encore moins

---

[1] J'ai fait quelques lettres sur ces pâtres, qui parurent dans un journal.
(Note de l'auteur.)

que les autres députés qui venoient chez moi, parce qu'il avoit plus d'occupation. Je ne lui ai jamais écrit qu'une seule fois, je dirai tout à l'heure à quelle occasion. Quand je partis pour l'Angleterre avec mademoiselle d'Orléans et deux autres jeunes personnes que j'ai élevées avec elle, je craignis vivement que notre départ n'excitât une sensation désagréable dans les provinces que nous devions traverser, surtout n'ayant point d'homme avec moi qui pût au besoin haranguer le peuple et les municipalités, si l'on nous arrêtoit. Je communiquai cette crainte à Pétion, qui m'offrit de me conduire à Londres. Il étoit, dans ce temps, au plus haut point de sa popularité; j'étois sûre qu'avec lui nous serions à l'abri de tout événement fâcheux, ainsi j'acceptai son offre avec la plus grande joie. On étoit alors, à Paris, au moment de s'occuper de l'élection d'un nouveau maire, on savoit d'avance que Pétion seroit élu à l'unanimité; il m'avoua franchement lui-même qu'il n'en doutoit pas; mais qu'il étoit bien aise de s'éloigner de Paris, dans cette conjoncture, afin qu'on ne pût l'accuser d'avoir intrigué, ce qui lui coûtoit d'autant moins, ajouta-t-il, qu'il étoit irrévocablement décidé à refuser cette place. Comme j'avois cru démêler dans son caractère de l'irrésolution, et une bonhomie et une facilité qui alloient quelquefois jusqu'à la foiblesse, je lui répondis que je pensois qu'on le presseroit si vivement, qu'il finiroit par accepter; là-dessus il me dit ces propres paroles : *Quelques instances que l'on puisse me faire, si j'accepte, je consens que vous me regardiez à jamais comme le plus méprisable de tous les hommes.* Il me répéta vingt fois cette phrase, durant notre voyage. Quand j'appris qu'il avoit accepté, je cessai d'estimer son caractère, mais je restai persuadée qu'il avoit l'âme la plus droite, la plus honnête, et les principes les plus vertueux. Nous arrivâmes à Calais sans aucun incident remarquable; je conduisis Pétion jusqu'à Londres; il m'y quitta pendant le temps où je changeois de chevaux; je lui fis mes adieux sans descendre de voiture, ne voulant pas m'arrêter à Londres; il resta huit jours, et au bout de ce temps retourna à Paris. Nous ne nous écrivîmes point, car mes occupations particulières ne m'ont jamais permis d'entretenir des correspondances; et, depuis que j'existe, des devoirs indispensables, ou la tendresse de mère et d'institutrice, ont pu seuls m'engager à écrire des lettres avec suite et exactitude [1].

Voilà toutes les relations que j'ai eues avec Pétion [2]. Voici les noms des autres personnes

[1] Cela est si vrai, qu'à Paris, cinq ou six ans avant la révolution, j'avois renoncé à toutes les lettres qui m'arrivoient par la poste. Auteur, et attachée à une maison de prince, j'en étois tellement accablée et ruinée, que je pris ce parti, qui, certainement, ne devoit pas me faire *des partisans*. (Note de l'auteur.)

[2] Pétion soutint dans l'Assemblée constituante le projet de division de l'Assemblée législative en deux chambres. Si ce projet, réalisé depuis, eût été adopté, bien des malheurs eussent peut-être été prévenus. Il est cependant permis d'en douter. Des esprits plus méditatifs que celui de Pétion ont cru à la possibilité d'arrêter le mouvement populaire aussitôt qu'il avoit atteint le but vers lequel il étoit dirigé ; mais l'expérience des siècles dépose contre cette vieille erreur. Dans toute marche faite en foule et d'une manière désordonnée il est presque impossible de déterminer le point où l'on fera halte, car tous, voulant toucher au but les premiers, poussés par ceux qui viennent après, sont forcés de le dépasser. Diviser les masses ou changer leur direction, c'est également s'éloigner de ce point de repos.
(Note de l'éditeur.)

avec lesquelles j'étois liée : je voyois souvent l'infortuné M. de Beauharnais [1] (l'une des plus intéressantes victimes de Robespierre) ; mais je l'avois connu long-temps avant la révolution, ainsi que M. Mathieu de Montmorency, et M. de Girardin. Je recevois encore chez moi, très-rarement, quelques gens de lettres, MM. de Volney, Grouvelle [2] et Millin; enfin je voyois plusieurs artistes, parmi lesquels étoit *David.* Je n'ai point à me justifier d'avoir reçu ce dernier; alors il se bornoit à être le premier peintre de l'Europe; il n'étoit pas député, et je le connoissois depuis six ou sept ans; cependant, près d'un an avant mon départ de France,

[1] Le vicomte Alexandre de Beauharnais périt à cinquante-quatre ans, sur l'échafaud, victime de ces dénonciations si fréquentes alors, dont le mystère n'est pas encore tout-à-fait dévoilé. Il avoit été député par la noblesse de Blois, aux états généraux, en 1789 : il fit les premières guerres de la révolution et commanda en chef l'armée du Rhin. Le vicomte de Beauharnais, premier mari de Joséphine de La Pagerie, qui depuis épousa Napoléon, étoit né à la Martinique, en 1760.

(Note de l'éditeur.)

[2] Grouvelle, élève de Cérutti, qui, a dit une femme de bon jugement, n'apprit de son maître qu'à mettre sa philosophie dans de petites phrases, étoit un écrivain

nous eûmes ensemble quelques discussions qui nous brouillèrent, et je cessai totalement de le voir.

Louis XVI étant encore sur le trône, David fit une esquisse du serment du jeu de paume, et par une inspiration, non divine, mais infernale, il y représente le château de Versailles frappé de la foudre. Je lui demandai raison de cette composition ; il répondit que cela signifioit *la destruction du despotisme.* Je lui représentai que cela paroissoit signifier *la destruction de la famille royale* : nous eûmes à ce sujet une querelle très-vive. Quelque temps

médiocre, froid et vain. Secrétaire du prince de Condé, il composa sa première satire contre les grands, dans le palais même de ce prince, qui le traitoit avec bonté. De petits vers insérés dans l'*Almanach des Muses*; une comédie en trois actes, tombée à la première représentation ; une ode sur la mort du duc de Brunswick ; quelques pamphlets politiques ; quelques articles de journaux et des mémoires historiques sur les Templiers, composent le léger bagage littéraire de Grouvelle. On trouve du moins dans ce dernier ouvrage des faits curieux et peu connus jusqu'alors, sur les causes secrètes de la ruine des célèbres chevaliers du Temple. Fils d'un orfévre de Paris, où il était né, en 1758, Grouvelle est mort en 1806.

(Note de l'éditeur.)

après, je me moquai devant lui de la pompe de Voltaire, qui étoit en effet la chose la plus inepte, la plus scandaleuse et la plus complétement ridicule qu'on ait vue à Paris, avant *les fêtes de la Raison*. David avoit composé le char de triomphe du cadavre de Voltaire; il trouva mes critiques fort impertinentes, et de ce moment il cessa de venir chez moi.

Telles ont été toutes mes liaisons nouvelles depuis la révolution : je n'en ai point eu d'autres, quoiqu'on ait écrit dans plusieurs libelles (Gauthier et d'autres) que j'étois dans *l'intimité la plus tendre* avec l'abbé Sieyès, que je ne connois même pas de vue, et avec lequel je n'ai jamais eu le moindre rapport; que je voyois en secret MM. de Lameth et Mirabeau. Je n'ai, de ma vie, parlé aux deux premiers, ni n'ai eu la plus légère relation avec eux, même indirectement. Je relève cette fausseté (ainsi que beaucoup d'autres *mensonges*), et non assurément comme une *accusation;* mais en m'associant ainsi avec les personnes qui, par leurs emplois et leurs talens, ont joué de grands rôles dans la révolution, on vouloit persuader que je me mêlois des affaires, et que je passois ma vie à intriguer. Quant à Mirabeau, quoique j'eusse pour son talent oratoire, lorsqu'il parloit de tête, une admiration que l'impartialité ne pouvoit lui refuser, je n'ai jamais voulu le recevoir chez moi : je l'ai rencontré deux fois dans la même maison, il me parut en effet aussi aimable qu'il étoit éloquent; nous ne parlâmes que de littérature. Il m'écrivit une seule fois, pour me demander de le recevoir et d'entendre *la lecture du plan d'un discours qu'il vouloit faire sur l'adoption*. Je lui répondis pour le refuser, en lui disant franchement qu'une liaison entre nous fourniroit matière à mille calomnies; je ne l'ai pas rencontré depuis, et je n'en ai plus entendu parler. Il ne me reste plus qu'à rendre compte de mes actions publiques. Comme je l'ai déjà dit, j'ai toujours eu le même genre de vie, consacrée à mes élèves depuis l'instant où je me levois jusqu'à huit heures et demie du soir; recevant mes amis (c'est-à-dire, trois ou quatre personnes), à cette époque de la journée, pendant une heure et demie, ensuite travaillant seule jusqu'à deux ou trois heures après minuit, et, pendant l'hiver, donnant à dîner tous les dimanches à quelques-unes des personnes que j'ai nommées; voilà quelle a été constamment ma manière de vivre. J'allois quelquefois à l'Assemblée nationale, mais très-rarement, et je suis certainement de toutes les personnes de la société celle qu'on y a vue le moins souvent. J'ai été deux fois aux séances des Jacobins; elles n'étoient assurément pas alors ce qu'elles sont devenues depuis; mais les orateurs m'en parurent extrêmement médiocres, et les principes exagérés et dangereux : je n'y retournai plus. La curiosité me fit aller une seule fois à l'une des séances publiques de *la société fraternelle aux Cordeliers*, c'étoit un spectacle également original, effrayant et ridicule. Les femmes du peuple y parloient, quoiqu'elles ne montassent pas à la tribune; mais elles interrompoient fréquemment les orateurs et faisoient de longues dissertations sans sortir de leurs places, pour rappeler, disoient-elles, *aux vrais principes*. Les discours étoient risibles, mais les maximes faisoient frémir. On a dit que j'avois mené mademoiselle d'Orléans à cette séance, ce qui est de toute fausseté; je ne l'ai pas même menée aux Jacobins.

On a prétendu que j'avois eu des liaisons avec Brissot, ce qui est absolument faux; mais j'ai eu quelques rapports avec lui avant la révolution, voici le fait : depuis que j'écris, c'est-à-dire, depuis que je suis auteur, les sentimens d'humanité répandus dans mes ouvrages ont donné souvent aux infortunés l'idée de s'adresser à moi, d'autant mieux qu'alors ma situation me procuroit plusieurs moyens d'être utile, et qu'assurément je n'en négligeai jamais aucun. Environ trois ou quatre ans avant la révolution, Brissot, qui travailloit à je ne sais quelle gazette, fut mis à la Bastille; je n'avois jamais entendu parler de lui; j'ignorois même qu'il fût auteur de cinq ou six gros volumes très-ignorés alors, et très-médiocres ¹, que j'ai parcourus depuis. Il s'appeloit dans ce temps M. *de Varville*; il m'écrivit de la Bastille; sa lettre et son malheur m'intéressèrent; j'engageai M. le duc d'Orléans (qui n'étoit alors que duc de Chartres) à faire des démarches pour

¹ Brissot, fils d'un aubergiste d'Ouarville, près de Chartres, avoit fait de bonnes études; destiné au barreau il s'occupa surtout des lois criminelles, sur lesquelles il a publié dix volumes. Les autres ouvrages dont madame de Genlis parle ici sont *De la vérité, ou Méditations sur les moyens de parvenir à la vérité, dans toutes les connoissances humaines.* — *Correspondance universelle sur ce qui concerne le bonheur des hommes et de la société.* — *Tableau des sciences et des arts de l'Angleterre.* — *Situation des*

cet infortuné. M. le duc d'Orléans mit à cette affaire beaucoup de zèle et d'activité, et au bout de quinze jours Brissot recouvra sa liberté. Il vint me voir pour me remercier, et quelques jours après une nouvelle lettre de lui m'apprit qu'il étoit amoureux d'une des femmes de chambre de mademoiselle d'Orléans, nommée mademoiselle Dupont. J'aimois cette jeune personne, et je lui représentai qu'elle feroit une folie d'épouser un homme sans talent (c'étoit mon opinion), et qui n'avoit nulle espèce de fortune : mes conseils ne produisirent aucune impression, et je me chargeai, à la prière de mademoiselle Dupont, d'écrire à sa mère qui vivoit à Boulogne, pour lui demander son consentement au mariage de sa fille ; je promettois de solliciter un petit emploi pour M. de Varville. Le consentement fut donné, le

Anglois dans les Indes orientales, et de l'état de l'Inde. — Ces ouvrages furent les véritables causes de sa détention à la Bastille, et non pas les libelles qu'on lui attribua et dont il n'étoit pas l'auteur. On sait quel rôle il a joué dans la révolution, mais on a trop oublié que dans le procès de l'infortuné Louis XVI il avoit voté pour l'appel au peuple, qui eût sauvé le roi si cet appel avoit eu lieu. Brissot, né en 1754, périt sur l'échafaud en 1793.

(Note de l'éditeur.)

mariage se fit sur-le-champ, et madame de Varville, quittant Belle-Chasse, partit aussitôt avec son mari pour l'Angleterre. Elle y resta jusqu'au moment où M. le duc de Chartres, par la mort du prince son père, devint duc d'Orléans. J'obtins alors un emploi de mille écus avec un logement à la chancellerie d'Orléans, pour M. de Varville. Il vint me voir avec sa femme pour me remercier d'un sort qui surpassoit son attente. Cette visite fut la dernière. Brissot, malgré les idées qu'il a développées depuis sur *la parfaite égalité* qui doit régner entre les hommes, n'aimoit peut-être pas à ramener sa femme dans une maison où elle avoit été femme de chambre, et où elle avoit mangé à l'office avec les mêmes domestiques qui s'y trouvoient encore. Voilà du moins ce que l'étonnante ingratitude de Brissot envers moi m'a fait imaginer, car depuis ce moment je n'ai jamais reçu de lui ou de sa femme la plus légère preuve de souvenir, et encore moins d'intérêt. Au reste ce n'est point madame Brissot que j'en accuse, cette personne infortunée est aussi intéressante par ses vertus et son caractère que par ses malheurs.

Depuis la fuite du roi à Varennes et son retour forcé à Paris, je brûlois de quitter la France, et M. le duc d'Orléans me le permit enfin. Les médecins ordonnèrent à Mademoiselle d'aller en Angleterre prendre les eaux de Bath. Nous partîmes en toute règle avec des passe-ports, qui exprimoient la permission de rester en Angleterre aussi long-temps que la santé de Mademoiselle l'exigeroit. Nous partîmes le 11 octobre, 1791. Nous arrivâmes à Calais le soir à la nuit ; nous descendîmes à l'auberge de Dessaint. Un jeune homme très-bien mis, tenant deux bougies, vint nous éclairer pour nous conduire à notre appartement, il marchoit devant nous ; aussitôt que nous fûmes entrées dans notre chambre, il posa les deux bougies sur une table, et vint se jeter à mes pieds en s'écriant : « Reconnoissez Martin ! » C'étoit un jeune homme dont voici l'histoire : Il étoit fils de ce qu'on appeloit un chasse-marée. Quelques mois avant mon premier voyage en Angleterre, comme il conduisoit sa charrette chargée de marée, en descendant une montagne, un homme ivre-mort se trouva sur le chemin ; malgré tous les cris de Martin, qui ne pouvoit pas arrêter son cheval, il ne se dérangea point ; il fut écrasé et tué sur la place : il y avoit heureusement trois hommes sur le chemin qui furent témoins de cet événement. Martin, qui avoit dix-sept ans, fut si effrayé de ce meurtre involontaire, qu'au lieu d'aller se mettre en prison, il ne rentra point dans Calais ; il s'embarqua, et se sauva à Douvres. Il fut condamné par contumace. A mon premier passage, sa mère vint me demander de solliciter sa grâce quand je retournerois en France. Le maître de l'auberge, Dessaint, s'intéressoit vivement à lui, et tout le monde m'assura qu'il étoit un excellent sujet. Je le vis en passant à Douvres, où il servoit dans une auberge; il avoit une jolie figure ; il me toucha vivement en me contant que son seul plaisir étoit de monter sur le haut des dunes pour apercevoir les côtes de France. De retour à Saint-Leu, je donnai à M. le duc d'Orléans un petit mémoire sur ce jeune homme, et le lendemain il m'apporta sa grâce en bonne forme. Dessaint le prit dans son auberge, et, au bout de six mois, il conçut pour lui une si grande amitié, qu'il le maria à sa nièce, qui étoit son unique héritière. Dessaint avoit au moins trois cent mille francs de bien. Ce jeune homme m'a donné toutes les preuves imaginables de reconnoissance. Au commencement de l'émigration il découvrit où j'étois ; il m'écrivit pour m'offrir de passer gratuitement en Angleterre ; il m'a donné beaucoup d'autres preuves d'attachement. J'ai éprouvé tant d'ingratitude dans ma vie, que je me plais à recueillir dans ces mémoires tous les traits de reconnoissance dont j'ai été l'objet et le témoin.

Nous allâmes d'abord à Londres, dans la maison que M. le duc d'Orléans y avoit achetée. Nous y passâmes une quinzaine de jours ; de là nous allâmes à Bath, où nous restâmes deux mois. Il y avoit une excellente troupe de comédiens qui jouoient la tragédie et la comédie. Je louai une loge, et, pour nous bien familiariser avec la *langue parlée*, nous allions presque tous les jours au spectacle ; nous entendîmes parfaitement presque tout de suite la tragédie ; il n'en fut pas de même de la comédie : la vitesse du débit, les façons de parler familières et proverbiales, et les fréquentes abréviations nous déroutoient continuellement. Mais nous portions toujours avec nous les pièces imprimées, où nous lisions ce que notre oreille ne nous faisoit pas comprendre; et, de cette manière, au bout de six semaines, nous entendions l'anglois comme les Anglois mêmes. Nous ne vîmes à Bath que six personnes : un prêtre irlandois catholique, qui nous confessoit; lord et lady Londondéry; le docteur Fothergill, médecin des eaux; le docteur Warner, et M. Néagle, tous de la société la plus aimable. De Bath nous allâmes à Bristol, et de Bristol chez le chevalier Hoare, dont le beau château à Stourhead est dans ces environs. Il y a dans le parc de ce château un monument bien vénérable; c'est la tour sur le haut de laquelle Alfred le Grand proclama la délivrance de l'Angleterre, que, par ses éclatantes victoires, il venoit d'affranchir entièrement du joug des Danois. J'ai monté plus d'une fois toute seule sur le sommet de cette antique tour : dans de longues rêveries j'aimois à deviner les nobles pensées, qui, dans ce lieu même, avoient dû occuper le souverain légitime, le libérateur, le législateur de sa nation, de ce prince dont la vie fut aussi pure qu'héroïque et brillante; de ce triomphateur modeste et généreux; de ce poëte justement célèbre; de ce saint sur un trône et dans les camps ¹!.... enfin, de ce monarque qui reçut du ciel des talens aussi variés, un génie aussi vaste que son âme fut grande et magnanime!... Nous restâmes dans cette belle habitation quinze jours, qui s'écoulèrent bien agréablement; de là nous nous rendîmes à Edmond's-Bury, où nous nous établîmes dans une jolie petite maison que je louai. Là nous fîmes connoissance avec plusieurs personnes, dont je conserverai toujours un tendre souvenir : miss Fergus, et sa sœur lady Gages; le chevalier Bunbury, qui avoit de très-belles serres, et qui nous envoyoit tous les samedis

---

¹ Alfred le Grand, monarque législateur et guerrier, fut encore poëte et écrivain remarquable. Il passe pour être le premier Anglois qui ait appris le latin. Il traduisit l'*Histoire d'Orose*, celle de *Bède*, les *Psaumes de David*, des *Dialogues de Saint-Grégoire*, le *Traité de la consolation* ou la *Philosophie de Boèce*. L'Angleterre doit encore à Alfred un *Recueil de chroniques* et les *Lois des Saxons occidentaux*. Ce prince, l'honneur du neuvième siècle, monta sur le trône en 871, il mourut en l'an 900. Toute la durée de son règne fut employée à soustraire l'Angleterre au joug des Danois; à construire des villes, des forteresses et des vaisseaux, et à faire d'un pays inculte, sauvage et sans cesse agité par la guerre et les révolutions, un séjour de justice et de repos.
(Note de l'éditeur.)

un âne chargé de fruits superbes et de fleurs, parmi lesquels il y avoit toujours des pêches aussi bonnes que celles de Montreuil; M. Howard, aujourd'hui duc de Norfolk : nous allions souvent à la campagne chez lui; il étoit jeune, catholique, plein de vertu et de bonté, d'une piété exemplaire, et de la société la plus aimable. Je vis chez lui un jeune homme, pour lequel nous prîmes toutes les quatre (Mademoiselle, ma nièce, Paméla et moi) une véritable amitié; car, avec tous les agrémens de la jeunesse, une gaieté charmante, il étoit si raisonnable, il avoit une conduite et des mœurs si parfaites, que l'on prenoit naturellement en lui la confiance qu'on auroit eue pour un homme d'un âge mûr; il en méritoit toute l'estime; c'étoit M. Hervey, aujourd'hui lord Bristol. Je vis aussi à Bury le fameux Arthur Young, qui s'étoit ruiné en ne s'occupant que d'économie et d'agriculture.

De Bury nous allâmes plusieurs fois à l'université de Cambridge et aux courses de New-Market; et nous fîmes aussi un voyage dans les provinces d'Angleterre. Nous vîmes les belles grottes de Derbyshire; l'espèce d'albâtre qui forme les stalactites de ces grottes, est toujours blanc; les vases que nous achetons, qui sont faits en cette matière, lorsqu'ils sont rayés de bleu et de violet, sont ainsi bigarrés par un procédé chimique, ce qui m'étonna beaucoup; voici pourquoi : M. Bellenger, architecte justement célèbre, et qui peignoit parfaitement à la gouache, fit, avant la révolution, un petit voyage à Londres; il en rapporta un portefeuille de charmans dessins coloriés, faits par lui : il vint à Belle-Chasse pour nous les faire voir; nous admirâmes surtout l'intérieur des grottes de Derbyshire; nous étions émerveillées en contemplant les élégantes draperies d'albâtre dont la nature les a tapissées [1], et qui toutes (dans ces dessins) étoient liserées et rayées de bleu ou de violet. Le fait est que M. Bellenger, n'ayant point vu ces cavernes, les avoit dessinées d'après des gravures noires, et il les avoit coloriées d'après les coupes et les vases faits de cet albâtre, qu'il supposoit colorié ainsi dans les grottes. Voilà, pour les voya-

---

[1] Jusqu'alors, et quand nous les avons vues, les manufacturiers les avoient respectées, en n'employant que les stalactites et les stalagmites de ces grottes, qui sont de la même matière.

(Note de l'auteur.)

geurs, l'inconvénient (qui se renouvelle très-souvent), de juger *par induction*. J'ai cité, dans le second volume des *Souvenirs de Félicie*, plusieurs autres exemples frappans et curieux de cet inconvénient, d'autant plus fâcheux qu'il a beaucoup contribué à donner les préventions défavorables généralement établies contre la véracité des voyageurs. Ainsi, lorsqu'on veut faire voyager un jeune homme, il faut le prévenir contre cette espèce de manie, qui est celle des gens spirituels qui naturellement aiment mieux *deviner*, que de questionner ou d'approfondir, sans une évidente nécessité. Nous allâmes dans la principauté de Galles; nous y séjournâmes au village de Langolen, pour y voir, sur le haut de leurs montagnes, les deux amies (lady Buttler et miss Ponsonby) qui s'y sont fixées. Nous avions pour elles des lettres de M. Stuart, aujourd'hui lord Castelreagh. J'ai parlé ailleurs de ces deux personnes intéressantes [1]. Nous allâmes aussi à Portsmouth, et à l'île de Wight. Après toutes ces courses et beaucoup d'autres, nous revînmes à Bury. Pen-

---

[1] Voyez *Souvenirs de Félicie*.

dant ce long séjour que j'ai fait en Angleterre, je n'ai rien composé, à l'exception du *Cimetière de Bury* ; je n'ai pas lu un seul livre françois, mais je lisois de l'anglois six heures par jour, et je faisois l'extrait de toutes mes lectures. Enfin je donnois à Mademoiselle tout le temps que je n'employois pas à mes propres études.

Je m'occupois aussi de ma petite Églantine qui n'avoit que cinq ans, et qui étoit la sœur aînée de mon Anatole : cette enfant m'étoit d'autant plus chère, que je lui tenois lieu de mère ; elle me rappeloit la sienne par sa douceur, son intelligence et sa beauté ; j'attendois d'elle sinon un dédommagement de la perte la plus douloureuse, du moins une consolation dans l'avenir¹!.... En arrivant en Angleterre, elle ne savoit pas un mot d'anglois, et je m'aperçus au bout de huit jours qu'elle comprenoit parfaitement une phrase qu'elle entendoit répéter toutes les fois que nous allions à la promenade ; chacun s'écrioit en la regardant :

---

[1] Hélas, cet espoir fut cruellement déçu, je n'osai depuis l'exposer aux dangers de ma fuite et de l'émigration. Je la laissai en France, à ma fille, et je l'ai perdue !...

(Note de l'auteur.)

Pretty little girl! Je la vis sourire, je lui demandai pourquoi ; elle me répondit : « C'est qu'on trouve que je suis *une jolie petite fille !...* » Cet instinct d'amour-propre féminin fut sa première leçon de langue angloise : au bout de deux mois elle entendoit tout.

Je ne manquai jamais de livres à Bury, grâce à l'extrême obligeance de MM. Planta et Paradice qui m'envoyoient de Londres tous les livres que je demandois. Je lus, entre autres, avec beaucoup d'attention, tout ce qui avoit rapport à la littérature angloise, et tout le théâtre anglois, depuis Shakspeare et Ben-Johnson jusqu'à nos jours [1] ; tout le dictionnaire anglois des hommes illustres, qui est excellent relativement aux hommes célèbres anglois, mais rempli d'erreurs sur ceux des autres nations, et particulièrement des François ; enfin je relus tous les historiens anglois, et je m'assurai d'une chose que je n'avois fait qu'entrevoir jusqu'alors ; c'est qu'on a généralement méconnu le mérite supérieur de Charles II, dont le vertueux et infortuné père périt sur un échafaud, victime d'une

---

[1] Dont j'ai conservé tous les extraits.
(Note de l'auteur.)

abominable faction et d'une révolution odieuse. Charles II, après la restauration, se conduisit avec un courage, une sagesse, une prudence qu'on ne sauroit trop admirer ; il réduisit les impôts (qui avoient été énormes sous Cromwel); il sut allier, avec une extrême habileté, la fermeté à la clémence; il s'occupa surtout du soin de rétablir la religion. L'ordre et la paix furent les fruits de ces heureuses combinaisons. Ce fut lui qui fonda la société royale de Londres, aujourd'hui si célèbre; il promit solennellement sa protection à tous ceux qui *s'appliqueroient aux études difficiles;* il envoya chercher chez les nations voisines les principes des sciences inconnues; il corrigea les impropriétés, les bizarreries et le néologisme de l'idiome national qui, sous Cromwel, étoit devenu presque barbare, etc., etc., etc. Voilà sans doute de grandes choses et qui ne sont pas assez connues. Il y auroit un excellent livre à faire *sur les injustices, les oublis et les calomnies historiques.*

La fin de mon séjour en Angleterre fut troublée par les craintes les plus sinistres, l'esprit de parti me donnoit tout à craindre des ennemis de la maison d'Orléans ; je recevois les lettres anonymes les plus effrayantes. J'en reçus entre autres, une en anglois, dans laquelle on m'appeloit *savage furie* (féroce furie), et l'on me menaçoit de mettre le feu à notre maison pendant la nuit. Je n'avois pourtant jamais fait une seule intrigue. J'aimois la monarchie, et je n'avois rien épargné pour adoucir et pour modérer M. le duc d'Orléans, qui non-seulement depuis long-temps, comme je l'ai dit, ne me consultoit pas, mais qui avoit un souverain mépris pour mes conseils dans ce genre, ne me trouvant nullement *à la hauteur des idées nouvelles*. Lorsque j'appris la déchéance du roi et l'établissement d'une république, j'eus un singulier mouvement ; je m'écriai avec douleur : « Eh ! quoi donc ! on ne jouera plus *Athalie*, ce chef-d'œuvre est perdu pour la scène françoise ! » J'ai mis dans *les Parvenus* ce mot qui m'échappa bien naturellement.

Dans les derniers jours du mois de septembre 1792, étant encore à Bury, dans la province de Suffolk, je vis par les journaux françois qu'un parti puissant formoit les plus sinistres projets, et vouloit faire juger le roi et la reine. Je croyois que Pétion conservoit toujours une grande popularité, je ne doutois point qu'il ne combattît avec force ces horribles desseins; mais j'avois moins de confiance en ses talens qu'en sa droiture. Il me vint à ce sujet quelques idées qui me parurent bonnes, et l'intérêt pressant de la justice et de l'humanité me décida à les lui communiquer. J'écrivis donc pour la première fois à Pétion sur ce jugement du roi et de la reine, que tous les papiers publics sembloient annoncer; ma lettre avoit six pages [1]. J'y prouvois qu'indé-

---

[1] Un Journal du temps parle ainsi de cette lettre.

« Le patriote Gorsas se plaint dans son Journal d'un » article inséré dans notre avant-dernier numéro, où il » s'agit de lettres arrivées d'Angleterre, contenant, di- » sons-nous, des avis *non-officiels*, mais *officieux*, de » conserver précieusement la vie de *Louis XVI* et de sa » famille. » A Dieu ne plaise que nous ayons prétendu dire par-là que Gorsas, ni les autres estimables journalistes qui ont publié ces lettres, les eussent supposées ! Nous nous serions fait notre procès à nous-mêmes, puisqu'il est vrai qu'elles se trouvent aussi dans nos feuilles. Le mot *officieux* ne porte que sur l'écrivain, ou les écrivains de ces lettres, et notre but n'a été que d'inspirer une sage méfiance pour ces monitions arrivées de l'étranger Joseph Gorsas ne doit point ignorer que Londres est infecté de feuillans, de biscaméristes, de prêtres réfrac-

pendamment de l'humanité, la seule politique prescrivoit aux François d'être non-seulement équitables dans cette occasion, mais généreux; comme il falloit dans ce temps des citations de l'histoire romaine, je citois l'exemple des Romains, qui, en renonçant à la royauté, n'avoient ni massacré les Tarquins, ni confisqué leurs biens, ni attenté à leur liberté; je développois tous les avantages d'une conduite

taires, en un mot, de cette dernière écume que la France a vomie dans sa dernière révolution, et que tous ces honnêtes gens peuvent avoir d'excellentes raisons pour nous donner ou nous faire donner sur le continent de *charitables avis* que nous ferons très-bien de ne pas suivre.

Si nous n'avons pas cité textuellement les lettres en question, nous ne croyons pas en avoir *changé* ni *altéré* le sens : elles ne se bornent point, comme le dit Gorsas, à nous conseiller de ne point *maratiser* Louis XVI; elles ne veulent pas que nous le fassions périr, *même légalement*, puisqu'elles nous recommandent d'imiter les Romains, qui préférèrent l'expulsion à la mort des Tarquins. Cette recommandation peut être fondée en raison; mais, quand on la motive sur la crainte de la guerre avec l'Angleterre, nous croyons devoir dire en hommes libres que la république ne doit pas se décider sur un semblable motif.

(*Annales Patriotiques*, 3 octobre 1792.)

(Note de l'éditeur.)

équitable, noble et généreuse, et tous les affreux inconvéniens qui résulteroient nécessairement d'une conduite opposée. Quand cette lettre fut écrite, je n'osai la confier à la poste; je n'avois aucun moyen particulier de la faire parvenir : j'imaginai de l'envoyer à MM. Fox et Shéridan, certaine qu'ils en approuveroient les sentimens, et qu'étant à Londres, ils pourroient par une occasion l'envoyer sûrement à Paris. Je connoissois à peine ces deux hommes si justement célèbres par leur génie, leurs talens et leurs vertus. Je ne les avois vus alors l'un et l'autre qu'une seule fois dans ma vie; mais sur leur réputation je m'étois déjà adressée à eux pour des choses qui m'étoient purement personnelles, et dont je rendrai compte par la suite;- ils m'avoient répondu avec la bonté qui les caractérisoit, de sorte que je n'hésitai point à les charger de ma lettre pour Pétion; je la leur envoyai ouverte, en les priant de la lire, et, s'ils l'approuvoient, de la cacheter et de la faire partir. M. Fox me répondit par le courrier d'ensuite, il me mandoit en françois qu'il étoit *enchanté* de mon *excellente lettre* (ce furent ses expressions), et que je pouvois compter que Pétion la recevroit très-incessamment. Pétion ne me fit aucune réponse; mais, très-peu de temps après, je vis ma lettre imprimée dans le *Patriote françois;* on en avoit retranché quelques phrases; elle n'étoit point sous la forme *de lettre;* mon nom et celui de Pétion n'étoient pas prononcés, mais un prétendu correspondant anonyme répétoit d'ailleurs fort exactement tout ce que j'avois écrit, en prétendant qu'il avoit entendu faire tous ces raisonnemens à Londres *à un véritable ami de la liberté.* Avant d'envoyer cette lettre à M. Fox, je l'avois montrée à trois ou quatre personnes, de sorte qu'on la reconnut facilement dans *le Patriote françois* : on sut bientôt que cet écrit étoit de moi; on le manda à Paris, ce qui me valut dès lors la haine du parti de Marat et de Robespierre. Il est évident, d'après ce fait assurément très-incontestable, que je pensois alors (c'est-à-dire , si peu de temps avant la mort du roi) comme j'ai pensé toute ma vie : ce fait montre aussi et les sentimens et la pusillanimité de Pétion. Il auroit voulu sauver le roi, mais il n'osoit parler ; et, n'ayant pas le courage d'exprimer ouvertement ce qu'il approuvoit dans ma lettre, il la faisoit imprimer en se cachant.

Immédiatement après les massacres des prisons, au mois de septembre 1792, je reçus une étrange lettre de M. le duc d'Orléans, qui me mandoit de revenir en France pour lui ramener sa fille ! Je lui répondis sur-le-champ que je n'en ferois rien, parce qu'il seroit absurde de choisir un tel moment pour l'y reconduire. Je ferois un volume de plus, si je voulois écrire toutes les idées douloureuses qui, dans ce temps, troubloient mon imagination ! Que de nuits passées à me promener dans ma chambre et à prier Dieu !.... Je repoussois les pressentimens, les réflexions et les prévoyances inutiles, mais j'avois habituellement un malaise vague et une sorte d'oppression inexprimable; cependant jamais Mademoiselle et mes deux autres élèves n'ont pu s'en apercevoir.... On peut, par la religion et l'occupation, se distraire des chagrins les plus cuisans du cœur, et parvenir, durant le jour, à n'y point penser.... mais qu'il faut peu de chose pour sortir de cet heureux assoupissement !... Un jour, plus accablée que jamais par mes peines déchirantes, mais concentrées au fond de mon âme, je m'occupois comme de coutume avec calme et tranquillité, je peignois... Tout à coup passe dans la rue un orgue bien juste, bien doux, jouant un air touchant, dont la mélodie parle à mon cœur, en ranime la sensibilité contrainte et réprimée par la raison.... Des souvenirs attendrissans et cruels se retracent vivement à mon imagination, des regrets superflus déchirent mon âme; je retrouve tout mon malheur, je le vois dans tous ses détails, je le sens dans toute son étendue, les sensations de la mélancolie et de la douleur ont écarté ce voile mystérieux qui me le cachoit à moitié.... Toutes les blessures de mon cœur se rouvrent à la fois.... Mon pinceau échappe de ma main, des larmes amères inondent la fleur que je venois d'ébaucher!

Cependant mes justes terreurs augmentoient tous les jours : tout me prouvoit qu'il y avoit un complot formé pour enlever Mademoiselle; j'ignore quel avantage on eût retiré de cette violence, mais il est certain qu'on a eu ce projet. Je me trouvois dans la situation la plus embarrassante, les personnes que j'aurois pu consulter, M. Howard [1] et sir Charles Bunbury étoient

---
[1] Depuis, duc de Norfolck.

absens; ce fut alors que je pris le parti d'écrire à MM. Fox et Shéridan, pour leur exposer mon embarras, mes craintes, et leur demander des conseils. Ils me répondirent de manière à justifier toute la confiance que m'avoit inspirée leur réputation. M. Shéridan poussa la bonté jusqu'à venir à Bury (cette ville est à vingt-huit lieues de Londres); il n'y passa que deux ou trois heures, n'y restant que le temps nécessaire pour me donner les avis qu'il jugea pouvoir m'être utiles; huit jours après cette entrevue, M. Howard revint, son amitié active et généreuse nous fut de la plus grande utilité; de nouvelles méchancetés avoient ranimé toutes mes terreurs. Je me décidai à quitter Bury, et à me rendre à Londres, pour y attendre les dernières réponses de M. le duc d'Orléans. J'avois plusieurs raisons de craindre de traverser *sans escorte* les plaines désertes de Newmarket. M. Howard nous fit prendre à cet égard les précautions qui nous parurent nécessaires, et il eut la bonté de faire avec nous une partie du chemin. Je quittai Bury sur la fin d'octobre, et j'allai à Londres. Ayant de grandes raisons de me méfier du concierge de la maison de M. le duc d'Orléans, je passois les nuits dans une agitation continuelle. Un soir, M. de Rice, que j'avois connu à Spa, vint me voir : il m'avoit écrit pour me demander un rendez-vous tête à tête. Sous prétexte d'un vif intérêt à ma situation, il me conseilla de passer en Amérique, où, disoit-il, je serois *adorée*, et il m'offrit de faire tous les frais du voyage, et de me faire recevoir sur un vaisseau qui alloit partir, et dont le capitaine étoit son ami intime. Cette proposition me parut très-étrange; je n'en témoignai rien, mais je la refusai positivement. Il me pressa d'accepter un asile dans une maison qu'il avoit au bord de la mer, ou dans une de ses terres en Irlande : je refusai de même; alors sa physionomie prit l'expression la plus effrayante, il mit la main dans la poche de son gilet, où je vis, j'en suis sûre, très-distinctement la forme d'un pistolet. J'étois à cinq ou six pas de la cheminée; sans perdre une minute, je m'y élance et je sonne; on vint aussitôt : M. de Rice se leva, il étoit fort rouge et il avoit l'air d'être furieux; il sortit sur-le-champ, sans me regarder et sans me dire un seul mot. Quelques jours après, dans la soirée, j'entendis une chose très-surprenante : tous les soirs à Londres, un crieur public annonçoit la feuille des nouvelles du jour, mais il ne mêloit jamais à cette proclamation les noms des particuliers qui peuvent être désignés dans la feuille. Un soir, j'entendis ce crieur public prononcer plusieurs fois très-distinctement le nom de M. de Calonne et le mien. Je fis acheter cette feuille pour la lire; il y avoit sur moi un article aussi faux que détaillé, dans lequel on annonçoit le départ de M. de Calonne, en ajoutant qu'il avoit eu beaucoup de conférences particulières avec moi, et qu'entr'autres, la veille, il avoit passé toute la soirée chez moi. Je devinai facilement qu'on avoit fait ce mensonge, afin de me rendre suspecte en France, où l'on savoit que je devois retourner incessamment. M. Shéridan voulut bien faire insérer le lendemain dans cette feuille la réfutation de cette fable dénuée de tout fondement, puisque non-seulement je n'ai pas eu de liaison avec M. de Calonne, mais que je ne le connoissois même pas de vue [1]. Je contai à M. Shéridan mon aventure

[1] Je n'ai eu avec lui qu'une seule relation, un peu

avec M. de Rice, et il nous emmena chez lui à Ilesworth. Nous y passâmes un mois de la manière la plus agréable. M. Shéridan, naturellement si aimable, le fut d'autant plus pour nous, qu'il étoit passionnément amoureux de Paméla, et que, devenu veuf, il vouloit l'épouser. Sa femme morte jeune avoit été la plus belle et la plus charmante personne de l'Angleterre, et Paméla lui ressembloit de la manière la plus frappante. Madame Shéridan avoit fort bien vécu avec son mari, jusqu'à l'époque où elle fit connoissance avec lord Édouard Fitz-Gérald; ce dernier prit pour elle une violente passion qu'elle partagea. Le remords qu'elle en éprouva la conduisit au tombeau.

Dans les premiers jours de novembre, M. le duc d'Orléans m'envoya M. Maret, depuis duc de Bassano, et que je ne connoissois pas du tout. Il étoit chargé d'une procuration de M. le duc d'Orléans, qui l'autorisoit à me demander de lui remettre Mademoiselle, si je ne voulois pas consentir à la reconduire moi-même sur-le-champ

avant la révolution, pour solliciter une pension pour M. Palissot; j'ai déjà conté ce fait dans ces Mémoires.

(Note de l'auteur.)

9*

en France. Je lui répondis fort sèchement que je l'instruirois de ma décision le lendemain matin. J'étois au désespoir, ou d'être obligée d'envoyer sans moi Mademoiselle en France, ou de l'y mener. Je consultai Shéridan : il me dit qu'il n'étoit *pas digne de moi* de ne pas remettre moi-même ce dépôt si cher, entre les mains de celui qui me l'avoit confié. Ces mots me suffirent. Il fut décidé que je reconduirois Mademoiselle, que je la remettrois à son père, en lui donnant ma démission de gouvernante, et que je reviendrois à Londres. M. Shéridan me donna un de ses amis, M. Reed, pour nous accompagner, et pour nous ramener. Je rendis cette réponse à M. Maret. La surveille de notre départ, M. Shéridan fit, en ma présence, sa déclaration d'amour à Paméla, qui, touchée de sa réputation et de son amabilité, accepta avec plaisir l'offre de sa main; et nous convînmes qu'il l'épouseroit à notre retour de France, c'est-à-dire sous quinze jours. Je retournai à Londres, dans l'intention de partir le lendemain; M. Reed devoit se rendre à Douvres de son côté. Nous partîmes en effet le lendemain pour retourner en France, le 20 octobre 1792. Il nous arriva une chose si extraordinaire que je ne dois pas la passer sous silence; mais je conterai le fait sans chercher à l'expliquer, et sans y ajouter les réflexions que le lecteur impartial pourra facilement faire. Nous partîmes à dix heures du matin dans deux voitures, l'une à six chevaux, et l'autre à quatre, dans laquelle étoient nos femmes. J'avois, deux mois auparavant, renvoyé à Paris quatre domestiques, de sorte que nous n'en avions plus qu'un françois, et un autre de louage, qui devoit nous conduire jusqu'à Douvres : lorsque nous fûmes à un quart de lieue de Londres, le domestique françois, qui n'avoit fait la route de Douvres à Londres qu'une fois, crut s'apercevoir que nous n'étions point dans le chemin, et, sur son observation, je m'en aperçus aussi. Les postillons, interrogés, répondirent qu'ils avoient voulu éviter une petite montagne, et qu'ils reprendroient incessamment la grande route. Au bout de trois quarts d'heure, voyant que nous parcourions un pays qui m'étoit tout-à-fait inconnu, je questionnai de nouveau le laquais de louage et les postillons; ils m'assurèrent encore que nous allions retrouver le chemin ordinaire : cependant nous poursuivions avec une extrême vitesse cette route inconnue; et remarquant que les postillons et le laquais de louage ne me répondoient qu'avec une certaine brièveté extraordinaire, et paroissoient craindre surtout de s'arrêter, nous commençâmes à nous regarder avec un étonnement mêlé d'inquiétude; nous renouvelâmes nos questions, et l'on nous répondit, pour cette fois, qu'il étoit vrai qu'on s'étoit égaré, qu'on avoit voulu nous le cacher jusqu'à ce qu'on eût reconnu un certain chemin de traverse qui conduisoit à Dartfort (la première poste); mais que nous étions, depuis une heure et demie, dans cette route, et que nous n'avions plus que deux milles[1] à faire pour arriver à Dartfort. Il nous parut bien étrange que l'on pût s'égarer sur le chemin de Londres à Douvres; mais la persuasion que nous n'étions plus qu'à une demi-lieue de Dartfort, dissipa la crainte vague qui nous avoit agitées un moment : enfin, près d'une heure s'étoit écoulée, et, voyant que nous n'arrivions point à la poste, l'inquiétude nous saisit tout à coup avec une vivacité qui alla bientôt jusqu'à la terreur; nous étions dans cette perplexité,

[1] Trois milles anglois font une lieue françoise.
(Note de l'auteur.)

lorsqu'un nouvel incident, le plus extraordinaire de tous, mit le comble à notre effroi : deux hommes à pied, bien mis, qui passoient de mon côté, nous crièrent très-distinctement en françois : *Mesdames, on vous trompe, on ne vous mène point à Douvres*. On peut juger de la surprise et de la frayeur que nous causèrent ces paroles, dans la disposition où nous étions déjà !... Nous avons trouvé plusieurs manières d'expliquer ce fait extraordinaire; il seroit trop long de les détailler ici, mais voilà l'exacte vérité.

J'eus beaucoup de peine à faire arrêter les postillons devant un village qui se trouvoit à notre gauche; malgré mes cris, ils alloient toujours. Cependant le domestique françois (car l'autre ne s'en mêla pas) les força de s'arrêter. Alors, je fis demander dans ce village, à combien nous étions de Dartfort; qu'on juge de ma surprise, lorsqu'on me répondit que nous en étions à vingt-deux milles, c'est-à-dire à plus de sept lieues! Je cachai mes soupçons, je pris un guide dans le village, et je déclarai que je voulois retourner à Londres, puisque je me trouvois moins loin de cette ville que de Dartfort. Les postillons firent beaucoup de résistance à cette volonté, et même avec une extrême insolence; mais notre domestique françois [1], fortifié du guide, les contraignit cependant à obéir; comme nous ne revînmes que fort lentement, par la mauvaise volonté des postillons et par la lassitude des chevaux, nous arrivâmes à Londres à l'entrée de la nuit; je me fis conduire sur-le-champ chez M. Shéridan, qui fut extrêmement surpris de me revoir; je lui contai notre aventure; il pensa comme nous qu'il étoit impossible qu'elle fût l'effet du hasard; il envoya chercher un juge de paix pour interroger les postillons, que l'on faisoit attendre, sous prétexte de préparer leur compte. Ils attendirent, mais le laquais de louage disparut et ne revint pas. Les postillons furent juridiquement interrogés par le juge de paix, et en présence de témoins; ils répondirent avec beaucoup d'embarras, et avouèrent tous deux qu'un *gentleman* inconnu étoit venu le matin chez leur maître, les avoit conduits dans un caba-

---

[1] Cet honnête domestique existe encore, il s'appelle Darnal, et il est au service de M. le prince de Talleyrand.

(Note de l'auteur.)

ret, et là; les avoit engagés à prendre le chemin où nous avions été, en leur donnant pour boire à cet effet. On les questionna fort long-temps, et l'on n'en put tirer aucun autre aveu. M. Shéridan me dit que c'en étoit assez pour intenter un procès à ces hommes; mais que cela seroit long et coûteroit beaucoup d'argent. On renvoya les postillons, et nous ne poussâmes pas cette affaire plus loin, parce qu'il reçut des lettres anonymes à ce sujet, qui l'effrayèrent. M. Shéridan, voyant l'effroi que m'inspiroit la seule pensée de me remettre en route pour retourner à Douvres, me promit de nous y accompagner; mais il ajouta qu'ayant une affaire indispensable, il ne pourroit partir que dans quelques jours; il nous ramena à *Isleworth*, cette maison de campagne dont j'ai déjà parlé, qu'il avoit auprès de Richemond, sur le bord de la Tamise.

M. Shéridan n'ayant pu terminer son affaire aussi promptement qu'il l'avoit espéré, nous restâmes un mois dans cette retraite hospitalière, que la reconnoissance et l'amitié nous rendoient si agréable. Il me donna la preuve d'attachement de nous conduire lui-même jusqu'à Douvres. M. Reed vint aussi avec nous.

Le temps étoit excessivement orageux, nous étions au mois de novembre. Nous passâmes deux jours à Douvres. Je savois que M. Shéridan avoit des affaires à Londres, et malgré le mauvais temps, je ne voulus pas le faire attendre davantage, et je m'embarquai. M. Reed passa en France avec nous. Je me séparai avec attendrissement de M. Shéridan, qui lui-même versa des larmes en nous quittant. Cet homme, si célèbre par son esprit et ses talens, étoit l'un des plus aimables que j'aie connus. Il avoit alors quarante-six ans, sa figure étoit ouverte et remplie d'expression, il avoit conservé toute la gaieté de la jeunesse. Il étoit à la fois grand homme d'état, grand orateur, et le meilleur auteur comique pour le théâtre d'Angleterre. Il y avoit dans son esprit de la solidité, de la saillie, de l'étendue, et dans son caractère, de la légèreté, de l'inconséquence et de la paresse; son cœur étoit excellent, sa société charmante, mais sa conduite fut remplie de désordres. Il passa une partie de sa vie à se ruiner par indolence, et l'autre partie à rétablir sa fortune par son esprit et des élans d'activité; enfin il mourut dans la misère. Voici un trait qui peint parfaitement son esprit et son caractère : dans un moment où il étoit accablé de dettes, il donna une grande fête; il y invita tant de monde, que ses domestiques, dont le nombre étoit fort réduit, ne pouvoient suffire au service; au milieu de la fête, on vint l'avertir tout bas que six huissiers entroient dans la maison pour y tout saisir; il alla sur-le-champ les trouver, pour les prier de ne point troubler la fête, et d'attendre qu'elle fût finie; en même temps, il leur persuada d'y prendre un rôle, de l'aider à en faire les honneurs, et les transformant en valets de chambre, il les chargea de la distribution des glaces, qu'ils offrirent aux dames. La fête se passa très-gaiement, et lorsqu'elle fut terminée et que tout le monde fut sorti, les huissiers firent leur devoir et saisirent tous les meubles [1].

Notre trajet sur mer fut très-orageux, nous avions le vent en poupe, mais il étoit de la vio-

---

[1] On sait que Shéridan est l'auteur de cette charmante comédie intitulée : *School of Scandal* qui signifie en anglois École de la Médisance et non du Scandale, qui fut imitée sur plusieurs de nos théâtres, avec beaucoup de succès, et qui a été traduite en plusieurs langues. La traduction françoise de cette pièce, qui se trouve dans la

lence la plus effrayante; nous fîmes ce passage en cinq quarts d'heure et douze minutes, chose qui a peu d'exemples. Quand nous débarquâmes, un peuple immense étoit attroupé sur le rivage : il accueillit Mademoiselle avec de grandes acclamations et des transports qui alloient jusqu'à l'enthousiasme, c'est le dernier hommage que son nom malheureux ait reçu en France [1]. En changeant de chevaux à Chantilly, je trouvai un courrier que m'envoyoit M. le duc d'Orléans; il me donna un billet qui contenoit ces mots : « Si vous n'avez point passé la mer, restez en » Angleterre jusqu'à nouvel ordre; si mon cour- » rier vous trouve sur la route de France, » restez dans le lieu où il vous remettra ce » billet, et ne venez point à Paris. Un second » courrier vous instruira de ce qu'il faut faire. » Je ne tins compte de cet ordre, je continuai ma route, et j'arrivai le soir à Belle-Chasse : on m'y attendoit, parce que de Chantilly j'avois

Collection des Théâtres Étrangers, est précédée d'une notice ingénieuse et piquante du plus éloquent de nos professeurs. Ce morceau remarquable avoit déjà fait connoître la supériorité des talens de Shéridan et la singularité de son caractère.

[1] Jusqu'à la restauration.
— (Note de l'auteur.)

envoyé un domestique en avant. Je trouvai à Belle-Chasse M. le duc d'Orléans, M. de Sillery et cinq ou six autres personnes. Cette entrevue fut fort triste. Je remis Mademoiselle qui pleuroit amèrement, entre les mains de son père; je lui dis, en présence de tout le monde, que je lui rendois avec douleur ce dépôt si cher, que je donnois ma démission de gouvernante, et que je repartirois le lendemain matin pour l'Angleterre. M. le duc d'Orléans eut l'air embarrassé et consterné, il m'emmena dans une chambre voisine; et là il m'apprit que sa fille, par un décret tout nouveau et d'un effet rétroactif, se trouvoit, par son âge (elle avoit quinze ans), dans la classe des émigrés, pour n'être pas revenue à l'époque prescrite ; il ajouta que c'étoit ma faute, parce que je n'avois pas voulu la ramener sur-le-champ la première fois qu'il l'avoit demandée ; mais il assura qu'on étoit certain que l'on feroit des exceptions à cette loi, et qu'il étoit certain que sa fille seroit à la tête; qu'en attendant, il falloit *qu'elle se soumît à la loi*, et qu'elle allât en pays neutre attendre ce décret sur les exceptions ; qu'en conséquence il me conjuroit de la conduire à Tournay (la Belgique n'étoit point encore réunie à la France);

que le décret d'exception seroit sûrement publié sous huit jours, qu'il iroit lui-même chercher sa fille, et qu'alors je serois libre; et qu'enfin il se flattoit que je n'aurois pas la cruauté de refuser cette dernière preuve d'attachement à une enfant à laquelle j'en avois donné tant d'autres, depuis sa naissance. Je répondis sèchement que je conduirois Mademoiselle à Tournay, mais sous la condition que, si le décret d'exception n'étoit pas publié sous quinze jours, il enverroit une personne à Tournay, pour me remplacer auprès de Mademoiselle; il m'en donna sa parole d'honneur.

Ce même soir, M. de Sillery, pour dissiper nos idées noires, nous mena au spectacle dans une petite loge qu'il avoit. On jouoit Lodoïska: un Anglois, lord Édouard Fitz-Gérald, étoit à ce spectacle : c'est celui dont j'ai déjà parlé, et qui avoit tant aimé madame Shéridan. La ressemblance de Paméla avec l'objet qu'il regrettoit avec tant d'amertume, le frappa si vivement, qu'il devint passionnément amoureux de Paméla; il se fit présenter dans notre loge par un Anglois de notre connoissance, M. Stone. Le lendemain matin, nous allâmes au Rainsy; il fut convenu que nous en partirions le jour suivant pour Tournay. M. le duc d'Orléans et M. de Sillery passèrent toute cette journée au Rainsy. Je trouvai à M. le duc d'Orléans un air distrait, sombre, préoccupé, et je ne sais quoi d'égaré dans la physionomie, qui avoit quelque chose de véritablement sinistre; il alloit et venoit d'une chambre à l'autre, sans s'arrêter, comme craignant la conversation et mes questions. Le temps étoit assez beau; j'envoyai Mademoiselle, ma nièce et Paméla dans le jardin. M. de Sillery les suivit. Je me trouvai seule avec M. le duc d'Orléans, alors je lui dis quelques mots sur sa situation : il se hâta de m'interrompre, et me répondit brusquement *qu'il s'étoit prononcé pour les jacobins!* Je répliquai qu'après tout ce qui étoit arrivé, c'étoit à la fois un crime et une folie, qu'il seroit leur victime, et qu'il en avoit déjà la preuve dans le dernier décret qui déclaroit émigrés tous les voyageurs françois, au-dessus de l'âge de quatorze ans, qui n'étoient pas rentrés au mois de septembre. J'ajoutai qu'il falloit être bien aveugle pour ne pas voir que ce décret extravagant n'avoit été fait que pour lui donner le désagrément de voir sa fille mise au nombre des émigrés; je lui conseillai d'émigrer lui-même avec sa famille et de passer en Amérique, parce que de toutes les républiques de l'univers la république françoise, fût-elle raisonnablement organisée, étoit assurément celle qui convenoit le moins à des princes de la maison de Bourbon. M. le duc d'Orléans sourit dédaigneusement et me répondit, ce qu'il m'avoit déjà dit mille fois, que je méritois d'être écoutée, consultée, quand il s'agissoit d'histoire ou de littérature, mais que je n'entendois rien à la politique. Pour changer de conversation, et pour satisfaire ma curiosité sur une chose qui m'étonnoit beaucoup, je lui demandai pourquoi il avoit laissé sur la plaque de la cheminée du salon où nous étions, ainsi que sur toutes les autres du château, ses armes (trois fleurs de lis), puisque *ces signes* étoient proscrits par des décrets, et que les jacobins venoient sans cesse dans cette maison. Voici littéralement la réponse de M. le duc d'Orléans : « Je les ai laissées, » parce qu'il y auroit *de la lâcheté* à les ôter !.... » cette singulière réponse fut faite avec le ton brusque et tranchant qu'il avoit naturellement dans toute discussion, et surtout depuis la révolution. L'entretien s'anima, devint très-aigre, et tout à coup il me quitta. J'eus le soir un long entretien avec M. de Sillery, je le conjurai, en versant des larmes, de quitter la France ; il lui étoit facile de s'évader et d'emporter au moins deux cent mille francs : il m'écouta sans m'interrompre, il parut ému, il me répondit qu'il abhorroit tous les excès de la révolution, mais que je voyois trop en noir l'avenir ; que Robespierre et ses adhérens étoient trop médiocres pour ne pas perdre promptement tout leur ascendant ; que les talens et l'esprit étoient du côté de ceux qui pensoient bien (peu de temps après, ceux-là furent tous immolés) ; que l'on rétabliroit bientôt l'ordre et la morale, sans lesquels rien ne pouvoit subsister ; qu'enfin il trouvoit qu'un homme de bien feroit un crime en quittant la France dans ce moment, puisque sa fuite priveroit son pays d'une voix de plus pour la raison et pour l'humanité. J'insistai, mais toutes mes prières, toutes mes instances furent inutiles. Il me parla de M. le duc d'Orléans, et il me dit que, dans son opinion, il se perdoit, parce qu'il mettoit toute son espérance dans les jacobins qui se plaisoient à l'avilir, afin de pouvoir ensuite le sacrifier plus facilement : il ajouta que ce malheureux prince, livré aux plus mauvais conseils, aveuglé par de fausses idées, ne pouvoit cependant se débarrasser entièrement de son bon sens naturel; qu'au fond il se repentoit de s'être engagé dans une telle route, mais que, croyant impossible d'en sortir, *il s'y jetoit à corps perdu*, se flattant de trouver ainsi du moins l'enthousiasme qui fait tout braver, et qu'il n'avoit nullement.

Nous partîmes le lendemain matin; M. le duc d'Orléans, plus sombre que jamais, me donna le bras pour me conduire à la voiture: j'étois fort troublée, Mademoiselle fondoit en larmes, son père étoit pâle et tremblant. Lorsque je fus dans la voiture, il resta immobile à la portière, et les yeux fixés sur moi; son regard lugubre et douloureux sembloit implorer la pitié!..... *Adieu, Madame!* me dit-il. Le son altéré de sa voix porta au comble mon saisissement; ne pouvant proférer une seule parole, je lui tendis la main, il la prit, la serra fortement, ensuite, se tournant et s'avançant brusquement vers les postillons, il leur fit un signe, et nous partîmes.

M. de Sillery, M. le duc de Chartres et mon neveu César du Crest, nous accompagnèrent jusqu'aux frontières; j'en fus bien aise, car le peuple, par son ton et ses manières, étoit devenu effrayant. On nous avoit donné des passe-ports qui disoient que nous ne partions *que par respect pour la loi*, et que nous allions attendre à Tournay le décret sur *les exceptions* qu'on alloit publier incessamment, et que nous resterions à Tournay jusqu'à ce que nous fussions rappelés ; ainsi, il est de fait que nous n'avons jamais été émigrées, puisque nous devions attendre qu'on nous rappelât ; le décret ne parut point, mais on reconnut si bien que nous n'étions pas émigrées, que, lorsque Tournay fut réuni à la France, on nous excepta de l'ordre donné à tous les émigrés de quitter la Belgique. Nous restâmes à Tournay jusqu'au moment où il fut pris par les ennemis ; de sorte que, lorsque je rentrai en France, si l'on avoit eu l'ombre de la justice, on m'auroit donné un dédommagement pour toutes les choses qu'on m'avoit consignées. J'avois laissé à Belle-Chasse la valeur de plus de cinquante mille francs en meubles que j'avois achetés pour moi, en argenterie, en bijoux, en tableaux, en livres, instrumens, histoire naturelle, etc. J'étois si troublée en partant, que je laissai une quantité de choses précieuses que j'aurois pu emporter. Je regrettai surtout une superbe collection de miniatures, ma lanterne magique historique, et plusieurs manuscrits, entre autres une comédie en cinq actes en vers, intitulée *les nouvelles Précieuses ridicules*. Elle ne ressembloit nullement à celle de Molière; je les avois peintes d'après nature, au Palais-Royal. Après mon départ, ma fille, pouvant aller librement à Belle-Chasse, y prit une charmante collection de gouaches, faites par M. Mérys, représentant toutes les belles actions de nos jours, dont j'avois été le témoin ou que j'avois entendu conter; elle sauva aussi mon piano et quelques autres choses dont je lui avois fait présent et que je lui ai laissées. Enfin, je regrettai encore ma botanique de fleurs artificielles, ouvrage de mes mains, que j'avois mis cinq ans à faire, et qui, lors de la confiscation, a été vendue douze mille francs en assignats, mais ce qui faisoit alors la valeur de cinq ou six.

Mon cabinet d'histoire naturelle fut aussi parfaitement vendu. Je regrettai amèrement de n'en avoir pas emporté trois coquilles et deux agates d'un très-grand prix.

Nous trouvâmes à la première poste lord

Édouard, que son amour pour Paméla engageoit à nous suivre à Tournay. A peine fus-je arrivée dans cette ville, qu'il me demanda Paméla en mariage. Je lui montrai les papiers qui constatoient sa naissance : elle étoit fille d'un homme nommé Seymours, qui avoit de la naissance, et qui épousa, malgré sa famille, une personne de la classe la plus inférieure, qui s'appeloit *Mary Syms*, et l'emmena en Amérique, à Terre-Neuve, dans un lieu appelé *Fogo*. Paméla y naquit, on la nomma *Nancy*. Son père mourut, et la mère repassa en Angleterre avec l'enfant âgée de dix-huit mois. Comme son mari étoit déshérité, elle se trouva dans la misère et forcée de vivre du travail de ses mains; elle s'établit à Christ-Churd. Ce fut là que, quatre ans après, passa M. Forth, chargé par M. le duc d'Orléans de nous chercher et de nous envoyer une petite Angloise. Il y vit cette enfant et l'obtint de sa mère. Lorsque je commençai véritablement à m'attacher à Paméla, j'eus beaucoup d'inquiétude que sa mère ne voulût me la reprendre juridiquement, c'est-à-dire qu'elle ne m'en menaçât, pour obtenir des sommes d'argent que je n'aurois pas été en état de lui donner.

Je fis consulter là-dessus des jurisconsultes anglois, qui me répondirent qu'il n'y avoit qu'un moyen de me mettre à l'abri de ce genre de persécution, c'étoit de faire signer à sa mère un acte de cession de sa fille pour *apprentissage*, moyennant vingt-cinq guinées. Elle y consentit. Elle fut, suivant la forme ordinaire, citée au grand banc d'Angleterre, par-devant le grand juge, qui étoit lord Mansfield. L'acte qu'elle signa portoit qu'elle me cédoit sa fille pour *apprentissage*, jusqu'à sa majorité, et qu'elle ne pourroit me la redemander qu'en me payant tous les mémoires que je présenterois des dépenses que j'aurois faites pour son entretien, sa nourriture et son éducation; lord Mansfield apposa sa signature à ce papier, qui fut écrit et fait juridiquement et publiquement au grand banc d'Angleterre. En montrant ces papiers à lord Édouard, je lui dis qu'ayant donné ma démission de gouvernante de Mademoiselle, j'avois de droit en retraite la pension de six mille francs attachée à cette place, et que j'allois écrire à M. le duc d'Orléans, pour lui mander que je renonçois à cette pension pour moi, et que je le priois de la faire passer sur la tête de Paméla, qui avoit elle-même des droits à cette grâce, comme ayant été compagne de toute l'enfance et de la première jeunesse de Mademoiselle, et sous le rapport de la langue angloise, utile à son éducation. D'ailleurs je trouvois une grande satisfaction, après tous les mécontentemens que j'avois éprouvés, à me débarrasser de cette pension, et en pensant que j'avois élevé gratuitement les trois frères de Mademoiselle. Je dis encore à lord Édouard que rien ne me feroit consentir à lui donner Paméla contre le gré de sa famille, et sans le consentement par écrit de sa mère, la duchesse de Leinster; aussitôt il m'assura qu'il l'obtiendroit. Il partit sans délai pour l'Angleterre, revint sous peu de jours, et m'apporta une lettre charmante de la duchesse sa mère, qui consentoit au mariage avec joie.

Le lendemain de son retour, le contrat fut signé, le mariage se fit aussitôt, et les nouveaux mariés partirent le surlendemain pour l'Angleterre. Cette séparation me fit verser beaucoup de larmes; cependant j'éprouvai la joie la plus vive de voir assurer, d'une manière si honorable, le sort d'une enfant qui m'était si chère. Elle étoit à la fois mon élève et ma filleule; car, comme je savois que Christ-Churd étoit rempli d'anabaptistes, je craignois qu'elle n'eût pas été baptisée, et je voulus la faire baptiser *sous condition*; en conséquence, j'allai trouver Mgr. l'archevêque, pour lui exposer mes craintes et mon projet. Il me répondit que l'on ne pouvoit faire légèrement des baptêmes sous condition; mais que, justement, il alloit envoyer, pour une affaire particulière, un de ses secrétaires en Angleterre, et que, si je voulois lui confier tous mes papiers relatifs à cette enfant, ce secrétaire prendroit des informations, et qu'à son retour j'aurois une réponse. Je lui donnai tous mes papiers, et, d'après les informations prises par le secrétaire, Mgr. l'archevêque donna la permission de baptême sous condition. Ce fut ainsi que je devins sa marraine.

Cependant, trois semaines s'étoient écoulées à Tournay, et M. le duc d'Orléans n'envoyoit personne pour me remplacer auprès de Mademoiselle. Je l'en conjurois vainement dans mes lettres, il me répondoit toujours qu'il me demandoit en grâce de prendre patience, et d'attendre encore quelques jours. Au mois de décembre, Mademoiselle eut une maladie très-sérieuse, une fièvre bilieuse ; causée par le chagrin, et qui me donna les plus cruelles inquiétudes. Je la soignai avec toute l'affection que pouvoit inspirer la tendresse maternelle la plus vive; elle fut surtout fort malade pendant deux nuits, que je passai au chevet de son lit. Cette maladie, dont la convalescence fut languissante et longue, m'ôta toute idée de m'éloigner d'elle dans un tel moment; car c'eût été lui donner la mort. Enfin, le mois de janvier arriva, ainsi que la funeste catastrophe de la mort du roi. M. le duc de Chartres, qui étoit venu nous rejoindre à Tournay, reçut une lettre de son père, qu'il me montra, et qui commençoit ainsi : *J'ai le cœur navré, mais pour l'intérêt de la France et de la liberté, j'ai cru devoir....!* etc....

Cette lettre fit sur M. le duc de Chartres la même impression que sur moi : nous fûmes saisis d'horreur et consternés. Mon malheureux mari m'écrivit à la même époque, il m'envoyoit un grand nombre d'exemplaires de *son opinion sur le procès du Roi*; cette opinion fut mise dans tous les papiers, mais en outre il l'avoit fait imprimer séparément; il me chargeoit d'envoyer en Angleterre ces exemplaires, ce que je fis aussitôt. Voici quelle étoit cette noble, courageuse et franche opinion : « Je ne vote » point pour la mort, premièrement parce qu'il » ne la mérite point ; secondement, parce que » nous n'avons pas le droit de le juger ; troi- » siémement, parce que je regarde sa condam- » nation comme la plus grande faute politique » que l'on puisse faire. »

M. de Sillery terminoit ainsi sa lettre : *Je sais parfaitement qu'en prononçant cette opinion, j'ai prononcé mon arrêt de mort...* Aussi, en sortant de l'assemblée, saisi d'horreur et pénétré d'indignation, il alla sur-le-champ se mettre volontairement dans la prison de l'Abbaye !... Hélas ! il auroit pu encore se sauver !... Cette lettre me déchira le cœur ; cependant, comme je ne voyois nul prétexte pour lui ôter la vie ; je me persuadai qu'il en seroit quitte pour une captivité de quelques mois. Je ne songeois pas à la cupidité des jacobins, et que l'infortuné avoit plus de cent mille livres de rente !... Au milieu des plus affreuses inquiétudes, je trouvois une grande consolation dans la franchise sans ménagement de son héroïque opinion. Elle fut la seule de ce genre ainsi conçue. Plusieurs autres députés refusèrent d'opiner à la mort, mais ils prirent des tournures : par exemple, M. de Condorcet dit que, dans sa conscience, il désapprouvoit en général la peine de mort, et et qu'ainsi il ne pouvoit voter pour la mort; tous, à l'exception de M. de Sillery, employèrent ainsi quelque détour, pour ne la point prononcer.

La Belgique fut réunie à la France, et quoiqu'on ait beaucoup écrit qu'elle ne le fut que *par son vœu*, je puis assurer qu'elle n'en avoit nulle envie, et qu'elle y fut forcée. Nous fûmes témoins de scènes désastreuses : Mademoiselle vit tuer un homme sous ses fenêtres; on envoya des commissaires, dont l'un très-insolent et très-cruel se fit généralement détester. Il fallut supporter le chagrin de ses visites; j'eus l'humiliation de lui plaire à tel point, que je ne pus m'empêcher de me laisser baiser les mains à toutes minutes. Je profitai de mon ascendant sur lui pour lui défendre de me tutoyer; il eut la galanterie de s'interdire avec nous cette familiarité républicaine. M. de Jouy, aide de camp alors du général O'Moran, mit le comble à mon aversion pour ce commissaire, en me confiant qu'il croyoit avoir découvert qu'il avoit été prêtre, parce qu'il savoit le nom de tous les saints de chaque semaine ; et il ne se trompoit pas dans sa conjecture. L'autre commissaire étoit M. Thiébaut. Ces deux personnes, ainsi que M. de Jouy, venoient sans cesse dîner chez nous; leur société m'étoit fort agréable. M. de Jouy avoit pris beaucoup d'amitié pour moi, il étoit aimable et spirituel; ainsi que M. Thiébaut, il déploroit et détestoit tout ce qui se passoit en France de contraire à la raison et à l'humanité. Il me confia qu'il étoit amoureux d'une jeune Angloise, mademoiselle Hamilton, qui étoit à Tournay. Dans le dessein d'engager ses parens à la lui donner, je fis connoissance avec eux, et je gagnai tellement l'amitié de M. et de Mme Hamilton [1], que je contribuai beaucoup à ce mariage, auquel M. de Jouy attachoit alors tout son bonheur. Par la suite, le général O'Moran, homme respectable sous

---

[1] Madame Hamilton étoit fille du lord Melvil et Leven, l'un des seize pairs d'Écosse. Elle épousa en premières noces le docteur John Walker, et en secondes Georges Hamilton, de la Jamaïque. Devenue veuve une seconde fois, elle se livra à la littérature. Elle a écrit en anglois trois romans : *le Village de Munster*, *la Marquise de Luwon*,

tous égards, fut guillotiné, et M. de Jouy, son aide de camp, mis en prison; il auroit subi le sort de son général, sans la tendresse de sa sœur, qui, pour le faire évader, donna au geôlier une somme considérable. M. de Jouy se sauva en Suisse; il vint nous voir dans notre couvent de Bremgarten, ce qui nous causa une grande joie. Il fit des vers pour moi, que j'ai encore dans mon livre de souvenirs, et qu'il écrivit de sa main, qu'il signa et avec cette phrase qu'il mit à la suite de son nom : *Votre ami, dans toute l'ancienne étendue de ce mot.* Cependant *cet ami*, quand je retournai en France, ne vint point me voir, et ne se fit même pas écrire chez moi.

Le général Dumouriez arriva à Tournay, le mardi 26 mars 1793. Ainsi que tous les François qui passoient à Tournay, il vint chez mademoiselle d'Orléans. Je fus charmée de voir cet homme si célèbre; d'ailleurs, quoi-

---

la Duchesse de Crouy, et en françois *le Duc de Popoli*. Ces ouvrages respirent la morale la plus pure, et cependant portent l'empreinte d'une imagination vive et brillante. *Marion*, autre ouvrage de lady Mary Hamilton, n'a point été imprimé. Cette dame naquit à Édimburg en 1737.

(Note de l'éditeur.)

qu'il fût vaincu, et que je le crusse poursuivi par les Autrichiens, sa seule présence me rassuroit. Je ne me suis jamais trouvée tête à tête avec lui un seul instant; ne nous connoissant point, nous n'avions aucun secret à nous communiquer, et je ne l'ai vu qu'au milieu des officiers de son état major qu'il amena chez moi, qui se trouvèrent toujours aux visites qu'il nous fit. Ce fut un de ces jours que M. Dubuisson [1], commissaire envoyé par la Convention, vint un soir chercher chez moi le général Dumouriez. Ce dernier, lorsqu'il entra, alla à sa rencontre, reçut de lui un papier, lui donna rendez-vous pour le lendemain matin, et le quitta. M. Dubuisson, qui n'ouvrit la bouche que pour demander à quelle heure il pourroit voir le général le lendemain, fit une profonde révérence et se

---

[1] Ce Dubuisson, auteur des tragédies de : *Thamas Kouli-Kan*, de *Thrasimène* et de *Timagène*; des comédies du *Vieux Garçon*, des *Deux Frères*, de *l'Avare Bienfaisant*; d'ouvrages *sur les Colonies* et d'un *Abrégé de la Révolution des États d'Amérique*, sembloit avide de troubles et de proscriptions. Il avoit quitté la France pour aller en Belgique se réunir au parti de Vandernoot; et quand la revolution françoise eut pris le caractère le plus

retira sur-le-champ. Telle fut cette entrevue, dont ce même commissaire a rendu depuis aux jacobins un compte si ridicule et si infidèle. Il conta que le général Dumouriez lui avoit fait tout haut la scène la plus indécente et *la plus incivique*, et que j'en avois *souri malignement*. D'après cette grave dénonciation, il parut évident que j'avois conspiré contre la république, et je fus décretée d'accusation, ainsi que lady Edward Fitz-Gérald que M. Dubuisson prétendoit avoir vue dans ma chambre, quoique, à cette époque, elle fût, depuis trois mois, en Irlande; mais, quand elle auroit été à Tournay, quand elle auroit commis le crime d'état de *sourire malignement*, quels droits avoit la Convention sur une Angloise mariée à un Irlandois?

Au reste, on a publiquement reconnu depuis, que Dubuisson, dans les rapports qu'il

---

alarmant, il vint à Paris, et se fit nommer commissaire de la Convention auprès de Dumouriez. Il dénonça Paoli et Pareyra, ses collègues; se fit chasser de la société des jacobins, et envelopper dans la conspiration dite des Hébertistes. Condamné à mort en 1794, il fut conduit au supplice avec Ronsin, Anacharsis Clootz et Hébert : il étoit né à Laval en 1763. (Note de l'éditeur.)

fit en revenant de la Belgique, n'avoit pas dit un mot de vrai; mais on ne révoqua point les arrêts qu'on avoit prononcés en conséquence de ses récits mensongers.

À cette époque désastreuse, je fis, pour rassurer sur mon sort Paméla absente, une chose qui, j'ose le dire, mérite d'être rapportée, puisqu'elle prouve jusqu'à quel point je puis pousser le dévouement en amitié. Au moment de la déroute françoise, ma fille, madame de Valence, étoit à Tournay avec nous; elle se hâta de retourner en France. Je la chargeai d'une cassette qui renfermoit tous mes petits livres d'extraits et mes journaux, parce que, obligée de passer dans les pays étrangers, il m'étoit impossible de les emporter avec moi. Elle avoit déjà en dépôt à Paris un grand coffre rempli de toutes les lettres que j'avois conservées depuis mon enfance jusqu'à ce moment, parmi lesquelles il s'en trouvoit un grand nombre de très-précieuses pour moi, de mon père, de ma mère, de ma fille aînée, et en outre plus de quarante de M. de Buffon, et au moins autant de M. de La Harpe [1]. Je remis

---

[1] Deux mois après, ma fille brûla toutes ces lettres, qui ne pouvoient cependant pas la compromettre, si

en même temps à madame de Valence cent louis en or, que je la chargeai de donner, en ar-

elles eussent été saisies, puisqu'elles étoient écrites avant la révolution, et qu'elles ne contenoient que des détails d'amitié ou relatifs à la littérature. Mais dans ce temps, les craintes les plus outrées étoient raisonnables. Ma fille confia tous mes extraits (écrits de ma main dans des petits livres) à M. Stone, qui a dit qu'on les lui avoit volés. Parmi ces extraits se trouvoient le journal le plus détaillé de mon dernier voyage en Angleterre, celui d'Auvergne (mais mademoiselle d'Orléans en a une double copie de sa main), et notre cours complet de manufactures, deux choses que j'ai vivement regrettées. Tous ces petits livres, au nombre d'environ soixante, étoient presque tous pour tenir dans des portefeuilles de maroquin, et de notre ouvrage, que nous avions faits successivement à Belle-Chasse. Les extraits tirés des meilleurs auteurs françois, anglois, italiens, en prose et en vers, étoient faits suivant un ordre qui les rendoit très-agréables. Il y avoit les portefeuilles *de la religion*, *de l'amitié fraternelle*, *de l'innocence*, *de la vertu*, *de la tempérance*, *de la sagesse*, *de l'ambition*, *sur les instituteurs célèbres*, *sur la mort et l'éternité*, etc., etc. Les miniatures étoient analogues aux sujets. J'emportai seulement huit ou dix de ces portefeuilles que j'ai encore. Si je les avois eu tous à Hambourg, je les aurois vendus douze mille francs à M. Fauche; ce qui m'auroit rendue bien heureuse, et sans aucun travail. J'écrivis à ma fille pour les demander, mais ils étoient perdus ! (*Note de l'auteur.*)

rivant à Paris, à M. Perregaux, banquier, qui méritoit toute confiance, pour les faire passer à lady Edward Fitz-Gérald. Voici quel étoit le motif de ce don, si considérable dans ma situation : Paméla, dans la sienne, n'en avoit nul besoin et je le savois : mais je pensai que les événemens publics la rempliroient d'inquiétude et d'effroi sur mon sort : je connoissois son extrême sensibilité et son attachement pour moi, je ne trouvai que ce moyen de la rassurer. Je lui écrivis et je lui mandai que, pour lui prouver que j'emportois de l'argent de reste, je lui envoyois ces cent louis. Elle reçut la lettre, qui en effet la rassura entièrement, mais elle ne reçut point l'argent. Madame de Valence, au lieu de le remettre à M. Perregaux, chargea de cette commission M. Stone, qui garda l'argent, et qui eut l'indignité de refuser de me le rendre, quand je revins en France.

Je vis enfin que la Belgique alloit retomber au pouvoir des Autrichiens, et que la fuite seroit impossible pour nous, soit en France ou soit dans les pays étrangers; cette situation terrible me donnoit le plus ardent désir d'être rappelée dans ma patrie, d'autant mieux que j'étois décidée, dans ce cas, à ne point retourner à Paris, mais à me rendre chez un de mes oncles, dans la province où je suis née, en Bourgogne, et à quatre-vingts lieues de Paris. Je sollicitai donc vivement mon retour; on m'écrivit, au mois de mars 1793, que M. le duc d'Orléans alloit obtenir le rappel de mademoiselle d'Orléans et de ma nièce, mais que le mien étoit encore *ajourné*.... Malgré tous les sacrifices que j'avois faits, j'aimois trop mademoiselle d'Orléans pour sentir avec amertume combien il étoit injuste que, dans cette occasion, il n'y eût que moi de victime : j'avoue cependant que je fus effrayée de ma position; calomniée par tant de libelles, je ne pensois pas, sans beaucoup d'effroi, que vraisemblablement Tournay seroit au pouvoir des ennemis sous quinze jours ou trois semaines; je me rappelois le sort de M. de La Fayette, et, quoique sous aucun rapport je ne dusse me comparer à lui, j'entrevoyois des malheurs à peu près semblables. L'inquiétude et le défaut total de sommeil échauffant et troublant par degrés mon imagination, bientôt toutes mes craintes me parurent des pressentimens certains, et, pour la première fois, et dans cette seule occasion, mon courage et ma raison m'abandonnèrent presque entièrement. Croyant que mademoiselle d'Orléans alloit rentrer, et que ma nièce pourroit l'accompagner, je devois sans doute m'occuper des moyens de me mettre en sûreté, et il faut convenir que rien n'étoit plus difficile, et que ma position étoit affreuse. J'avois fait quelques avances d'argent pour mademoiselle d'Orléans, qui me devoit cent trente-deux louis; elle avoit écrit à monsieur le duc et à madame la duchesse d'Orléans sur cet objet, et pour leur demander aussi de l'argent pour elle, d'autant mieux que les progrès des Autrichiens auroient dû naturellement les engager à lui envoyer une somme considérable : c'est ce qu'ils ne purent faire, ni à cette époque, ni à aucune autre. Ce dénûment d'argent mettoit le comble à ma terreur; j'en attendois de ma famille, mais il n'étoit point encore arrivé. Au milieu de ces anxiétés, je formois mille projets extraordinaires, et sans pouvoir m'arrêter à un seul. J'écrivis en Angleterre plusieurs lettres qui prouvoient le désordre de mon imagination. M. Shéridan, entre autres, en reçut de moi deux ou trois, dans lesquelles je le consultois sur les desseins les plus romanesques et les plus extravagans; car il est vrai que j'avois à peine ma tête. Peu de jours avant l'arrivée du général Dumouriez à Tournay, j'eus sur mes affaires un long entretien avec M. de Jouy. Je lui confiai que je voulois m'aller cacher dans un couvent, mais comme une Angloise, et que je désirois pour cela une lettre de recommandation du général O'Moran (qui étoit Irlandois). M. de Jouy, aussi obligeant qu'aimable, me montra autant de zèle que de sensibilité : d'après l'idée dont je lui faisois part, il forma un plan fort bien combiné, et qui m'assuroit pour long-temps dans un couvent une retraite sûre et paisible. Le général O'Moran promit d'abord de me donner la lettre de recommandation que je lui demandois, mais dès le lendemain il changea d'avis, se rétracta, et je fus obligée de renoncer à ce projet [1]. Dans cette perplexité, je re-

---

[1] Le général O'Moran, Irlandois, venu en France fort jeune, avoit servi dans la guerre de l'indépendance de l'Amérique. Il commandoit le régiment de Dillon en 1790; l'année suivante il fut fait maréchal de camp, et lieutenant général en 1792. C'est lui qui le premier commença les hostilités contre les Autrichiens par une attaque de nuit sur l'abbaye de Saint-Amant, où ils se

çus de Paris un courrier envoyé par ma fille et son malheureux père ; ce courrier m'apportoit de l'argent, et des lettres qui m'apprenoient que ma fille et mon mari ayant vivement sollicité mon rappel, en représentant le danger où m'exposoit la marche rapide des ennemis, avoient enfin obtenu la promesse formelle qu'on alloit incessamment m'envoyer mon ordre de rappel ; qu'on avoit chargé un comité de l'expédier, et que je l'aurois sous peu de jours. J'éprouvai alors l'inquiétude que M. le duc d'Orléans n'obtînt pas celui de sa fille, car on ne m'en parloit plus, et je sentois que rien ne pourroit m'engager à abandonner cette chère et malheureuse enfant. Deux jours après avoir reçu ce courrier, j'étois dans ma chambre avec quelques personnes, lorsqu'on vint me dire qu'un commissaire des

---

rassembloient et d'où il les chassa. Il entra dans Tournay en 1792, et se trouvoit à Cassel lorsque le général Dumouriez quitta la France : il y fut arrêté, conduit à Paris au mois de février 1794 ; le tribunal révolutionnaire le condamna à mort, peu de jours après, ainsi que M. de Jouy, son aide de camp. Celui-ci parvint à s'échapper · le général O'Moran périt sur l'échafaud. Il étoit né en 1750.

(Note de l'éditeur.)

guerres, nommé M. Crépin, que je connoissois depuis peu de temps, et qui me témoignoit beaucoup d'intérêt, demandoit à me parler en particulier. Je passai avec lui dans un cabinet : il me dit que, d'après des avis certains qu'il venoit de recevoir, il étoit persuadé que les Autrichiens seroient dans Tournay le lendemain. A ces mots je fus prête à m'évanouir; M. Crépin, touché de l'état où il me vit, et connoissant ma position, m'offrit pour asile, dans ces premiers momens, une ferme qu'il possédoit auprès de Valenciennes, et qui, située dans des marais, étoit dans un lieu si solitaire, qu'il m'assura que nous y pourrions passer deux ou trois mois sans que personne le sût. J'acceptai avec attendrissement cette proposition; il me donna sur-le-champ un écrit par lequel il ordonnoit au fermier, qui avoit soin de sa métairie, de nous recevoir, en ajoutant que nous étions ses parentes. On verra par la suite qu'il ne me fut pas possible de profiter de cette offre. Ce fut à cette époque que M. le duc de Chartres, qui n'a jamais eu personnellement de vues ambitieuses, et qui, dans tout ce qu'il a fait politiquement, n'en a eu d'autre que celle d'être utile à son pays, prit la résolution d'écrire à la Convention, pour demander la permission de quitter à jamais la France; car au fond de l'âme, depuis la mort du roi, il étoit tombé à cet égard dans le plus grand découragement.

Après avoir écrit cette lettre à la Convention, il me dit qu'il ne croyoit pas pouvoir l'envoyer sans l'aveu de son père. J'imaginai bien que la difficulté de trouver un asile empêchoit M. le duc d'Orléans d'adopter cette résolution, et qu'il ne l'approuveroit pas dans son fils : cependant je me flattai qu'il ne la défendroit pas positivement, et nous étions décidés à faire cette démarche, à moins d'une défense expresse. M. le duc de Chartres envoya donc cette requête à son père, en le conjurant de trouver bon qu'il la fît : il ajoutoit que M. le duc d'Orléans, étant député, ne pouvoit quitter la Convention et par conséquent former une pareille demande. Nous espérions qu'en faveur de cette différence, M. le duc d'Orléans ne s'opposeroit pas, du moins formellement, à ce que désiroit son fils; mais il répondit sèchement que cette idée *n'avoit pas de sens*, et qu'il n'y falloit plus penser : M. le duc de Chartres a respecté cet ordre, et il n'en fut plus question.

M. le duc de Montpensier, son frère, désirant passionnément voir l'Italie, avoit demandé à servir à Nice, ce qui lui fut accordé; il partit dans ce temps de Tournay, où il étoit aussi avec nous.

Peu de jours après, nous quittâmes Tournay, le trente et un mars de grand matin; nous étions dans une berline dont les stores étoient baissés, et en outre de grands chapeaux avec des voiles cachoient entièrement nos visages. On verra par la suite combien cette précaution nous fut utile. Lorsque nous suivîmes l'armée, nous n'avions point d'hommes dans notre voiture; les troupes marchoient sans ordre; les soldats étoient excessivement bruyans; leur ton, leurs discours m'effrayoient malgré moi, et nous nous sentions moins mal à l'aise en ne les voyant pas et en nous cachant; mais je n'avois jamais fait jusqu'alors un voyage aussi désagréable: j'en fis bientôt un autre plus désagréable encore. La veille de mon départ de Tournay, j'avois fait partir pour Paris un courrier chargé de lettres, dans lesquelles je mandois que, pour éviter de tomber dans les mains des ennemis, j'allois à Saint-Amand, et que je priois qu'on m'y envoyât mon ordre de rappel. Je logeai avec mademoiselle d'Orléans et ma nièce, dans la ville même de Saint-Amand, et le général Dumouriez logea à un quart de lieue, dans un endroit appelé les Boues-de-Saint-Amand, où se trouvent les bains et les étuves pour les malades. Le jour de mon arrivée à Saint-Amand, j'appris que le général Dumouriez se disposoit à lever l'étendard de la révolte : je ne sus rien par lui, car il ne m'a jamais dit un seul mot de ses projets; mais un homme qui avoit toute sa confiance, et que je n'avois jamais vu avant cette époque, me témoigna un intérêt particulier, et répondit très-franchement à mes questions : cet officier étoit l'infortuné M. de Vaux, qui a été exécuté depuis [1].

J'avois une véritable obligation au général Dumouriez de m'avoir reçue dans son camp,

---

[1] Ce jeune officier, fils naturel du prince Charles de Lorraine, étoit venu chercher fortune en France Le général Dumouriez, qui l'aimoit, le prit pour aide de camp, et l'emmena à l'armée du Nord, où il ne tarda pas à s'élever, autant par son mérite personnel que par la protection de

malgré les dangers qui nous y attendoient ; car, comme je n'étois pour rien dans la conspiration, s'il m'eût laissée dans une ville reprise par les ennemis, il est évident que mademoiselle d'Orléans et moi nous aurions été pour bien long-temps privées de notre liberté : c'est un souvenir que je dois conserver. Entrevoyant enfin des desseins et des complots très-effrayans que je désapprouvois entièrement et à tous égards, je n'eus plus qu'un désir, celui de fuir de Saint-Amand ; mais la difficulté d'avoir des chevaux me retint malgré moi. Nous étions arrivées le trente et un mars, et, le deux avril, le général Dumouriez intercepta un paquet rempli de mandats d'arrêt lancés contre presque tous les principaux officiers de l'armée, entre autres M. de Valence, M. le duc de Chartres, etc. Ces ordres arbitraires, envoyés par un simple comité (et non par la convention), étoient signés *Duhem*. Ce fut

---

Dumouriez, au grade d'adjudant-général. Il partagea la fortune et les opinions de son général ; mais, moins heureux, il ne parvint point à s'échapper. Arrêté à Lille, conduit à Paris et condamné à mort par le tribunal révolutionnaire, il périt sur l'échafaud en 1795.

(Note de l'éditeur.)

le lendemain au soir que les commissaires de la Convention furent arrêtés : on vint m'apprendre à minuit cet étrange événement qui augmenta l'extrême désir que j'éprouvois de partir; mais je ne pus avoir des chevaux que le lendemain matin à dix heures. Je ne me couchai pas et je passai la nuit à réfléchir sur mon sort, et à me préparer à tout ce que j'envisageois. Je ne pouvois plus m'abuser sur le système de proscription qui s'établissoit en France : si l'on avoit proscrit le général Dumouriez sur de simples soupçons, et avec lui tant d'autres personnes que raisonnablement rien n'avoit dû rendre suspectes, quelles mesures ne prendroit-on pas, lorsqu'on apprendroit l'arrestation des commissaires, l'intelligence de Dumouriez avec les ennemis, etc. ?

Je prévoyois facilement que l'on proscriroit, sans délai comme sans examen, tout ce qui fuiroit de Saint-Amand, et que, malgré ma parfaite innocence, je serois enveloppée dans cette condamnation générale. Je me voyois donc fugitive, arrachée à ma famille, à mes amis, à mon pays, forcée de vivre de mon travail, et livrée aux plus horribles inquié-

tudes sur la destinée de ceux que j'aimois et que je laissois en France; d'un autre côté, je frémissois, en pensant que, selon toutes les apparences, le camp alloit se partager en deux partis; que les premiers rayons du soleil éclaireroient vraisemblablement des scènes sanglantes; qu'au milieu de ce tumulte, ma fuite seroit impossible; et que même, quand la révolte n'éclateroit pas si promptement, je ne pourrois toujours m'échapper qu'en courant les plus grands dangers : d'ailleurs, si j'avois le bonheur de sortir du territoire françois, que deviendrois-je dans les pays étrangers? sans recommandation, sans protection, sans amis, calomniée avec tant de noirceur et d'acharnement, où trouverois-je un asile ? Que pourrois-je opposer à la haine, aux persécutions des émigrés?......
Enfin la situation de mademoiselle d'Orléans achevoit de me percer le cœur. J'étois décidée, n'étant plus sa gouvernante, à ne l'associer ni à ma misère, ni à mes périls, et à la laisser entre les mains de son frère; mais quelle affreuse séparation !...... Quelle manière de quitter une enfant, qui me fut confiée à l'âge de onze mois, à laquelle j'avois pro-

digué tant de soins, qui en avoit si bien profité, et qui avoit pour moi un si tendre attachement !.... Tandis que je faisois en silence ces douloureuses réflexions, elle étoit couchée à côté de moi, elle ne dormoit pas, et je l'entendois gémir sourdement : elle avoit vu les préparatifs de mon départ ; elle ne comprenoit que trop que mon projet n'étoit pas de l'emmener : elle se taisoit et elle pleuroit. Sur les cinq heures du matin, l'excès de son accablement la fit tomber dans un assoupissement qui fut bientôt suivi d'un profond sommeil : alors je m'approchai de son lit, je jetai les yeux sur elle, mes larmes coulèrent avec amertume ; je croyois la regarder pour la dernière fois, je lui donnai toutes les bénédictions de la tendresse maternelle, et je sortis de la chambre. J'allai dans un autre appartement attendre le grand jour. Je passai cette nuit en prières, sans me coucher : tout à coup l'idée me vint de faire à la fois un sacrifice à Dieu, et de me délivrer, dans l'avenir, de mille inquiétudes, et d'un grand embarras. Je fis vœu que, si Dieu me rendoit mes biens, ou me faisoit faire une fortune, de ne jamais dépenser pour moi que

l'absolu nécessaire, et de donner tout le reste.
J'ai été fidèle à ce vœu. J'étois bien sûre, avec mes talens, de gagner toujours de quoi vivre ; ainsi je me débarrassois des regrets de fortune, et de toute ambition. Dans cette même nuit si cruelle pour moi, qui précéda mon départ de Saint-Amand, je ne fus soutenue que par la religion, mais elle suffit à tout ; c'est elle qui m'avoit consolée, dans les terreurs de la fin de mon séjour en Angleterre. Je me rappelle qu'un jour à Bury, étant seule, livrée à mes réflexions, j'en fis de si désespérantes, que je ne me suis jamais trouvée dans un tel abattement ; pour me distraire de ces terribles pensées, je pris un livre de prières, qui étoit sur mes tablettes ; je l'ouvris par hasard et je tombai sur le psaume quatre-vingt-dix, qui commence par ces paroles : *Celui qui n'a que le Très-Haut pour appui, recevra des marques constantes de la protection du Dieu du ciel*, etc. Tout le reste du psaume ne contient que des consolations, d'heureuses prédictions et l'assurance que l'on passera à travers tous les périls, *guidé et porté par les anges*. Je ne lisois jamais ce psaume qui ne se trouve point dans ceux de la pé-

nitence. Après l'avoir lu, je fermai le livre ; je le rouvris encore deux fois au hasard, et je tombai toujours sur le même psaume. Je me sentis tout-à-fait fortifiée, j'espérai du fond de l'âme, en la bonté divine, qui en effet a daigné me préserver de dangers et de malheurs qui paroissoient tout-à-fait inévitables. Tels furent les sentimens et les pensées qui à Saint-Amand firent toute ma force, et qui par la suite m'ont fait supporter tous mes maux.

A sept heures, je fis mes adieux à M. le duc de Chartres ; il me renouvela les instances qu'il m'avoit faites la veille de me charger de sa sœur ; il me répéta qu'il ignoroit encore le parti qu'il prendroit ; que tout annonçoit dans le camp une prochaine révolte, et que, dans de telles circonstances, sa sœur le gêneroit mortellement et seroit exposée à mille dangers affreux. Je répondis que ceux de ma fuite n'étoient pas moins effrayans ; qu'à moins d'une espèce de prodige, il me paroissoit impossible de passer tous les postes françois, sans être reconnue et arrêtée : que, dans ce dernier cas, on nous conduiroit à Valenciennes dont nous étions si près, et qu'alors perdues sans retour, nous serions envoyées à l'échafaud : que dans le choix des périls, il valoit mieux peut-être que mademoiselle d'Orléans se rendît volontairement à Valenciennes, seule et comme de son propre mouvement, après ma fuite ; qu'alors je croyois que la plus grande rigueur à son égard se borneroit à la *déporter* et à la conduire hors des frontières ; ce qui la feroit sortir de France sans danger ; qu'au reste je n'indiquois pas ce parti qui pouvoit avoir des inconvéniens non prévus ; que je ne conseillois rien ; mais que, soit qu'elle prît cette résolution, ou celle de fuir avec son frère et les amis de ce dernier, il me sembloit qu'elle risqueroit moins qu'avec moi. Enfin, je fus inébranlable dans mes refus jusqu'à l'instant de mon départ ; mais au moment où je montois en voiture, M. le duc de Chartres revint tenant dans ses bras sa sœur baignée de larmes ; je la reçus dans la voiture à côté de moi, et nous partîmes sur-le-champ et avec tant de précipitation, que ni mademoiselle d'Orléans ni moi ne songeâmes à prendre avec nous quelques-uns de ses effets, du moins ses bijoux ; nous oubliâmes tout. Mademoiselle d'Orléans sortoit de son lit, n'avoit sur elle qu'une simple robe de mousseline ; ce fut ce qu'elle emporta, et sa montre qui étoit fort belle, et qu'elle n'oublia point parce qu'elle étoit au chevet de son lit ; elle laissa à Saint-Amand ses malles, ses robes, son linge, son écrin ; tout fut perdu, à l'exception seulement de sa harpe qu'un domestique fit charger sur un chariot qui passa, et qui nous rejoignit, quelques jours après ; mais, du reste, on ne lui rapporta pas un habit, pas une chemise ; comme j'avois sauvé la plus grande partie de ce qui m'appartenoit, je me trouvai heureuse de pouvoir suppléer à ce dénûment total. J'aurois pu partir avec des passe-ports, ce qui eût produit une grande différence dans notre position. Dumouriez m'en offrit, mais, connoissant sa conduite, je les refusai nettement ; le parti dans lequel il s'étoit d'abord engagé étant devenu sanguinaire, il étoit tout simple de le quitter ; mais il étoit affreux de le trahir et de livrer à l'étranger le peu de troupes qui consentit à le suivre.

Nous étions quatre dans la voiture, mademoiselle d'Orléans, ma nièce ; M. de Montjoye, et moi. Je ne connoissois M. de Montjoye que

---

[1] A l'époque de la révolution, M. de Montjoye étoit capitaine au régiment de Darmstadt. L'émigration de

depuis peu de jours ; mais comme il vouloit fuir aussi, et aller en Suisse où il avoit des parens, il désira faire ce voyage avec moi : ce qui nous étoit d'autant plus agréable, qu'il parloit parfaitement bien l'allemand. Quand nous fûmes hors de la ville de Saint-Amand, j'embrassai mes deux jeunes compagnes d'infortune, en leur promettant que, dans la carrière d'adversités que nous allions parcourir, elles me verroient un courage et une patience inébranlables. Je leur demandai d'imiter l'exemple que j'étois décidée à leur donner, à cet égard : elles me le promirent ; nous nous sommes tenu parole réciproquement, et je puis dire, avec vérité, que depuis cet instant, par une grâce particulière de la Providence, j'ai eu dans les dangers autant de sang-froid et de présence d'esprit, et autant de force et de résignation dans le malheur, que j'avois montré d'abattement et de foiblesse dans les derniers mois de mon

---

presque tous les officiers de ce corps procura un avancement rapide à ceux qui restèrent, et M. de Montjoye devint colonel ; il faisoit en cette qualité la campagne de la Belgique lorsque Dumouriez passa à l'étranger ; il prit le parti de se retirer en Suisse, où il mourut.

(Note de l'éditeur.)

séjour en Angleterre, et pendant le temps que j'ai passé à Tournay.

Nous étions convenus que M. de Montjoye parleroit seul aux postes françois que nous allions passer, et nous donneroit pour des dames angloises qui se rendoient à Ostende, afin de s'y embarquer pour l'Angleterre, et qu'il conduisoit jusqu'à Quévrain. Heureusement que nous n'étions pas le moins du monde connues des troupes; car, si on avoit vu nos figures à Saint-Amand, il nous eût été impossible de nous échapper; mais on ne les y avoit pas aperçues, y étant arrivées, comme je l'ai dit, dans une voiture dont les stores étoient baissés, et n'étant pas sorties de nos chambres pendant deux jours que nous passâmes dans cette ville. Nous avions laissé le camp dans une position encore équivoque pour son général révolté : cependant on prévoyoit déjà que la majorité ne seroit pas pour lui. Nous n'avions aucun passe-port, et nous prîmes des chemins détournés, afin de rencontrer le moins de troupes qu'il seroit possible. M. de Montjoye avoit oublié de prendre le mot d'ordre, ce qui pensa plus d'une fois nous être funeste. Au bout de deux heures de marche, nous nous trouvâmes dans des chemins de traverse si mauvais, que la voiture y cassa. Comme nous tournions autour de Valenciennes, nous n'en étions, dans ce moment, qu'à une petite demi-lieue, et nous nous trouvions dans un village rempli de volontaires : notre inquiétude fut extrême ; il fallut entrer dans un cabaret, et attendre là, plus d'une heure et demie, que la voiture fût raccommodée. Enfin, après beaucoup de questions de la part des volontaires et faites avec un air indécis et sombre qui étoit véritablement effrayant, on nous laissa partir. Les chemins devenant toujours plus mauvais, et la nuit survenant, nous fûmes obligées, malgré le froid qui étoit excessif, de descendre de voiture. Nous avions fait près d'une lieue à pied, lorsque tout à coup nous fûmes arrêtées, non point à un poste, mais par un capitaine de volontaires et des soldats qui de loin avoient aperçu le guide avec une lanterne, qui nous conduisoit. Ce capitaine, peu satisfait de nos réponses, nous dit qu'il nous soupçonnoit émigrées, et qu'il étoit décidé à nous conduire à Valenciennes. On peut juger de ce que j'éprouvai dans ce moment; mais sur-le-champ j'eus l'air d'y consentir très-gaiement. Je pris le commandant sous le bras, et, dans un baragouin très-peu intelligible, je lui fis mille plaisanteries sur son peu de complaisance; mais, tout en parlant et en riant, je marchois toujours fort lestement, comme si je n'avois pas eu le moindre dessein de le faire changer d'avis. Au bout d'un demi-quart d'heure, il s'arrêta, me dit qu'il voyoit bien que j'étois véritablement une Angloise; qu'il ne vouloit pas nous déranger, et que nous pouvions continuer notre route vers Quévrain. Il nous conseilla d'éteindre la lumière de notre lanterne, qui pourroit encore nous faire arrêter; et enfin il nous conduisit dans un petit sentier détourné, par lequel nous pouvions, nous dit-il, arriver aux postes autrichiens, sans rencontrer de nouvelles troupes. Quand il nous eut quittées, nous respirâmes; nous suivîmes ses conseils, et nous arrivâmes sans accident au premier poste des ennemis. J'éprouvai un mouvement de joie inexprimable en entrant à Quévrain, en pensant que mes deux compagnes et moi, nous étions quittes de l'affreux danger d'être conduites à Valenciennes; mais, réfléchissant presque aussitôt à l'horreur et à la bizarrerie d'une situation qui obligeoit deux enfans et une femme, qui chérissoient leur patrie, à se réfugier chez une nation coalisée contre la nôtre, et à fuir des François, leurs compatriotes, avec la crainte qu'on auroit de tomber entre les mains d'ennemis implacables, mon cœur se serra, et mes yeux se remplirent de larmes. M. de Montjoye demanda à parler au commandant, qui se nommoit M. le baron de Vounianski. Je n'ai point mis dans mon *Précis de conduite* un incident (qui cependant nous sauva), parce qu'il est si extraordinaire qu'il eût donné à ma narration une tournure romanesque que j'ai voulu éviter dans une apologie. Je n'y ai parlé du baron de Vounianski, que pour raconter succinctement ce qu'il fit pour nous; mais je vais conter avec détail, dans ces mémoires, quel fut le vrai motif de cette extrême obligeance.

En quittant Tournay, et la Belgique, je ne m'abusai point sur l'horreur de ma situation; je vis même pour moi personnellement l'avenir plus noir qu'il n'a été; je sentis que l'esprit de parti et le malheur d'avoir été attachée à la maison d'Orléans m'exposeroient à tous les genres de calomnies et de persécutions; je m'y résignai, en adorant la Providence, car je reconnus que je le méritois, puisque, si j'eusse tenu la promesse que j'avois faite à mon amie madame de Custine, si j'eusse rempli mon devoir, en restant avec ma seconde mère, madame de Puisieux, au lieu d'entrer au Palais royal, ou si, à la mort de la maréchale d'Estrée, j'avois quitté Belle-Chasse, comme le désiroit mon mari, nulle autre émigrée n'auroit été plus paisible et plus heureuse que moi dans les pays étrangers; avec le goût général qu'on y avoit pour mes ouvrages, ma réputation littéraire, et les talens agréables que j'y portois, j'aurois trouvé les plus puissantes protections et tous les genres de ressources, ainsi que tous les dédommagemens d'ambition, si j'avois voulu me donner de nouvelles chaînes. Je me promis d'expier mes fautes par la patience, le courage, et une parfaite soumission aux volontés divines et suprêmes. Aussi, du moins, ne m'est-il jamais échappé un seul murmure. Je n'avois pas perdu mon temps à Tournay, nous y avions mené une vie parfaitement réglée; une personne de la ville me prêtoit des livres ; j'y avois fait tous les jours une lecture tout haut d'une bonne heure et demie ; j'y avois joué de la harpe avec Mademoiselle, tout comme à Belle-Chasse ; elle y peignit beaucoup de fleurs, et moi aussi. En outre, nous faisions ensemble une quantité de jolis petits ouvrages ; j'appris là à faire de charmantes - petites corbeilles de paille. L'église de la paroisse étoit à deux pas de notre maison, nous allions tous les jours à la messe, et nos journées s'écouloient avec rapidité, et même agréablement. Suivant ma coutume, je veillois toujours tous les soirs toute seule, deux ou trois heures, j'écrivois *mon journal* et des pensées détachées, que j'ai placées depuis dans *le Petit La Bruyère*.

Je vais maintenant raconter ma singulière aventure avec le baron de Vounianski.

Aussitôt que nous eûmes passé la frontière et que nous fûmes entrées dans Quévrain, on nous demanda qui nous étions et nos passeports. Je dis que j'étois une dame irlandoise nommée madame de Verzenay, voyageant avec mes nièces ; mais qu'étant partie dans toute la déroute du camp, je n'avois point de passeports, et, comme il en falloit pour être reçue, je demandai à parler à M. le commandant (le baron de Vounianski); sa maison étoit heureusement tout près de la porte de la ville. On me dit d'attendre dans la voiture, et qu'on alloit prendre ses ordres. Un moment après, le baron vint lui-même, nous fit descendre de voiture, me donna la main, et nous conduisit chez lui. Le jour étoit tout-à-fait tombé, et j'avois à mon chapeau une grande dentelle noire rabattue sur le visage. En entrant dans le salon qui étoit fort éclairé, je relevai ma dentelle, le baron me regarde, tressaille, et s'écrie : *Ah, princesse!* à cette exclamation, je pensai, de premier mouvement, qu'il reconnoissoit Mademoiselle d'Orléans. J'eus une grande frayeur, mais qui fut bientôt dissipée par les discours du baron, qui me firent connoître qu'une ressemblance véritablement miraculeuse lui persuadoit que j'étois la princesse *de Lansberg*, princesse de Moravie. J'eus toutes les peines du monde à l'en dissuader, car j'avois aussi le même son de voix; le baron devoit sa fortune à cette princesse, et il l'aimoit passionnément. Il n'y a certainement jamais eu de ressemblance plus parfaite, car, malgré toutes mes protestations, il reprenoit à chaque instant l'idée que j'étois cette princesse incognito. Il nous donna un souper à la Hongroise, qui auroit pu suffire à vingt personnes, pour la quantité, mais qui étoit le plus mauvais que j'aie fait de ma vie, parce que tous les mets nageoient dans une sauce de graisse fondue. Pendant ce souper, je souffris mortellement; car le baron, en dissertant sur les affaires publiques, fit d'horribles imprécations sur M. le duc d'Orléans. Je vis Mademoiselle pâlir et prête à s'évanouir, et j'essayois vainement de changer la conversation, le baron y revenoit toujours. Le lendemain, matin, le baron qui nous avoit logées, m'apporta lui-même sur un plateau mon déjeuner, en s'écriant encore mille fois que j'étois la princesse de Lansberg. Après le déjeuner, nous descendîmes dans le salon, prêtes à partir pour Mons, avec une escorte que le baron avoit la bonté de me donner. Il me dit, quand nous entrâmes dans le salon, qu'il alloit me faire voir que l'inconcevable ressemblance qu'il me trouvoit n'étoit pas un effet de son imagination ; que, dans l'escorte qu'il me donnoit, il y avoit deux jeunes cadets arrivés depuis peu de Moravie, qui avoient été pages de la princesse, et qu'elle lui avoit particulièrement recommandés; qu'ils alloient venir, et que je verrois l'effet que je produirois sur eux. Quand ils entrèrent, j'avois mon voile baissé, le baron me pria de le relever. Ces jeunes gens, en jetant les yeux sur moi, témoignèrent la plus vive surprise, et aussitôt s'avancèrent vers moi pour me baiser la main, me prenant effectivement pour la princesse de Lansberg. Toutes ces choses se passèrent en présence de Mademoiselle et de ma nièce. Je questionnai beaucoup le baron sur cette princesse; il me dit qu'elle avoit infiniment d'esprit, qu'elle savoit et parloit parfaitement le françois, et qu'elle étoit grande musicienne. Je demandai son âge; elle étoit plus jeune que moi de trois ans. Je dus à cette singularité tout ce que le baron fit pour nous. Il me donna la main pour monter en voiture; en m'y conduisant, il me dit que si je lui avouois, en le quittant, que j'étois la princesse de Lansberg, il seroit beaucoup moins étonné qu'il ne l'étoit de m'entendre lui soutenir que je ne l'étois pas. Le baron nous donna une escorte, dans laquelle il ne manqua pas de mettre les deux jeunes cadets qui m'avoient prise pour leur princesse, et qui, se plaçant à nos portières, eurent constamment les yeux fixés sur moi, en témoignant de temps en temps, par des exclamations, l'excès de leur étonnement.

Nous arrivâmes à Mons, et nous nous établîmes sur-le-champ dans une auberge, où nous fûmes très-mal logées, parce que les meilleurs appartemens en étoient pris.

Il me fut impossible de partir de Mons le lendemain de mon arrivée dans cette ville : un nouveau malheur m'en empêcha. Je couchois dans la chambre de mademoiselle d'Orléans ; je ne dormis point, et je l'entendis se plaindre et tousser toute la nuit ; je me levai au point du jour pour l'aller regarder, et je vis qu'elle avoit la rougeole; je passai dans le cabinet où couchoit ma nièce, pour l'instruire de ce triste événement, et je la trouvai dans le même état: Elles étoient toutes deux si malades et avoient une fièvre si violente, je trouvois d'ailleurs tant d'inconvéniens à différer mon départ, que bien peu de choses m'ont causé de plus vives inquiétudes. Nous n'avions point de femme de chambre, nous n'avions plus qu'un domestique de louage; l'auberge étoit remplie de monde; on ne pouvoit attendre aucun service des servantes; je ne pus avoir un médecin que le soir, et il me fut impossible d'obtenir une garde, avant le quatrième jour : cependant elles furent bien soignées. Je connoissois parfaitement le traitement de cette maladie : je leur fus plus utile que le médecin. Je passai les trois premières nuits sans me coucher; et quand j'eus une garde, je restai toujours dans la chambre de mademoiselle d'Orléans; et pendant les neuf jours je la veillai toujours jusqu'à trois ou quatre heures du matin. Au milieu des peines qui m'agitoient, je jouissois cependant de l'idée que j'avois véritablement sauvé la vie à mademoiselle d'Orléans, en l'emmenant avec moi : car deux jours après notre départ, M. le duc de Chartres et M. Dumouriez ne se sauvèrent de Saint-Amand qu'après avoir couru les plus grands dangers, essuyé des coups de fusil, etc.; que seroit devenue cette malheureuse enfant, au milieu d'un tel désordre? d'ailleurs elle avait le germe d'une grande maladie (car elle partit de Saint-Amand avec la fièvre); la rougeole se seroit déclarée de même le lendemain, et qu'auroit-on pu faire dans cet état!... Ces réflexions adoucissoient le chagrin que j'éprouvois en la voyant souffrir; cependant le cruel incident de cette maladie trahit notre *incognito*, et donna le temps de nous reconnoître; mais les Autrichiens nous traitèrent avec beaucoup de générosité. Un jour en allant chercher des drogues chez un apothicaire, qui heureusement se trouvoit dans notre rue, je rencontrai sur l'escalier M. le prince de Lambesc [1], qui me reconnut à l'instant; il ne me

---

[1] Le prince de Lambesc, de la maison de Lorraine, étoit parent de la reine Marie-Antoinette, à laquelle il se montra dévoué. Peu de temps après que la révolution eut éclaté, il se réfugia en Autriche pour se soustraire aux dénonciations et aux poursuites exercées contre lui à l'occasion de la journée du 12 juillet 1789. Dans cette journée, le prince de Lambesc, qui commandoit le régiment Royal-Allemand, après avoir dissipé les rassemblemens formés sur la place Louis XV, entra au galop et le sabre à la main dans le jardin des Tuileries pour le faire évacuer. On a dit que, dans cette bagarre, un vieillard avoit été tué et un jeune homme blessé, mais jamais la preuve de ce fait n'a été donnée. Le prince de Lambesc devint général-major, et ensuite feld-maréchal au service de l'Autriche. Il a fait, sur le Rhin et en Italie, les campagnes contre les François, sans obtenir un de ces commandemens, ni trouver une de ces occasions qui permettent de se distinguer et de sortir de la foule des guerriers ordinaires. C'est à son grand attachement

parla point, mais son air sombre et sinistre ne m'annonça rien de bon : en effet il alla nous dénoncer à M. le baron de Mack, car il devina facilement que l'une de mes jeunes compagnes étoit mademoiselle d'Orléans.

M. le baron de Mack[1], avec lequel je n'avois jamais eu le moindre rapport, vint me trou-

---

pour la reine et à la journée des Tuileries que le prince de Lambesc doit sa célébrité en France.

(Note de l'éditeur.)

[1] Le baron Charles de Mack, célèbre par ses plans et ses revers, étoit fils d'un bourgeois de Neuslingen, en Franconie, et officier de fortune. Il entra dans un regiment de dragons comme simple soldat, il parvint de grade en grade, et pour ainsi dire, de revers en revers, jusqu'au commandement en chef de la grande armée autrichienne qui, en 1805, s'empara si vite et fut si promptement chassée du royaume de Bavière. Après la capitulation d'Ulm, le général Mack fut traduit devant un conseil de guerre et condamné à mort : cette peine fut commuée en celle de la dégradation militaire et en une détention qui dura peu, mais à laquelle a succédé l'oubli profond dans lequel le général Mack est mort, autant de chagrin que lui causa la perte de son fils, que de celui causé par ses défaites et sa disgrâce. Jamais guerrier n'a fait naître et n'a trompé plus d'espérances que le général Mack. Né en 1752, il est mort en Bohême dans un âge avancé.

(Note de l'éditeur.)

ver. Une servante me l'annonça, son nom seul me fit éprouver une frayeur mortelle; je me hâtai d'aller le recevoir sur le palier de l'escalier; je lui dis que je ne pouvois avoir l'honneur de le recevoir, parce qu'une personne, malade de la rougeole, étoit couchée dans la chambre que j'occupois; il me répondit, avec l'air et le ton le plus bienveillant : « Madame, ce qui n'est point contagieux pour vous ne sauroit l'être pour moi. » De ce moment, je fus rassurée, je ne vis plus en lui qu'un protecteur. Je le conduisis dans notre chambre; j'allai fermer les rideaux de l'alcôve de Mademoiselle, et nous nous établîmes dans l'embrasure d'une fenêtre. Le baron nous dit qu'on lui avoit appris qui nous étions; que cette dénonciation ne nous nuiroit en aucune manière. Il m'assura que nous étions les maîtresses de rester en Flandre, et de nous établir dans le lieu que nous choisirions pour résidence. Je lui répondis que notre intention étoit d'aller en Suisse; il eut la bonté de m'offrir de nous faire avoir des passe-ports de M. le prince de Cobourg[1], ce qui nous mettroit à l'abri de tout

[1] Peu de noms étrangers sont plus célèbres en France que celui du prince de Cobourg. Sa campagne de 1793

inconvénient pour traverser l'Allemagne, et ce que j'acceptai avec reconnoissance. Il m'objecta qu'il ne lui étoit pas permis de donner des passe-ports sous un faux nom. Je lui répondis que le nom de Versenay n'étoit pas un faux nom, que c'étoit celui d'une petite terre enclavée dans la terre de Sillery. Il fallut lui en donner ma parole d'honneur, alors il nous fit avoir ces passe-ports tels que je les désirois. Ils nous furent inutiles, car on ne nous les a pas demandés une seule fois. Mes jeunes compagnes se trouvant en état de soutenir la voiture, quoiqu'elles fussent encore extrêmement foibles, nous partîmes de Mons le samedi 13 avril, avec M. de Montjoye qui vint nous rejoindre, car il nous avoit quittées à Quévrain. Notre voyage fut long, mais assez heureux. Le 20, nous passâmes à Wisbaden, et là, nous prîmes un

fut une suite non interrompue de succès, mais la gloire en fut effacée par les revers de la campagne suivante. Le prince de Cobourg fut forcé de se retirer avec le regret d'avoir trompé les espérances des émigrés, auxquels il eut l'indignité de défendre l'entrée des places conquises sur les François. Ce prince est mort, en 1815, après avoir passé vingt ans dans la retraite et l'oubli. (Note de l'éditeur.)

chemin de traverse afin d'éviter les troupes ; mais nous côtoyâmes pendant quatre ou cinq heures le camp des Hessois, dont nous n'étions séparés que par une plaine ; nous les distinguions parfaitement : ils bordoient la rive du Rhin de notre côté ; on apercevoit un peu plus loin Cassel où étoient les François ; s'ils eussent fait une sortie, nous nous serions trouvés dans un bien grand péril : cette pensée me fit trouver cette journée cruellement longue. De l'autre côté du fleuve, on voyoit Mayence et un village en feu ; enfin cette réunion d'objets formoit un tableau terrible, dont l'effet étoit encore augmenté par les coups de canon que l'on tiroit de temps en temps, et que nous entendions distinctement. En songeant que ces coups de canon étoient dirigés contre des François, j'éprouvai que ni les injustices, ni la persécution, ne peuvent arracher d'un cœur sensible et généreux l'amour de la patrie et cet intérêt pressant qu'inspirent des compatriotes. Après sept jours de marche, nous arrivâmes à Schaffhouse, en Suisse, le 26 mai. Ma joie fut extrême de me trouver dans un pays neutre. Outre beaucoup d'inquiétudes vagues, j'avois été dans une sorte de malaise inexprimable durant mon séjour forcé à Mons, et en traversant l'Allemagne. En me voyant au milieu des ennemis de mon pays, ma raison repoussoit en vain une espèce de remords involontaire, aussi pénible que peu fondé; car assurément je n'avois rien à me reprocher; je puis dire, sans exagération, que je n'ai jamais rencontré de troupes autrichiennes, sans éprouver une sensation douloureuse; tout valoit mieux cependant que ce qui existoit à cette époque sanglante : les conquérans même de la France ne pouvoient en être alors que les libérateurs.

Le besoin extrême de repos qu'avoit mademoiselle d'Orléans nous fit séjourner à Schaffhouse; M. le duc de Chartres étoit venu nous y rejoindre; nous n'en partîmes que le 6 mai. Nous allâmes à Zurich, où nous comptions nous établir, mais quand il fallut se nommer aux magistrats, le malheureux nom de mademoiselle d'Orléans et de son frère rompit ces arrangemens. D'ailleurs nous avions été reconnus par plusieurs émigrés qui nous firent beaucoup de méchancetés. Entre autres, un soir que nous nous promenions sur la place de Zu-

---

[1] Des émigrés qui ont été si persécuteurs dans les pays

rich, un émigré, avec un air très-impertinent, passant auprès de Mademoiselle, accrocha exprès avec son éperon un grand pan de sa robe de gaze. Nous reçûmes de M. Ott, l'estimable hôte de l'Épée (auberge où nous logeâmes), toutes les preuves imaginables d'intérêt ¹ ; mais il fallut partir. Nous allâmes à Zug le 14 de mai, et nous nous établîmes dans une petite maison isolée, sur les bords du lac, à peu de distance de la ville. Afin d'y être tranquilles, nous avions pris toutes les précautions nécessaires pour n'être pas connus ; et les magistrats mêmes du lieu ignoroient absolument nos véritables noms, et croyoient que nous étions une famille irlandoise. En arrivant à Zug, j'eus

étrangers, pour leurs compatriotes, auxquels ils supposoient des opinions *libérales*, étoient tous, sans exception, de petits gentilshommes de province qui n'avoient jamais été présentés à la cour, et qui n'avoient aucune connoissance du monde.

(Note de l'auteur.)

¹ En Suisse et en Allemagne, les maîtres des auberges jouissent communément d'une grande considération, et la méritent par leur éducation et leur extrême affabilité. Celui de l'auberge de l'Épée est un des magistrats de la ville.

(Note de l'auteur.)

une occasion sûre pour la France ; j'en profitai pour écrire à madame la duchesse d'Orléans (car M. le duc d'Orléans étoit déjà arrêté). Je lui mandois où nous étions, et je la suppliois de vouloir bien me faire donner ses ordres, le plus promptement possible, relativement à mademoiselle d'Orléans. Ses deux enfans lui écrivirent aussi ; mais nous ne reçûmes aucune espèce de réponse ; nous avons récrit depuis par diverses occasions. Jamais, pendant plus d'un an que j'ai été en Suisse, chargée de mademoiselle d'Orléans, nous n'avons reçu une réponse même indirecte, ni mademoiselle d'Orléans le moindre secours d'argent de la France; mais je me flattai long-temps d'en recevoir, et en conséquence je ne prenois aucune décision définitive sur mademoiselle d'Orléans; et, dévouée à elle tant que je lui serois utile, je ne formois aucun projet fixe pour moi. Nous passâmes un mois à Zug dans la plus parfaite tranquillité ; nous nous suffisions à nous-mêmes ; des occupations réglées remplissoient agréablement tous nos momens ; nous ne recevions personne, et nous ne sortions que pour nous promener où aller à l'église. Les paysans nous aimoient et les pauvres surtout, toujours reçus avec la plus tendre humanité, par M. le duc de Chartres et mademoiselle d'Orléans, qui s'étoient l'un et l'autre spécialement chargés de distribuer les petites aumônes que nous pouvions faire.

Telle étoit notre situation, lorsque des émigrés passèrent à Zug : nous ne les connoissions point personnellement, mais ils avoient vu M. le duc de Chartres à Versailles; ils le reconnurent, et, le même jour, toute la petite ville de Zug sut qui nous étions. Les magistrats se conduisirent avec la plus grande honnêteté, et témoignèrent un extrême désir de conserver dans leur canton des personnes qui, disoient-ils, *en faisoient l'édification à tous égards par leur conduite;* mais quelques jours après, on vit paroître dans les gazettes allemandes quelques articles sur mes élèves, et qui annonçoient qu'ils étoient à Zug. Cette publicité commença à déplaire aux magistrats de Zug : bientôt on leur écrivit de Berne, pour leur reprocher d'accorder un asile à mademoiselle d'Orléans et à son frère. Le premier magistrat de Zug s'inquiéta, et finit par prier mes malheureux élèves de chercher une autre retraite; mais cette prière fut faite avec les plus grands égards : le magistrat se contenta de faire part de ses embarras et de ses inquiétudes; nous comprîmes ce langage, et nous annonçâmes que nous partirions sous quinze jours. Dans tout ceci, il ne fut en aucune manière question de moi, de sorte que le magistrat m'offrit personnellement de rester, si je le jugeois à propos; mais j'étois enchaînée à mademoiselle d'Orléans. Cependant nous tînmes conseil sur le parti qui nous restoit à prendre dans cette fâcheuse conjoncture. Je représentai qu'avant de former un plan, il falloit consentir à se séparer de M. le duc de Chartres, qui nous feroit toujours reconnoître. C'est ce que j'avois déjà dit et proposé à Zurich. M. le duc de Chartres voulut absolument rester avec nous; je n'en avois que trop prévu la conséquence inévitable. Pour cette fois, l'expérience lui fit sentir que j'avois raison, et il fut décidé que nous ne demeurerions plus ensemble. Mais où aller, sans recommandations, sans amis, n'ayant pu rester dans les deux cantons les plus tolérans de la Suisse? Nous formâmes mille projets romanesques; et, malgré leur extravagance, nous aurions sans doute été forcés de faire quelque chose d'à peu près semblable, si le hasard ne nous eût pas fait naître une idée plus simple, et qui réussit. Dans ces entrefaites, M. de Montjoye, qui étoit établi à Bâle avec sa famille, vint nous faire une visite; il nous conta qu'il avoit passé par Bremgarten, qu'il y avoit vu M. de Montesquiou [1], qui, ayant rendu des services à Genève, jouissoit en Suisse de beaucoup de considération, et y avoit un très-grand crédit. Là-dessus j'imaginai d'écrire à M. de Montesquiou : je lui peignis la situation de mes malheureux élèves, et je lui demandois si mademoiselle d'Orléans pouvoit être reçue à Bremgarten, c'est-à-dire, dans un couvent à peu de distance de cette petite ville.

---

[1] Le marquis de Montesquiou-Fezenzac (Anne-Pierre) s'étoit réfugié en Suisse, pour se soustraire aux conséquences d'un décret d'accusation prononcé contre lui par la Convention nationale. Il avoit commandé, en 1792, l'armée du Midi, chargée de défendre la Provence et le Dauphiné, menacés par les troupes étrangères. Le général de Montesquiou prévint leurs desseins en prenant l'offensive et s'emparant de la Savoie. La noblesse de Paris l'avoit nommé en 1789, député aux États-généraux ; il fut du nombre des quarante membres de son ordre qui, les premiers, se réunirent au tiers-état. M. de Montesquiou fit présenter, en 1795, un mémoire justificatif

Je ne connoissois point du tout M. de Montesquiou ; je l'avois rencontré quelquefois dans le monde, mais je n'avois jamais eu la moindre liaison avec lui. Au reste, ce n'étoit pas moi qu'il s'agissoit d'obliger : il n'étoit question que de mademoiselle d'Orléans ; et j'étois persuadée que, lorsque l'esprit de parti n'en empêcheroit pas, personne au monde ne laisseroit échapper l'occasion de servir une enfant si intéressante à tous égards. Je ne me trompai point. M. de Montesquiou me fit la réponse la plus honnête et la plus obligeante, et se chargea de faire recevoir mademoiselle d'Orléans, ma nièce, et moi, dans le couvent de Sainte-Claire, à Bremgarten [1]. M. le duc de Chartres

et demanda des juges. Son rappel fut aussitôt prononcé, et son nom rayé de la liste des émigrés. Il revint à Paris, où il étoit né en 1741 ; il y est mort le 30 décembre 1798. Outre ses rapports sur les finances, et le mémoire justificatif dont nous venons de parler, le marquis de Montesquiou est auteur d'un ouvrage *sur le gouvernement des finances de France,* d'un autre intitulé, *Coup d'œil sur la Révolution Françoise,* et de plusieurs comédies jouées sur un théâtre de société. Il avoit été reçu à l'Académie françoise en 1784. (Note de l'éditeur.)

[1] Ce monastère est hors de la ville et au milieu des champs. (Note de l'auteur.)

se décida à faire à pied le voyage entier de la Suisse; ce qu'il a exécuté, passant partout pour un Allemand. Combien de fois, depuis ses malheurs, je me suis félicitée de l'éducation que je lui ai donnée; de lui avoir fait apprendre, dès l'enfance, les principales langues modernes; de l'avoir accoutumée à se servir seul, à mépriser toute espèce de mollesse, à coucher habituellement sur un lit de bois, recouvert d'une simple natte de sparterie; à braver le soleil, la pluie et le froid; à s'accoutumer à la fatigue, en faisant journellement de violens exercices, et quatre ou cinq lieues avec des semelles de plomb, à ses promenades ordinaires; enfin, de lui avoir donné de l'instruction et le goût des voyages! Il avoit perdu tout ce qu'il devoit au hasard de la naissance et à la fortune, il ne lui restoit plus que ce qu'il tient de la nature et de moi....

Au moment de partir de Zug, quand mes élèves furent obligées de payer tous les petits mémoires, ils ne se trouvèrent plus assez d'argent; heureusement que j'en avois assez pour satisfaire à ce qu'il falloit, et pour me charger de payer au couvent, pendant un an, la pension de mademoiselle d'Orléans, outre la mienne et celle de ma nièce : et c'est ce que j'ai fait, mais seulement pendant six mois. Au bout de ce temps, mademoiselle d'Orléans a reçu quelque argent d'Italie, de M. le duc de Modène, son oncle. La veille de mon départ de Zug, une méchanceté véritablement atroce me causa une des plus grandes frayeurs que j'aie éprouvées de ma vie. Notre petite maison étoit située au milieu d'un grand pré, au bas duquel se trouvoit le grand chemin, et par delà, le lac; toutes nos fenêtres donnoient sur ce pré, et elles n'avoient point de volets. Mademoiselle d'Orléans restoit tous les soirs dans le salon, au rez-de-chaussée jusqu'à dix heures trois quarts; elle étoit établie dans l'embrasure de la fenêtre, et pendant la conversation elle travailloit à de petits ouvrages; comme, depuis sa rougeole, elle avoit un peu mal aux yeux, elle gardoit toujours sur sa tête un grand chapeau qui lui cachoit la lumière. Le 26 juin, veille de mon départ, j'étois à dix heures un quart du soir dans ma chambre, qui se trouvoit précisément au-dessus du salon; M. le duc de Chartres, suivant sa coutume, étoit couché, ainsi que le seul domestique qu'il y eût dans la maison, mademoiselle d'Orléans eut heureusement quelque chose à me dire : elle se leva , laissa sa lumière sur la table, ôta son chapeau, le mit sur une des pommettes du dossier de sa chaise, et monta chez moi avec ma nièce : j'écrivois à une table placée aussi dans la fenêtre ; en voyant entrer mademoiselle d'Orléans, je quittai ma place; je me mis dans l'entre-deux des fenêtres, dans un grand fauteuil, et je la pris sur mes genoux; à peine étions-nous assises, que nous entendîmes un bruit très-fort, causé par une énorme pierre lancée contre la fenêtre du salon; une demi-minute après, plusieurs autres pierres furent de même lancées contre la fenêtre que je venois de quitter, et cassèrent les vitres avec un tel fracas, que M. le duc de Chartres, éveillé, sauta à bas de son lit, prit un bâton (qui est une fort bonne arme dans ses mains), et courut à la porte, en appelant le domestique, qui se leva aussi : l'un et l'autre sortirent de la maison en criant après les assassins (car on doit donner ce nom à ceux qui commirent cette action), les brigands se sauvèrent à toutes jambes. M. le duc de Chartres jugea, au bruit de leur marche, qu'ils n'étoient que deux ou trois tout au plus. Nous descendîmes dans le salon, et nous vîmes que le premier coup de pierre avoit été lancé vers la place qu'occupoit ordinairement mademoiselle d'Orléans, et dirigé à son chapeau qu'elle avoit, comme je l'ai dit, posé sur la pommette de la chaise; les brigands avoient certainement pris ce chapeau pour sa tête : illusion fort simple, à la distance où ils étoient. On avoit visé avec beaucoup de justesse; car le carreau de vitre qui se trouvoit vis-à-vis le chapeau, étoit brisé, le chapeau renversé, et la pierre, grosse comme le poing, suivant sa direction en ligne droite, avoit été fracasser un carreau de faïence d'un poêle placé à l'extrémité du salon. Je ramassai ce caillou, en remerciant le ciel, du fond de l'âme, de n'avoir point permis que l'innocente enfant qu'on vouloit assassiner restât une minute de plus à cette place, qu'elle n'auroit dû quitter naturellement qu'une demi-heure plus tard. J'ai conservé soigneusement ce caillou ; je le fis polir et tailler en plaque de médaillon, sur laquelle ces deux mots sont gravés : *innocence, providence*. La même nuit on ne vola pas, mais on coupa par petits morceaux deux harnois de chevaux appartenans à

M. le duc de Chartres. Nous fîmes des dépositions juridiques de tous ces faits, sur lesquels je ne me permettrai nulle conjecture; je dirai seulement que nous étions très-aimés à Zug; que, sortant tous les jours pour aller dans les champs ou à l'église, traversant souvent la ville à pied, non-seulement nous n'avons jamais reçu la moindre insulte, mais que le peuple nous a toujours personnellement témoigné infiniment de bienveillance. Le lendemain de l'événement dont je viens de rendre compte, nous partîmes à dix heures du matin; nous traversâmes la ville, et nous vîmes universellement sur tous les visages l'expression de l'intérêt et du regret de nous voir partir.

M. de Montesquiou nous fit recevoir au couvent de Sainte-Claire; mais il nous recommanda de cacher avec soin qui nous étions, en nous disant qu'il ne l'avoit confié qu'à deux magistrats de ses amis, l'un de Bremgarten, l'autre de Zurich. Il nous avoit annoncées à la prieure du couvent comme une famille irlandoise, que la guerre et la crainte des corsaires empêchoient de retourner dans son pays. Il nous avoit choisi de nouveaux noms supposés, et m'apprit, en arrivant, que je m'appelois madame *Lénox*, tante de mesdemoiselles *Stuart*, filles de ma sœur, qui me les avoit remises en mourant : nous entrâmes ainsi au couvent de Sainte-Claire; M. le duc de Chartres nous quitta, fit tout le voyage de Suisse; ensuite, sous un nom supposé, il entra dans le collége des Grisons, en qualité de professeur d'histoire et de géométrie. Il y resta plus d'un an, à ma connoissance; quand je partis de Suisse, il y étoit encore, étant alors dans l'impossibilité d'aller en Amérique, c'étoit certainement le parti le plus digne de lui qu'il pût prendre : nul autre ne pouvoit faire plus d'honneur à son caractère et à son éducation [1].

[1] Nul homme, plus que M. le duc de Chartres, n'a consacré, par une conduite à la fois ferme et prudente, le respect dû à de grandes infortunes et la dignité d'une haute naissance. Des gens qui, au temps où sa maison étoit debout, se seroient tenus courbés en sa présence, se dressèrent arrogamment devant lui. Il n'avoit guère que vingt ans; dans plus d'une affaire de guerre il avoit montré une valeur impétueuse et prompte; cependant, à cet âge où la raison commence à peine à s'essayer contre la chaleur du sang, sa constance ne se démentit jamais :

Mademoiselle d'Orléans, ayant à M. de Montesquiou l'obligation de l'asile qu'elle, avoit enfin trouvé, reçut ses visites dans les premiers temps; mais, au bout de deux ou trois mois, elle tomba malade d'une dyssenterie épidémique, et que tout le monde eut dans le couvent, excepté moi. Je veillai mademoiselle d'Orléans pendant cinq nuits, et je passois toutes les journées dans sa chambre; elle fut malade plus de deux mois et m'inquiéta cruellement : cette maladie l'avoit empêchée de recevoir M. de Montesquiou; ensuite la plus hor-

il supporta avec calme, sans se plaindre, sans même paroître s'en étonner, et les rigueurs du sort et les injustices des hommes. Sous le ciel le plus âpre, au milieu des glaces de l'hiver, il se levoit, chaque jour, à quatre heures du matin, pour aller donner des leçons de mathématiques transcendantes dans le collége des Grisons à Coire, où il s'étoit fait recevoir, comme professeur, sous le nom de Corby. Ce nom étoit celui d'un marchand du Palais-Royal; il lui rappeloit la patrie absente et le palais de ses aïeux. Durant quinze mois M. le duc de Chartres ne cessa pas un seul jour de s'acquitter de ses devoirs de professeur avec une scrupuleuse exactitude, comme durant son long exil il n'a pas un seul jour cessé d'honorer ses infortunes par la plus noble résignation.

(Note de l'éditeur.)

rible catastrophe¹, dont j'appris la nouvelle le 9 novembre 1793, me mit hors d'état de recevoir une personne avec laquelle je n'étois pas intimement liée. Je fus malade moi-même, pour la première fois depuis mon exil... Pendant la maladie de mademoiselle d'Orléans, voyant que nous ne recevions aucunes nouvelles de madame sa mère (qui étoit toujours libre à Vernon), je pris le parti de faire écrire mademoiselle d'Orléans à M. le duc de Modène², son oncle; elle lui exposoit sa situation, et lui demandoit un asile dans ses états, non à sa cour, mais dans un couvent; elle ajoutoit que je la conduirois jusqu'au lieu qu'il lui indiqueroit, et que, s'il le falloit, je passerois pour cela le mont Saint-Gothard. M. le duc de Modène répondit que des raisons *politiques*

¹ La mort de M. de Genlis. (Note de l'auteur.)

² Le duc de Modène et de Brisgaw (Hercule Renaud d'Ast), né en 1727, étoit alors dans la soixante-sixième année de son âge. Ce prince, ami des sciences et de son pays, fonda un grand nombre d'établissemens utiles, fit construire des ponts et ouvrir des routes; protégea les arts et les lettres. Il procura du travail aux pauvres, et fit disparoître de ses états l'indigence et l'inquisition. On a dit de lui qu'il fut, dans un petit état, le

l'empêchoient de recevoir mademoiselle d'Orléans. Ce prince envoya à sa nièce 180 louis : c'est tout ce qu'elle en a reçu; la correspondance finit là.

Nous n'avions reçu dans notre couvent que M. de Montesquiou et M. Honeggre, un de ses amis et magistrat de Bremgarten : ce dernier venoit très-rarement, ainsi, comme je l'ai dit, que M. de Montesquiou; de sorte que nous avons passé les neuf derniers mois de notre séjour à Bremgarten dans une solitude absolue, qui n'étoit interrompue que par les visites de mon neveu, mon cher César du Crest, qui, encore dans la première jeunesse, avoit donné tant de preuves de courage et de présence d'esprit. Je m'enorgueillissois avec raison d'avoir formé un tel élève, qui joignoit

modèle des grands princes. La conquête de l'Italie le força de se réfugier en Autriche. Le Brisgaw lui fut donné en échange du Modénois ; mais il le céda à son gendre, l'archiduc Ferdinand, et se retira à Trévise, où il est mort en 1803. Le duc de Modène a été accusé d'avarice, et cette accusation se trouve en quelque sorte justifiée par la foible somme qu'il envoya à sa nièce, lui qui avoit amassé et tenoit en réserve plus de quatre millions. (Note de l'éditeur.)

à la valeur la plus brillante, à des talens charmans, une conduite irréprochable, un cœur excellent, et l'esprit le plus distingué. Il nous avoit rejointes à Bremgarten, après avoir fait à pied le voyage entier de la Suisse; comme il manquoit absolument d'argent, je me trouvai bien heureuse de pouvoir le fixer près de nous, en payant sa petite dépense qu'il réduisoit à l'absolu nécessaire, avec autant de gaieté que d'économie. Il venoit nous voir tous les jours; il alloit chaque soir dans un café où se rendoient *les politiques* de Bremgarten, dont il nous contoit, de la manière la plus comique, tous les entretiens. Nous ne laissions point d'admirer l'égalité de son humeur et le charme de sa gaieté; il nous apportoit des gouaches charmantes peintes par lui, qui représentoient des paysages des environs de Bremgarten; il avoit un talent remarquable sur le piano; j'en avois loué un; il s'y exerçoit tous les jours environ une heure. Il tenoit de son père l'esprit de calcul, qu'il perfectionnoit par une étude constante.

Au milieu des peines de tout genre, j'eus la douce consolation, à force de soins, de rétablir parfaitement la santé délabrée de mademoiselle d'Orléans. Je connois si bien sa constitution, et j'ai fait une étude si particulière de ce qui lui est bon et nuisible, que, dans toutes ses maladies, je lui ai toujours été plus utile qu'un médecin; et, un de mes plus grands chagrins, en la quittant, a été de penser que personne au monde ne pourroit la soigner comme moi. Je lui avois caché la mort de son infortuné père. Mademoiselle d'Orléans, formée plus tard que ne le sont ordinairement les jeunes personnes, étoit toujours dans un moment de crise dangereux, et qu'une grande révolution pouvoit rendre mortel; je connoissois son extrême sensibilité, et sa tendresse pour un père dont elle étoit adorée : ainsi je pris toutes les précautions nécessaires pour qu'elle ignorât cet affreux événement ; ce qui n'étoit pas difficile, ne voyant personne du dehors, et ne nous quittant jamais. Même avant cette époque, je l'avois priée de ne point lire les papiers publics, en lui disant, ce qui étoit vrai, qu'ils étoient remplis d'impiétés, et de choses contre les mœurs. J'étois bien sûre que, d'après cet avertissement, elle n'auroit jamais la tentation de les lire; cependant je l'habillai de deuil, en lui disant que c'étoit celui de la malheureuse reine de France, qu'en effet elle auroit toujours porté, si elle n'avoit pas dû en prendre un plus sacré pour elle. Persuadée que des occupations constantes et variées peuvent, beaucoup mieux que la dissipation, distraire des chagrins et de l'inquiétude, je ne souffrois pas que mademoiselle d'Orléans eût dans sa journée une minute d'oisiveté; elle se promenoit trois fois par jour dans le jardin, et y faisoit plusieurs courses; chose à laquelle je l'ai accoutumée dès l'enfance. Elle entendoit tous les jours la messe, et les dimanches, par sa volonté particulière, elle passoit au moins deux heures et demie à l'église; elle écrivoit une heure, ou des lettres réelles (à son frère aîné, ou à lady Edward Fitz-Gérald), ou des lettres d'imagination [1]. Nous n'avions point de livres, mais j'avois

[1] Elle eut l'idée d'écrire régulièrement à sa mère, son père, et ses jeunes frères; et ne pouvant envoyer les lettres, d'en amasser un recueil, dans l'espoir de les leur remettre un jour, ce qui s'exécuta jusqu'à la mort de son malheureux père : depuis cette époque, elle lui écrivit encore plusieurs fois. Dans la crainte de lui donner des soupçons, je n'osai d'abord l'en empêcher, et l'on conçoit ce que je devois souffrir lorsqu'elle m'ap-

beaucoup d'extraits, et nous en lisions, tous les jours; elle peignoit trois heures, jouoit autant de temps au moins de la harpe; et, comme j'avois un piano, je lui en donnai des leçons : en peu de mois elle fut en état de jouer des petits airs et des variations, ce qui devint pour elle une nouvelle source d'amusement; le soir elle cousoit, filoit, brodoit, ou faisoit de la tapisserie. Naturellement d'une excessive gaieté, elle avoit absolument perdu cet heureux don de la nature; mais son caractère avoit changé sans s'aigrir; sa mélancolie étoit si douce, qu'elle ressembloit moins à la tristesse qu'au développement d'une extrême sensibilité. Je puis dire, sans exagération, que jamais il n'est échappé de sa bouche une plainte ou un murmure; quand elle est affligée elle pleure, se tait, et prie Dieu davantage. Jamais elle n'a regretté la fortune et

---

portoit ces lettres pour les corriger..... Enfin, je lui dis que, pour apprendre à varier son style, il falloit s'exercer sur toutes sortes de matières, et que je lui donnerois des sujets : je lui détaillai mes raisons de manière à ne lui pas causer la moindre inquiétude. J'eus soin de lui fournir chaque jour de nouveaux sujets, et qui demandoient toute son application.

(Note de l'auteur.)

le luxe qui l'environnoient, ni paru surprise du changement qui se trouvoit dans tous les détails physiques de sa situation : on auroit cru, à la voir, qu'elle n'avoit jamais habité qu'une petite cellule; qu'elle n'avoit eu de la vie un bon cuisinier, et ainsi de tout. Sa piété, qui est véritablement angélique, lui donne la philosophie chrétienne, qui consiste dans la patience, le courage, la résignation, et le mépris sincère du faste et des grandeurs. J'ajouterai que, sans la religion, mademoiselle d'Orléans n'eût jamais supporté ses maux; elle a trouvé dans l'Évangile toutes les consolations qui lui étoient si nécessaires : elle ne pouvoit les trouver que là; et, certainement, dans un âge aussi tendre, Épictète et Sénèque ne lui en eussent fourni aucune. Sa douceur est inaltérable, mais son âme sensible a beaucoup d'énergie. Elle m'a dit mille fois qu'il lui étoit impossible de concevoir *comment les gens bien malheureux et sans religion ne s'empoisonnent pas.* Elle étoit si frappée de cette idée, qu'elle me l'a encore exprimée deux fois dans les lettres qu'elle m'a écrites depuis notre séparation [1].

[1] Voici ce qu'elle m'écrivoit, le 14 janvier 1795:

Nos jours s'écouloient tristement, mais sans ennui. Nous étions aimées dans le couvent, de la manière la plus touchante, de toutes les religieuses, qui étoient de véritables anges. Nous remarquâmes, durant notre séjour dans cette solitude, plusieurs coutumes, dont j'écrivis le détail sur mon journal; voici celles qui nous frappèrent le plus. A toutes les noces de ce canton catholique, la mariée portoit sur la tête un petit bouquet de fleurs d'argent et d'or, afin de pouvoir le conserver toujours. Le jour de la noce on payoit une femme, à laquelle on donnoit le privilége d'être toujours à côté de la mariée; on l'appeloit la *femme jaune*; elle tenoit à la main un beau mouchoir blanc de batiste; elle s'en servoit au festin de noce, pour le passer de temps en temps sur les yeux de la mariée, pour essuyer les larmes que l'on

« Croyez-vous donc, ma tendre amie, que ceux qui
» sont accablés de malheurs irréparables, et qui ne se
» défont pas de la vie, soient réellement sans religion ?
» cela est-il croyable de vouloir souffrir volontairement
» sans raison? Pour moi, je crois que ceux-là ont un
» fonds de religion; mais sûrement on peut tout sup-
» porter patiemment avec la religion, nous ne le savons
» que trop, chère et tendre amie, etc. »
(Note de l'auteur.)

supposoit que doit lui faire répandre sa séparation d'avec sa mère et sa famille. Voici d'autres coutumes que je voudrois voir établir en France, parce qu'elles enchanteroient les enfans : le jour de Saint-Nicolas, ils trouvent tous, à leur réveil, de petits présens cachés dans leurs souliers ; ce qui fait que communément ils se réveillent avant le jour. Voici l'autre coutume, qui est encore plus jolie. Ce même jour, on les lâche dans un petit jardin, dans lequel on a caché, sous des fleurs et des légumes, une grande quantité de joujoux et de présens ; et l'on ne manque pas d'en mettre un certain nombre, pour les jeunes garçons, sur le sommet des arbres. Nous avons vu cette récréation dans un grand jardin ; il y avoit une multitude d'enfans qui formoient le spectacle le plus animé et le plus agréable que l'on puisse contempler. J'aurois été, dans cette douce retraite, aussi heureuse que je pouvois l'être dans ma situation, sans les tracasseries et les persécutions qui m'étoient suscitées par des inimitiés particulières. Il n'étoit pas difficile de m'opprimer dans un pays où je n'avois nul appui, où je ne voyois qui que ce fût. J'avois une amie en Suisse, qui me sera toujours chère, et qui a été constamment obligeante pour moi; mais elle étoit à Lausanne, c'est-à-dire, à cinquante lieues de Bremgarten, et, à cette distance, elle ne pouvoit ni prévenir les méchancetés que j'éprouvois, ni même les connoître [1]. On avoit grande envie de me faire quitter la Suisse; mais on n'osa solliciter, ou l'on ne put obtenir l'ordre de m'en éloigner. Seulement on me fit dire, par quelqu'un qui vint exprès chez moi (sous prétexte de me donner cet avis), que je ferois bien de chercher un autre asile, parce qu'on étoit *certain* que le gouvernement finiroit par m'y forcer. Je répondis que je me conduirois de manière à ne pas le mériter, et à n'en être pas humiliée, si une chose aussi étrange arrivoit; que je n'avois pas un goût de prédilection pour la Suisse, mais que j'aimois notre monastère; que mademoiselle d'Orléans ne pouvoit être dans une retraite plus décente et plus convenable; que j'étois enchaînée à sa destinée, et qu'aussi longtemps que je lui serois utile je resterois dans

---

[1] Cette amie est une personne justement célèbre, madame la baronne de Montolieu. (Note de l'auteur.)

cette solitude. On me répondit que *je risquois beaucoup*; et, voyant qu'on ne m'effrayoit point, on parla à ma nièce *confidemment*, d'une manière beaucoup plus positive et plus alarmante. Elle connoissoit comme moi-même le fond de toutes ces petites intrigues; elle me rendit compte de tout ce qu'on lui avoit dit; mais, sans y croire, nous restâmes, et je n'ai jamais entendu parler depuis de cet ordre prétendu. Mademoiselle d'Orléans et ma nièce ont été témoins de tout ce que j'ai souffert, et de la patience, j'ose dire inaltérable, avec laquelle j'ai supporté des procédés inouïs et des injustices de tout genre. Je leur donnai à lire toutes mes lettres, celles que j'écrivois et celles que je recevois, et je trouvois dans leur reconnoissance et leur tendre amitié de bien douces consolations. Mais si la méchanceté et l'ingratitude de quelques personnes ont dû m'affliger, j'en ai été dédommagée par la constante amitié d'autres objets bien chers à mon cœur. Je n'ai pas été surprise de la conduite de lady Edward Fitz-Gérald avec moi; je connoissois son âme angélique, et rien ne pouvoit ajouter à l'opinion que j'en avois; mais son mari a eu pour mademoiselle d'Orléans, ma nièce et moi; tous les procédés que l'on auroit pour une mère et des sœurs chéries. Nous n'avons accepté aucune de ses offres généreuses [1], mais le souvenir en est ineffaçable : cependant cette conduite n'étoit inspirée que par un sentiment relatif; combien elle en est plus touchante à mes yeux ! Elle me donne la mesure de l'active tendresse de Paméla pour les amies de son enfance et pour moi. »

« Qu'il me soit permis de consacrer ici les noms de ceux qui, depuis mes malheurs, m'ont donné toutes les preuves de l'amitié la plus sincère : M. Shéridan (qui m'écrivit après ma fuite), MM. de Talleyrand, Hayley, Howard (aujourd'hui duc de Norfolk), Hervey (aujourd'hui lord Bristol), lord William Gordon, les chevaliers Hume et Bunbury, le docteur Warner, Davis; et en Allemagne, MM. Hoze, médecin, Conrad de Bremgarten, Lombard, Mayet, Parandier, Poulh, le professeur Uncer, Mathiessen, Texier; lady Londondery, lady

---

[1] Il ne fut possible de les refuser toujours qu'à force d'artifice, et en le trompant entièrement sur notre situation.

(Note de l'auteur.)

Hume, la duchesse de Devonshire, miss Wilkes, miss Fergus; et en Allemagne, Cordélie de Vedercop, madame Boquet, madame Cohen, la comtesse de La Lippe, mademoiselle Itzig. Je dois joindre à cette liste d'amis un hommage de reconnoissance pour un prince affable et rempli de bonté, qui a daigné me donner, lorsque j'étois dans ma chaumière, tous les témoignages possibles de bienveillance : c'est son altesse le prince de Hesse, beau-frère du roi de Danemarck, et qui étoit alors vice-roi de Norwége, et commandant pour le roi dans le Holstein¹.

Je n'ai point parlé dans cette nomenclature des amis françois que j'ai retrouvés en rentrant à Paris, et de mes nouveaux amis depuis mon retour, mais c'est encore la reconnoissance qui

¹ Le landgrave Guillaume, depuis électeur de Hesse-Cassel, est mort en 1819, à l'âge de soixante-seize ans. Il avoit été dépossédé de ses états au mois de novembre 1806; ils lui furent remis en 1813, par les puissances alliées, qui en firent la conquête; mais il fut forcé d'accepter un territoire sur la rive gauche du Rhin en échange du grand-duché de Westphalie cédé à la Prusse. L'aversion de ce prince pour toute innovation étoit telle, qu'à peine rentré dans ses états il rétablit parmi les troupes

va m'obliger à en désigner un que je n'ai connu que six ou sept ans après mon retour : c'est M. Morand, notaire royal à Paris, aussi distingué par son esprit et l'élévation de son âme que par son excellente réputation, si bien méritée, et par sa capacité dans les affaires. Il a eu pour moi les procédés les plus délicats et les plus nobles, et ce faible tribut de ma gratitude ne pourra lui donner qu'une imparfaite idée des sentimens que je lui ai voués pour la vie.

Revenons à Bremgarten. Au mois de décembre, nous fûmes véritablement à la veille de quitter la Suisse, mais pour une affaire à laquelle nous étions totalement étrangères. Il s'éleva, dans la ville de Bremgarten, une violente dispute entre les principaux habitans, qui formoient l'espèce de sénat qu'on appelle

hessoises tous les anciens usages et plus spécialement celui des queues. Trouvant que le mot *herr*, qui a la même valeur que notre mot françois *sieur*, ne devoit être accordé qu'aux nobles, à ceux qui avoient fait leurs études dans les universités et aux grands propriétaires, il défendit de le donner aux bourgeois. Il fit plus, il désigna, par un édit, les classes qui seules auroient le droit d'envoyer leurs enfans dans les universités.

(Note de l'éditeur)

conseil, qui se trouva divisé en deux partis, l'un ami et l'autre ennemi de M. de Montesquiou : le parti ennemi l'emporta, et, par animosité contre les partisans de M. de Montesquiou, fit décider au conseil, à la pluralité, que tous les François, sans exception, seroient renvoyés de Bremgarten [1]; et M. de Montesquiou lui-même se trouva compris dans cet arrêt, qu'on ne faisoit même rendre que pour le bannir, afin d'affliger ce que ses ennemis appeloient son parti : mais, par contre-coup, cette vengeance retomboit sur nous, car depuis deux ou trois mois tout le monde savoit qui nous étions; le peuple de la ville se déclara entièrement pour le parti ennemi de M. de Montesquiou, et le 23 décembre on vint nous signifier qu'il falloit nous préparer à partir sous deux jours, et qu'il seroit impossible d'obtenir un plus long délai; notre chagrin et notre embarras furent extrêmes dans les premiers momens : nous n'avions plus de voiture, nous avions très-peu d'argent, on étoit au milieu

---

[1] La querelle venoit de ce que les amis de M. de Montesquiou n'avoient pas voulu qu'un François voyageur s'établît à Bremgarten.

(Note de l'auteur)

de l'hiver ; que devenir, sans domestiques, sans passe-ports, sans recommandation, sans amis ? où aller ? Nous passâmes une journée entière à faire des paquets, et à former des projets ; et tout ce que j'imaginai de mieux fut de laisser en dépôt nos malles à la prieure du couvent, de nous déguiser en paysannes à quelques lieues de Bremgarten, et d'aller à pied ou en charrette dans le canton de Schwitz nous établir en pension dans une chaumière : ce projet parut charmant à mes jeunes amies, et tellement, qu'elles ont presque regretté que nous ne l'ayons pas réalisé. Heureux âge où quelques circonstances singulières et romanesques peuvent consoler des revers les plus accablans, quand ils n'affectent pas le cœur ! J'ai souvent pensé que, si j'eusse eu pour compagnes d'infortune des personnes de mon âge, j'aurois été bien plus abattue et bien plus à plaindre ; mais je ne pouvois m'attrister de notre situation que lorsque je les voyois affligées, et jamais elles ne l'étoient que pour ce qui doit émouvoir la sensibilité ; pour tout le reste, j'ai constamment remarqué que les choses les plus désagréables avoient pour elles, par leur nouveauté ou leur singularité, un certain charme qui les amusoit; et loin de chercher à leur ôter cet heureux enfantillage qui produisoit tous les résultats d'une raison sublime, je feignois de l'avoir moi-même, ou, pour mieux dire, j'en tirois une si grande consolation, que souvent je le partageois de bonne foi.

Cependant, le jour même que notre arrêt de bannissement fut prononcé, M. de Montesquiou se rendit à Zurich, qui n'est qu'à trois lieues de Bremgarten; il y plaida la cause des François réfugiés, et obtint fort promptement la révocation de notre sentence, car le petit territoire de Bremgarten dépend du canton de Zurich; ainsi, nous en fûmes quittes pour la peur, et cet incident servit du moins à nous faire connoître à quel point nous étions aimées dans le couvent. La nouvelle de notre départ y répandit la douleur et la consternation, et toutes nos bonnes religieuses nous donnèrent les plus touchans témoignages de sensibilité et d'affection. Ce ne fut que plus de deux mois après cet événement que nous apprîmes par hasard que madame la princesse de Conti [1], tante de mademoiselle d'Orléans,

[1] Cette princesse étoit Fortunée-Marie d'Est, sœur

habitoit la Suisse et étoit à Fribourg; je la croyois en Italie chez M. le duc de Modène, son frère; et il me parut si surprenant que madame la princesse de Conti n'eût pas voulu retirer sa nièce des mains d'une étrangère et dans le pays qu'elle habitoit, que j'eus besoin de me faire confirmer cette nouvelle. En conséquence j'écrivis à Fribourg pour m'en informer, et j'appris que rien n'étoit plus vrai. Il étoit bien simple que, ne voyant personne, nous ignorassions le séjour de madame la princesse de Conti en Suisse; mais elle ne pouvoit ignorer que mademoiselle d'Orléans étoit à Bremgarten avec moi, car tous les papiers pu-

---

du duc de Modène (Hercule-Renaud), née le 24 novembre 1731; elle avoit épousé, en 1759, Louis-François-Joseph de Bourbon, prince de Conti. La princesse de Conti étoit la personne du monde la plus sérieuse, et qui devoit s'attendre le moins à la question que lui adressa un jour Scipion, petit nègre de madame la duchesse de Chartres. *Madame*, lui dit-il gravement, *pourquoi avez-vous un si grand nez ?* — On dit à Scipion de se retirer; mais il n'en tint compte, s'obtina à vouloir s'instruire et répéta sa question, en ajoutant : *Je veux savoir ça.* On fut obligé de l'emporter, et tout en se débattant il s'écrioit : *C'est que je n'ai jamais vu un nez si long.*

(Note de l'éditeur.)

blics l'avoient dit et le répétoient sans cesse. J'en conclus que madame la princesse de Conti trouvoit que mademoiselle d'Orléans ne pouvoit être mieux qu'avec moi, et je fus très-flattée de cette opinion ; mais, sans l'extrême tendresse que j'avois pour mademoiselle d'Orléans, je ne serois jamais restée un an dans un lieu où j'étois horriblement persécutée, et qui d'ailleurs ne m'offroit nulle ressource ; il m'étoit absolument nécessaire, pour subsister, de me rapprocher d'une imprimerie ; je pouvois bien rester encore quelques mois à Bremgarten, mais au bout de ce temps, j'aurois été obligée d'aller faire imprimer un ouvrage ; car je ne voulois pas envoyer mes manuscrits. Décidée à ne jamais abandonner mon intéressante et chère élève, tant que je lui serois utile, je sentois en même temps que je ne pouvois quitter furtivement la Suisse avec elle, lorsqu'elle y avoit une tante, quoiqu'elle en parût oubliée ; je sentis que mademoiselle d'Orléans devoit faire auprès de madame la princesse de Conti la démarche qu'elle avoit faite infructueusement auprès de M. le duc de Modène. Je le lui dis, ses larmes coulèrent avec amertume !.... Mais toujours docile à la voix de la raison, et ne sachant que trop déjà que l'emploi de la vie n'est qu'un sacrifice continuel de nos désirs secrets et de nos plus chères affections, elle se décida à écrire pour demander à me quitter : voici sa lettre à madame la princesse de Conti; elle en fit une copie pour moi, ainsi je la transcris d'après sa propre écriture.

LETTRE DE Mlle. D'ORLÉANS,

A Mme. LA PRINCESSE DE CONTI.

« MA CHÈRE TANTE,

» Je suis depuis onze mois en Suisse, et
» dans un couvent cloîtré depuis dix. En ar-
» rivant en Suisse, j'ignorois que ma tante y
» fût; j'écrivis à ma mère, libre alors, pour
» lui demander ses ordres; j'ai donné quatre
» lettres pour elle à mes gens que je renvoyai
» en France; en outre je lui ai écrit plusieurs
» fois par des occasions sûres; mais aucune
» de ses réponses n'a pu me parvenir, et j'en
» ai vainement attendu et espéré pendant qua-
» tre mois; enfin, perdant cette espérance, je
» m'adressai à M. le duc de Modène, comme

» à la seule personne de ma famille qui pût
» me donner un asile; ce fut après cette dé-
» marche, il y a cinq mois, que j'appris que
» ma chère tante étoit en Suisse : ne voyant
» absolument personne, je l'avois ignoré jus-
» que-là. M. le duc de Modène ne put me
» recevoir ; quand sa réponse m'arriva, j'é-
» tois dangereusement malade des suites de
» la rougeole, et d'une maladie de langueur,
» dont je ne suis pas encore parfaitement ré-
» tablie; ce qui fit que je n'eus pas l'honneur
» d'écrire sur-le-champ à ma tante. Six se-
» maines après je priai M. Honeggre, magis-
» trat d'ici, de vouloir bien se charger de
» faire passer sûrement ma lettre à Fribourg,
» ne voulant pas la mettre à la poste, parce
» que j'imaginois que ma tante n'y étoit pas
» sous son nom, et que j'ignorois celui qu'elle
» a pris. M. Honeggre ne voulut absolument
» pas se charger de cette commission, sans
» pouvoir me donner une raison de ce refus.
» Je m'occupai de chercher une autre per-
» sonne qui voulût s'en charger. Il y a deux
» mois que M. Hoze, un médecin très-célè-
» bre, passa ici; je le consultai sur ma santé,
» et, en même temps, je lui demandai s'il

» connoissoit quelqu'un à Fribourg, auquel il
» pût envoyer une lettre, et qui se chargeroit
» de la remettre à ma tante. M. Hoze me ré-
» pondit qu'il ne connoissoit personne à Fri-
» bourg; mais qu'il chercheroit et se charge-
» roit de ma commission : voilà pourquoi, ma
» chère tante, la démarche que je prends la
» liberté de faire aujourd'hui, a été si long-
» temps différée. Je suis sortie de France au
» milieu de l'année 1791; j'ai passé un an et
» demi en Angleterre; au bout de ce temps,
» mon père me rappela, à cause du décret
» sur les émigrés; je partis d'Angleterre au
» mois de novembre 1792. En arrivant à Pa-
» ris, ma gouvernante, madame de Genlis,
» me remit entre les mains de mon père, et
» donna sa démission sur-le-champ; mais le
» lendemain même de notre arrivée, un dé-
» cret nous déclara émigrées, et il fallut re-
» partir sur-le-champ : madame de Genlis
» vouloit retourner en Angleterre, et mon
» père ne vouloit pas m'y renvoyer. Il lui de-
» manda de me conduire dans la Belgique
» (qui n'étoit pas encore réunie à la France);
» en lui disant que je n'avois personne pour
» m'y mener, qui que ce soit ne voulant

» me suivre dans la crainte de l'émigration,
» pas même une femme de chambre; mon
» père ajouta qu'il ne demandoit à madame
» de Genlis que de me conduire à Tournay,
» d'y rester avec moi trois semaines ou un
» mois, parce que dans cet intervalle il fe-
» roit chercher à Bruxelles, par la famille de
» M. Valkiers, une personne qui viendroit à
» Tournay la remplacer. Madame de Genlis,
» à ces conditions, consentit à me conduire,
» mais sans vouloir reprendre sa démission,
» seulement comme mon amie, et non comme
» ma gouvernante, et jusqu'à ce que la per-
» sonne qui devoit la remplacer fût arrivée.
» Nous partîmes de France au mois de no-
» vembre 1792, après avoir passé deux jours
» à Paris. Arrivées à Tournay, madame de
» Genlis fit tous les préparatifs de son départ
» pour l'Angleterre. Un mois après notre arri-
» vée à Tournay, elle y maria à lord Edward
» Fitz-Gérald Paméla, une jeune personne
» qu'elle a élevée, et qui partit aussitôt pour
» l'Angleterre. Comme la personne que mon
» père avoit promis d'envoyer n'étoit pas ar-
» rivée, madame de Genlis ne partit point
» avec lady Edward Fitz-Gérald; mais elle écri-

» voit sans cesse pour presser l'arrivée de cette
» personne : on lui répondoit toujours qu'elle
» arriveroit sous huit ou dix jours; mais elle
» ne vint point; la mort du roi arriva, la
» guerre se déclara. J'eus alors une très-sé-
» rieuse maladie, et trois semaines après, une
» rechute. Madame de Genlis ne voulut jamais
» m'abandonner dans l'état où j'étois. Enfin
» la Belgique fut reprise ; M. Dumouriez ar-
» riva à Tournay : nous ne le connoissions
» pas du tout ; mais il fut touché de notre
» situation. Nous ne pouvions rester à Tour-
» nay, puisque les Autrichiens étoient au mo-
» ment d'y entrer; nous ne pouvions rentrer
» en France, puisqu'un décret nous le défen-
» doit, sous peine de mort : M. Dumouriez
» nous offrit un asile dans son camp. Nous
» partîmes en même temps que son armée;
» on nous logea à Saint-Amand, dans la ville,
» et M. Dumouriez logea aux Eaux, à un
» quart de lieue. Le lendemain de notre arri-
» vée, sa révolte éclata ; alors madame de
» Genlis voulut partir sur-le-champ, et aller à
» Mons comme une Angloise, pour traverser
» ensuite l'Allemagne, et se rendre en Suisse;
» mais, comme elle prévoyoit beaucoup de dan-

» gers, elle déclara à mon frère ainé que,
» depuis quatre mois et demi n'étant plus
» ma gouvernante, elle ne vouloit pas se
» charger de moi; mon frère la pressa inuti-
» lement de m'emmener; elle le refusa absolu-
» ment; mais au moment où elle alloit monter
» en voiture, mon frère me conduisit vers
» elle : j'étois dans un état affreux; elle ne
» put résister à mes larmes et aux prières de
» mon frère; elle me prit dans la voiture et
» nous partîmes sur-le-champ. Cela fut si
» peu prévu, qu'on n'avoit mis aucun de mes
» paquets sur sa voiture: je n'emportai que ce
» que j'avois sur moi; je laissai mes bijoux et
» tout ce qui m'appartenoit, à la seule ex-
» ception de ma montre, et tout a été perdu :
» tout le camp étoit révolté. Après de très-
» grands périls, nous arrivâmes, par des che-
» mins détournés, aux premiers postes des
» Autrichiens; nous nous y donnâmes pour des
» Angloises. M. le baron de Wounianski nous
» crut, nous donna des passe-ports et une
» escorte pour nous conduire à Mons. Je puis
» dire que madame de Genlis m'a sauvé la vie
» en consentant à m'emmener; car mon frère
» fut obligé de rester encore après nous trois

» ou quatre jours dans le camp, et ne put
» s'en sauver qu'à cheval et en combattant;
» et, le jour même de mon départ, j'eus la
» rougeole, qui me retint dix jours à l'auberge,
» à Mons, où nous ne comptions pas séjour-
» ner. Les Autrichiens nous reconnurent,
» mais me firent offrir un asile, que je n'ac-
» ceptai pas, dans la crainte que mon séjour
» dans ce pays n'aggravât les dangers de mes
» parens. Quoique fort malade encore, je
» partis le dixième jour de ma rougeole, et
» j'arrivai en Suisse, où j'ai eu plusieurs ma-
» ladies, suite de ma rougeole, et où j'ai fait
» toutes les démarches dont j'ai rendu compte
» à ma tante. Ce sera sans doute une bien
» grande peine pour moi de me séparer d'une
» personne que je n'ai jamais quittée depuis
» le berceau, qui m'a montré tout ce que je
» sais, qui m'a fait les plus grands sacrifices,
» et qui, surtout depuis dix-sept mois, m'a
» rendu en tous genres des soins et des ser-
» vices auxquels je dois l'existence; mais,
» depuis trois ans, depuis l'époque où elle
» donna sa première démission, je l'ai tou-
» jours vue au moment de me quitter, et
» il y a bien long-temps que malheureuse-

» ment je suis préparée à cette séparation.
» Elle a cultivé en moi les sentimens que je
» dois avoir, le respect et la tendresse pour
» les chers auteurs de mes jours, et l'atta-
» chement pour ma famille. C'est donc avec
» sincérité, et avec le désir d'obtenir cette
» grâce, que j'ose, ma chère tante, vous
» demander avec instance de recevoir votre
» malheureuse nièce. J'ai seize ans et demi :
» je suis depuis deux ans et demi hors de
» France ; je n'ai ni assez d'expérience ni assez
» de lumières, pour avoir une opinion sur
» les affaires ; non-seulement on ne m'en a
» jamais entretenue, mais depuis deux ans
» on ne m'a laissée lire aucuns papiers publics ;
» je sais seulement qu'ils sont remplis de tant
» de cruautés et d'impiétés, qu'il est impos-
» sible qu'une jeune personne puisse les lire.
» Jamais rien de ce que j'ai entendu n'a pu
» altérer en moi les principes de religion et
» d'humanité qu'on m'a donnés dès l'enfance.
» Si ma tante daigne me recevoir auprès d'elle,
» et me donner l'asile le plus honorable et le
» plus cher que je puisse avoir maintenant,
» elle trouvera en moi toute la soumission,
» tout le respect et toute l'affection de la fille

» la plus tendre. Je suis sûre d'ailleurs qu'en
» me remettant dans ses mains, je remplirai
» le vœu de ma mère, et il vaut mieux, sans
» doute, pour la sûreté de ma mère, que ce
» soit depuis qu'elle n'est plus libre; car si,
» lorsqu'elle l'étoit, j'eusse été sur-le-champ
» avec ma tante, on auroit pu dire en France
» que j'agissois d'après ses ordres, et cette
» idée auroit pu faire supposer entre elle et
» moi une correspondance, dont on lui au-
» roit fait un crime; mais malheureusement
» cet inconvénient n'existe plus maintenant,
» puisqu'il y a plusieurs mois qu'elle n'est
» plus libre, et qu'il y a onze mois que je
» suis en Suisse. Je supplie ma chère tante de
» vouloir bien considérer que, si elle ne
» daigne pas me donner un asile, et que ma-
» dame de Genlis soit obligée de me quitter,
» je ne sais absolument ce que je deviendrai;
» il me seroit impossible de rester sans elle
» dans le couvent où je suis. Outre que l'air
» de ce lieu ne m'est pas bon, ce couvent n'a
» point de grand jardin; les logemens y sont af-
» freux, et je sens que j'y succomberois à mes
» peines, si j'y étois avec une personne étran-
» gère. Mon frère aîné n'a que vingt ans; par

» son âge et sa situation, il ne peut me servir
» de guide ou de tuteur; et même quand il
» pourroit, comme on le croit, venir dans
» quelques mois loger avec M. de Montesquiou,
» je ne pourrois loger avec lui dans cette
» maison, M. de Montesquiou ayant encore
» avec lui dans cette maison des jeunes gens
» qui ne sont pas mariés. D'ailleurs j'a-
» voue que le séjour de Bremgarten, où
» j'ai éprouvé tant de malheurs, me seroit
» odieux si je n'y étois pas avec celle qui
» m'a élevée depuis mon enfance, et sur-
» tout lorsqu'elle en seroit partie. Je prends
» la liberté d'entrer dans tous ces détails,
» afin que ma tante connoisse parfaitement
» ma situation; au reste je ne veux faire
» que sa volonté. Je lui demande ses or-
» dres, et je les exécuterai, quels qu'ils
» soient. Je la supplie avec instance d'avoir
» la bonté de me les donner promptement,
» parce que madame de Genlis sera vraisem-
» blablement obligée de faire bientôt un voyage
» pour ses propres affaires. J'espère que ma
» chère tante voudra bien excuser cette lon-
» gue lettre, et recevoir avec bonté l'as-

» surance du respect et de l'attachement de
» sa malheureuse nièce.

» Ce 3 avril 1794, à Bremgarten.

» ADÈLE D'ORLÉANS. »

Environ huit à dix jours après, madame la princesse de Conti répondit à mademoiselle d'Orléans, par une lettre également tendre et touchante, pour lui annoncer qu'elle la recevroit, mais que ce ne pourroit être que dans un mois. Ce mois s'écoula bien tristement. Mademoiselle d'Orléans s'efforçoit en vain de me cacher ses larmes et sa douleur; mon cœur, qui partageoit sa peine, n'en voyoit que trop l'étendue : elle ne dormoit plus, ne mangeoit plus, et, quoique s'occupant toujours, elle pleuroit doucement, en silence, et sans discontinuité; elle me déchiroit l'âme, et je n'étois guère plus raisonnable qu'elle. Je m'étois attachée au couvent de Bremgarten; nous y étions utiles : ma nièce, qui réunit à des talens charmans toutes les connoissances pratiques du ménage, avoit enseigné avec succès la cuisine à quatre religieuses, qui, d'après ses leçons, étoient en état de faire sept ou huit ragoûts excellens et tous les entremets possibles; en outre, nous leur avions appris à faire une quantité de jolis petits ouvrages, et enfin j'étois devenue très-nécessaire à une jeune pensionnaire aussi intéressante qu'infortunée : elle s'appeloit Antonia, âgée de dix-neuf ans; sa figure étoit charmante. Quelques mois auparavant, au moment de faire un mariage avantageux, de l'aveu de ses parens, et du choix de son cœur, elle fut abandonnée, et de la manière la plus cruelle, par son *promis* (on appelle ainsi en Allemagne celui qu'on doit épouser); cette perfidie fit perdre la tête à cette malheureuse jeune personne; elle devint folle, mais par accès qui toujours étoient furieux; elle avoit cet accès de folie et de fureur à peu près deux fois la semaine; et, dans les intervalles, elle reprenoit sa raison toute entière, et son caractère qui étoit rempli de douceur. Je l'avois rencontrée dans le jardin : sa belle figure m'avoit vivement intéressée, ainsi que tout ce que les religieuses nous contèrent d'elle. Elle aimoit passionnément la musique, et, quand nous jouions de la harpe, elle venoit dans le corridor nous écouter à la porte; nous en fûmes touchées, et mademoiselle d'Orléans me demanda de la laisser entrer; j'y consentis; parce que les religieuses m'assurèrent qu'elle sentoit d'avance lorsqu'un accès devoit la prendre, et qu'alors elle en avertissoit; et que si elle n'étoit pas dans sa chambre, elle y retournoit au plus vite. Elle vint donc nous entendre, et comme nous ne la recevions que le lendemain d'un accès, jamais elle n'en eut les avant-coureurs chez nous. Un jour qu'après avoir fait de la musique nous causions, elle me vit tirer de ma poche un petit flacon d'essence, que j'avois l'habitude de respirer assez souvent; elle désira le sentir; elle fut si enchantée de ce parfum que, malgré sa réserve naturelle, elle me demanda instamment de lui donner ce petit flacon; j'hésitai un moment à lui répondre, parce qu'une idée singulière me vint à l'instant à l'esprit : « Ma chère Antonia, lui dis-je enfin, vous me demandez un énorme sacrifice, et je ne puis que vous prêter cette essence, car, je dois vous l'avouer, je suis en proie, ainsi que vous, au mal affreux qui vous tourmente, et cette odeur en est le remède certain; aussitôt que j'en ressens les premières atteintes, je respire cette essence, et je suis préservée de toute espèce d'accès. A ce récit, Antonia, baignée de pleurs, se précipita à mes genoux, en me conjurant à mains jointes de lui prêter ce précieux *spécifique*. Je supprime un long dialogue, dans lequel j'opposai une résistance qui ne fit qu'irriter le désir passionné qu'éprouvoit Antonia de posséder ce miraculeux parfum; enfin je cédai, et je le lui donnai, en lui disant tout à coup que je me rappelois que je pourrois en avoir un autre. Jamais une idée bizarre n'eut plus de succès : dès qu'Antonia éprouvoit les premiers symptômes d'un accès, elle se hâtoit de respirer l'essence, et l'imagination tranquillisée la mettoit dans un état parfait de raison. Elle passa de la sorte six semaines et trois jours sans avoir l'apparence d'un accès, et depuis dix mois qu'elle étoit dans le couvent, on ne l'avoit jamais vue dans cet état plus de quatre jours. On avoit même remarqué que, depuis trois mois, les accès se rapprochoient encore; tout le couvent la crut guérie, mais elle eut un léger accès au bout de ce temps; comme elle s'en affligeoit à l'excès, je la consolai en l'assurant que c'étoit uniquement parce que l'essence avoit perdu sa force, mais que je lui en procurerois une autre fiole, qui achèveroit de compléter entièrement sa guérison. Dans ces entrefaites, je fus obligée de partir, et de quitter à regret pour jamais la pauvre Antonia, qui versa des torrens de larmes en me disant adieu. Pour calmer son imagination, je lui enseignai deux ou trois odeurs qui pouvoient, lui dis-je, servir de supplément à celle que je lui avois sacrifiée. Cette aventure m'a donné la certitude qu'il seroit très-possible de guérir la folie par accès, en calmant successivement l'imagination par l'espérance, car éloigner considérablement les accès est certainement déjà un commencement de guérison. Je donne ce fait à méditer à ceux qui, infiniment plus savans que moi, ont déjà traité avec succès cette horrible maladie.

Peu de jours avant le départ de mademoiselle d'Orléans, il nous arriva une si bizarre aventure, que je ne puis m'empêcher d'en rendre compte. Un soir à onze heures, tout le monde étant couché, je veillois à mon ordinaire; tout à coup j'entendis sonner à la porte du couvent, ce qui étoit surprenant à une telle heure; je distinguai le bruit d'un grand mouvement dans la maison; les religieuses tourières se levoient; et un demi-quart d'heure après, le bruit redoublant, j'allai écouter dans un corridor; je reconnus la voix de la prieure, qui s'étoit pré-

cipitamment levée, et qui passoit à l'extrémit[é]
du corridor pour se rendre dans un parloir[.]
j'appelai une sœur converse qui l'éclairoit, e[t]
je la questionnai. Elle me répondit qu'elle n'e[n]
savoit rien, sinon que c'étoient deux homme[s]
qui avoient voulu parler sur-le-champ à madame la prieure. Je priai cette religieuse d[e]
s'informer de ce que c'étoit et de revenir m[e]
le dire, et je rentrai dans ma chambre, con-
vaincue, sans savoir pourquoi, que cet entretien avoit rapport à nous. L'entretien de la
prieure fut très-long; enfin, au bout d'une
heure, j'entendis qu'elle rentroit dans son appartement; que l'on rouvroit et que l'on refer-
moit les portes; mais la religieuse converse
ne revenoit point. Après l'avoir attendue quelque temps, je pris le parti d'aller dans sa cellule : elle se couchoit et parut fort déconcertée
en me voyant. Je renouvelai mes questions;
elle répondit avec un extrême embarras, en
m'assurant qu'elle n'avoit pu rien apprendre.
Je vis clairement qu'elle me trompoit; je des-
cendis chez la prieure, que je trouvai dans son
lit : elle me fit une histoire qui n'avoit pas de
sens, et je connus, à n'en pouvoir douter,
qu'un soupçon que j'avois moi-même jugé ex-

travagant, étoit parfaitement fondé. Je revins dans ma chambre, et l'inquiétude m'empêcha de dormir la plus grande partie de la nuit. Le lendemain matin, mademoiselle d'Orléans et ma nièce entrèrent dans ma chambre, en me disant qu'elles venoient m'annoncer que nous étions prisonnières, c'est-à-dire, que nous ne pouvions sortir de la maison. Je demandai l'explication de cette étrange nouvelle ; alors elles m'apprirent que, mademoiselle d'Orléans et ma nièce ayant été tentées d'aller se promener dans les champs avec une sœur converse, on leur avoit répondu que cela étoit *impossible;* qu'ayant questionné, il avoit bien fallu leur apprendre que les religieuses avoient reçu l'ordre formel de ne pas nous laisser sortir du couvent jusqu'à *nouvel ordre*[1]. « Comment donc ! m'écriai-je ; et qui a donné cet ordre ? — Des magistrats supérieurs de la ville.— Et de quel droit ? — Nous l'ignorons comme vous. — Et pour quelle raison ? — Sur la requête de M. Diffenthaller? — Et au nom de qui agit M. Diffenthaller ? —

---

[1] En général, nous ne nous promenions que dans le jardin, et nous n'avions été en tout dans les champs, que cinq ou six fois dans l'espace d'une année.

(Note de l'auteur.)

Au nom de M. le duc de Bourbon. — Et le motif? — C'est, dit mademoiselle d'Orléans, que M. Diffenthaller prétend que vous avez le projet de *m'enlever* dans quelques jours, et de me conduire hors de la Suisse; il ajoute qu'il est chargé par M. le duc de Bourbon d'empêcher cet enlèvement, et c'est d'après ces détails, qu'il a obtenu l'*ordre* de nous retenir ici, et si par hasard nous nous échappions par une porte dérobée, il y a des gardes posés autour de la maison, qui nous arrêteroient et nous ramèneroient : Voilà ce qu'un homme qu'on appelle le *grand sceautier*[1], est venu cette nuit signifier à la prieure, qui n'a pas voulu vous le dire dans le moment, dans la crainte de vous empêcher de dormir. » Qu'on juge de ma surprise, à ce récit. Je croyois dormir encore et rêver profondément. Il faut savoir que M. Diffenthaller étoit un militaire suisse ou allemand, se disant très-attaché aux princes émigrés, et qui étoit venu passer une quinzaine de jours dans une auberge de Bremgarten ; de là, quelques jours avant notre réclusion, il avoit fait parvenir mystérieusement à mademoiselle d'Or-

---

[1] Garde du sceau du conseil.
(Note de l'auteur.)

léans une lettre, dans laquelle il lui demandoit de lui accorder une audience dans un parloir, à mon insçu. Mademoiselle d'Orléans me montra cette lettre ; comme il annonçoit avoir des choses extraordinaires à lui dire, je conseillai à mademoiselle d'Orléans de l'entendre ; elle le reçut en présence d'une religieuse qui ne comprenoit pas le françois. Mademoiselle d'Orléans commença l'entretien, en disant qu'elle m'avoit montré la lettre. Malgré ce début, M. Diffenthaller dit beaucoup de mal de moi, fit de grands éloges de M. le prince de Condé et des autres princes émigrés : c'étoit là ces choses extraordinaires qu'il avoit annoncées. Mademoiselle d'Orléans lui répondit avec la sincérité, la dignité et la raison qui la caractérisent, et le laissa fort peu content de sa visite : on voit quel en fut le résultat. J'imaginai que la moindre démarche auprès des magistrats suffiroit pour faire révoquer un ordre aussi ridiculement arbitraire et injuste : les princes émigrés n'avoient aucun droit sur mademoiselle d'Orléans ; quand ils en auroient eu, M. Diffenthaller n'avoit montré de leur part ni procuration, ni lettres ; et enfin, quand il auroit montré des lettres, connoissoit-on leur écriture? et pouvoit-on, sans aucune information, sans aucun éclaircissement, constituer tout à coup trois femmes prisonnières, et trois étrangères qui, renfermées volontairement depuis un an dans un couvent, s'y étoient conduites d'une manière, je l'ose dire, si exemplaire? quel fut donc mon étonnement, lorsqu'après avoir fait demander qu'on nous rendît notre liberté, on nous répondit qu'on ne pouvoit le faire, que dans le cas où M. Diffenthaller se désisteroit de la demande qu'il avoit faite, et consentiroit à la révocation de l'ordre qu'il avoit obtenu! Je ne pouvois pas m'aller plaindre à Zurich, puisque je ne pouvois sortir; je n'y connoissois personne; il fallut donc supporter patiemment cette inconcevable injustice. Tandis que j'y réfléchissois, mademoiselle d'Orléans reçut une lettre de M. Diffenthaller, dans laquelle il expliquoit très-respectueusement ses motifs, qui étoient fondés, comme je l'ai dit, sur la crainte que je n'enlevasse mademoiselle d'Orléans : cette lettre étoit d'ailleurs un *interrogatoire* très-détaillé sur ses projets, les miens, etc.; mademoiselle d'Orléans répondit la lettre suivante :

« De Bremgarten, ce 7 mai 1794.

» Je suis bien étonnée, Monsieur, de toutes
» les questions que vous me faites, après l'en-
» tretien que j'ai eu samedi avec vous : je vous
» ai dit expressément que j'avois instamment
» prié madame la princesse de Conti, il y a
» un mois, de me recevoir auprès d'elle;
» qu'elle avoit eu la bonté d'y consentir, et
» que j'attendois madame de Pont, pour me
» rendre avec elle à Fribourg. Je n'ai point
» changé d'avis. Ce que vous me dites, Mon-
» sieur, sur ce que vous appelez mes *alen-*
» *tours*, est excessivement injuste : c'est d'a-
» près mon cœur et les conseils de la personne
» qui m'a élevée, que j'ai formé le dessein
» de me mettre sous la protection de ma
» tante. Le retard de mon départ ne vient
» que de madame la princesse de Conti. J'ai
» reçu hier, de sa part, une lettre de madame
» de Pont, qui m'annonce que, pour des ar-
» rangemens qui tiennent à madame la prin-
» cesse de Conti, elle est obligée de différer
» son arrivée ici; j'ai sa lettre, celle de ma
» tante, et des copies de toutes les miennes :
» ainsi il m'est bien facile de prouver la vérité
» de tous ces faits. Enfin, Monsieur, excepté

» mon frère et ma tante, je ne reconnois de
» droits sur ma personne à aucun de mes
» autres parens ; j'en puis recevoir des conseils
» avec reconnoissance; et je ne puis croire
» qu'ils vous aient autorisé, Monsieur, à
» m'écrire d'une manière si peu convenable,
» et à exciter les violences que vous avez pro-
» voquées contre moi : j'en demande la ces-
» sation immédiate, ou je me réserve de por-
» ter hautement mes plaintes contre l'injuste
» violation des droits que vous avez fait
» exercer contre moi ; mais je pense cepen-
» dant, Monsieur, qu'un moment de réflexion
» vous fera sentir toute l'injustice de votre
» procédé, et que vous vous empresserez de
» la réparer autant qu'il sera en vous.

» ADÈLE D'ORLÉANS. »

Comme cette espèce de persécution est si bizarre, qu'elle ne paroît pas croyable, je dois produire les lettres qui la constatent. J'ai celles de M. Diffenthaller, signées de son écriture, et les copies de celles de mademoiselle d'Orléans, copiées par elle. Voici la réponse de M. Diffenthaller à la lettre qu'on vient de lire :

» Mademoiselle,

« Je ne me consolerai de ma vie d'avoir fait
» quelque chose qui puisse déplaire à Votre
» Altesse Royale, et j'ose la supplier de par-
» donner des expressions, que le défaut de
» langue peut m'avoir laissé échapper. Je ne
» crois cependant pas m'être servi vis-à-vis
» de Votre Altesse Royale de termes qui ne
» soient point *convenables*; si toutefois je n'ai
» pas senti la force de mes expressions,
» qu'elle me permette de me mettre à ses
» pieds, pour lui faire mes respectueuses ex-
» cuses. Je suis plus éloigné que de tout ce
» qui n'existe pas de me permettre de deman-
» der des preuves de ce que Mademoiselle m'a
» fait la grâce de me dire, et j'ose la sup-
» plier de n'envisager que la pureté de mon
» zèle pour son auguste personne. Il viendra
» peut-être un temps, et je l'espère, où Votre
» Altesse Royale ne doutera pas de ce zèle,
» que je me permets de mettre en avant pour
» son service, et pour la convaincre de ma
» parfaite soumission à ses ordres.

» Je ne croyois pas avoir mérité de Votre
» Altesse Royale le mot terrible de *violence*.
» Mes ordres portent de veiller à la sûreté de

» Votre Altesse Royale ; l'on m'a donné des
» craintes, j'en ai les preuves, et ces craintes
» m'ont engagé à prendre les mesures, pour
» que tout ce qui se feroit, ou pourroit arriver
» sans son consentement, fût sans effet. Voilà
» ma conduite, Mademoiselle; si Votre Altesse
» Royale la désapprouve, après cet éclaircis-
» sement, je suis soumis à ses volontés, que
» je la supplie de me faire connoître. J'imagi-
» nois que les droits de la maison de Condé, ou
» tout au moins ceux de monseigneur le duc de
» Bourbon, qui est l'oncle de Votre Altesse,
» pouvoient équivaloir ceux de madame la
» princesse de Conti. Si je suis dans l'erreur,
» j'ai l'honneur de lui en demander pardon.
» Je finis par supplier Votre Altesse Royale de
» me rendre la justice de croire que tous les
» vœux que je forme pour son parfait bonheur,
» sont sans bornes, et qu'ils sont éternels.

» Je suis avec le plus profond respect,

» Mademoiselle,

» De Votre Altesse Royale,

» Le très-humble et très-obéissant serviteur,

» De Diffenthaller.

» Bremgarten, le 9 mai 1794. »

A cette lettre, qui nous donnoit l'espoir de recouvrer notre liberté, mademoiselle d'Orléans fit la réponse suivante :

« De Bremgarten, ce 9 mai 1794.

» Je suis satisfaite, Monsieur, de votre
» dernière lettre, si, comme vous me l'offrez,
» vous faites aujourd'hui, sans délai, rétrac-
» ter l'ordre étrange que vous avez obtenu.
» M. le duc de Bourbon n'est point mon
» oncle, n'étant que le mari de ma tante; et
» d'ailleurs je vous répète, Monsieur, que je
» suis sûre qu'il désapprouveroit lui-même
» tout ce qui s'est fait hier. Je vous renouvelle
» l'assurance de ne conserver aucun souvenir
» de tout ceci, et de ne me rappeler que le
» zèle dont vous m'assurez, si vous réparez
» promptement un procédé aussi offensant
» pour moi.
» Adèle d'Orléans. »

Une heure après avoir envoyé ce billet, mademoiselle d'Orléans reçut cette réponse :

« Mademoiselle,

» Je me conformerai aux ordres de Votre
» Altesse Royale. Je vois, avec la plus vive

» satisfaction, qu'elle n'a envisagé que mon
» zèle à la servir; mais avec une vraie dou-
» leur, qu'elle regarde la démarche que j'ai
» cru devoir faire comme *offensante* pour
» elle. Dieu m'est témoin que toutes mes
» actions n'ont eu pour but que sa sûreté
» personnelle, et qu'il ne m'est pas venu dans
» l'idée de faire la moindre chose qui ait l'air
» de ne pas lui être agréable.

» Je suis avec le plus profond respect,

» De Votre Altesse Royale, etc. »

En effet, voyant qu'il n'étoit pas *agréable* à mademoiselle d'Orléans de se trouver prisonnière, M. Diffenthaller eut la générosité d'aller porter au conseil le désistement de sa demande, et l'on vint nous annoncer que nous étions libres. Peu de jours après cette singulière aventure, madame la comtesse de Pont-Saint-Maurice vint, de la part de madame la princesse de Conti, chercher mademoiselle d'Orléans. Je savois la veille qu'elle devoit arriver le lendemain; mais je l'avois caché à mademoiselle d'Orléans, qui croyoit avoir encore quinze jours à passer avec moi. Lorsqu'elle alla se coucher le soir, je l'embrassai avec un cruel serrement de cœur, d'autant plus que j'étois décidée à lui épargner la douleur des adieux, et par conséquent à ne plus la revoir. Je la retins une demi-heure de plus sur mes genoux, et jamais je n'avois mieux senti que durant cette demi-heure combien je l'aimois..... Le lendemain, 11 mai (époque ineffaçable dans mon souvenir), je me levai, contre mon ordinaire, à sept heures; je n'ouvris point mes volets, je m'habillai sans bruit, et j'allai trouver madame de Pont, qui m'attendoit dans un parloir. Je lui dis tout ce que je croyois qu'il étoit utile qu'elle sût pour mademoiselle d'Orléans; elle étoit déjà prévenue que cette jeune infortunée ignoroit la mort de son père; je fis sentir combien il étoit nécessaire qu'on ne l'en instruisît que lorsque le chagrin causé par notre séparation seroit un peu calmé, et lorsqu'elle auroit passé l'époque si dangereuse pour les jeunes personnes. Je lui remis un très-long mémoire, que j'adressai à madame la princesse de Conti, et qui contenoit les détails les plus circonstanciés sur mademoiselle d'Orléans, sur son caractère, ses talens, sur sa santé, sur son régime, etc., et en outre j'avois écrit des exhortations religieuses et morales pour mademoiselle d'Orléans; elle avoit désiré vivement un portrait de lady Fitz-Gérald, je le lui donnai. Ce portrait étoit dans un portefeuille qui contenoit un petit livre blanc. J'avois écrit ces exhortations dans ce livre, que je donnai à mademoiselle d'Orléans, huit jours avant notre séparation; et comme je parus regretter de n'en avoir pas de double, mademoiselle d'Orléans les copia, et me donna cette copie, que j'ai conservée et que je transcrirai tout à l'heure, d'après cette copie originale de son écriture. Après cet entretien avec madame de Pont, j'allai me renfermer dans ma chambre, et j'envoyai ma nièce dire à mademoiselle d'Orléans que, sachant que madame de Pont devoit arriver ce matin, j'étois sortie avec le jour, et que, seule, avec une servante, j'avois pris la route du bois de sapins, qui étoit à un quart de lieue de Bremgarten. La douleur de mademoiselle d'Orléans fut inexprimable; et c'est parce que je l'ai ressentie toute entière qu'il me seroit impossible de la dépeindre...... Au bout d'un quart d'heure je l'entendis descendre; elle passa dans mon corridor, s'arrêta devant ma porte, qui étoit fermée, et dont on lui dit que j'avois emporté la clef; j'entendis ses sanglots, ses gémissemens..... En pensant vraisemblablement que cette séparation seroit éternelle, dix fois je fus tentée d'ouvrir ma porte pour la revoir encore une fois, pour l'embrasser encore, la serrer dans mes bras, et mêler mes pleurs aux siens; mais elle n'auroit pu supporter une telle scène..... On l'arracha de ce corridor; elle partit.... J'entendis le bruit de la voiture : il faut être mère pour concevoir ce que j'éprouvai dans ce moment..... Chère enfant ! qui me fûtes confiée à l'âge de onze mois; qui, jusqu'à seize ans et demi, n'aviez jamais été séparée de moi que deux fois, l'une pendant un mois, et l'autre pendant quinze jours, qui d'ailleurs, durant tant d'années, ne me quittiez jamais; vous qui, malgré votre jeunesse, étiez véritablement mon amie, et pour laquelle je n'avois rien de caché; vous enfin, qui m'avez donné tant de preuves de tendresse et de reconnoissance; oui, j'aurai toujours pour vous toute l'affection de la plus tendre mère; j'en eus tous les soins, j'en conserverai tous les sentimens. Il n'est pas au pouvoir de la fortune de rompre le nœud touchant qui nous lie : elle peut nous séparer, mais rien ne sauroit nous désunir.

Une demi-heure après le départ de mademoiselle d'Orléans, un vieillard, jardinier des religieuses, rentrant au couvent, dit qu'il l'avoit rencontrée ; je voulus le voir : il me conta qu'elle l'avoit aperçu sur la grande route ; qu'elle avoit fait arrêter la voiture pour lui parler ; qu'elle étoit en pleurs ; lui avoit donné un louis, et puis, ajouta-t-il, *tendu sa petite main*, qu'il avoit prise et baisée ; qu'elle pleuroit tant, qu'elle n'avoit pu parler, mais qu'elle avoit prononcé mon nom. En faisant ce récit naïf, le bon jardinier pleuroit lui-même. Elle m'écrivit en route ; madame de Pont eut la bonté de m'écrire aussi le lendemain de son départ, pour me donner de ses nouvelles : elle me mandoit qu'elle avoit couché dans sa chambre ; que mademoiselle d'Orléans n'avoit point dormi, et que l'état où elle étoit devoit donner la meilleure opinion de son cœur. Hélas ! je n'en doutois pas ; je n'avois d'inquiétude que sur sa santé, qui, en effet, depuis notre séparation, a été cruellement dérangée.

Maintenant, pour achever de rendre compte

de toutes mes relations avec mademoiselle d'Orléans, je vais transcrire, d'après la copie qui me reste, les derniers conseils qu'elle ait reçus de moi. Les voici :

« De Bremgarten, ce 2 mai 1794.

» Nous allons nous quitter, ma chère en-
» fant; croyez que mon cœur partage tout ce
» qu'éprouve le vôtre; mais je veux vous
» parler de vos consolations, et par consé-
» quent des miennes, et non de nos regrets
» et de nos peines. Vous avez rempli tous vos
» devoirs envers moi; vous êtes vertueuse et
» vous m'aimez; je suis récompensée de tout
» ce que j'ai fait pour vous. Je puis me rendre
» ce doux témoignage, d'avoir dévoué à votre
» éducation et mon temps et mes veilles, et
» le peu de talens que je puis avoir; d'avoir
» sacrifié à votre sûreté mes plus chers pro-
» jets et mon repos, et de vous avoir préférée
» à tout au monde, lorsque je vous ai vue
» dans l'adversité. Vous n'oublierez jamais
» l'exil de Tournay, la fuite de Saint-Amand,
» et l'année entière que nous venons de pas-
» ser dans cette profonde solitude; et moi
» je n'oublierai point les larmes amères que

» vous répandez en quittant ce triste séjour, et
» cette affreuse habitation...... Oh! qui ne
» vous aimeroit pas, en voyant avec quel dé-
» chirement de cœur vous vous arrachez de
» cette petite cellule et de ce couvent, où nulle
» espèce de dissipation ne pouvoit vous dis-
» traire de vos cruels chagrins, où l'étude et
» nos entretiens ont rempli tous vos mo-
» mens!..... Vous, née dans toutes les illu-
» sions de la grandeur, et qui deviez vous
» promettre un sort si différent!..... Hélas!
» le bonheur, la gloire, les plaisirs, la
» fortune, ne sont sur la terre que des
» ombres fugitives. On n'y trouve que deux
» biens solides, la vertu et l'amitié, parce
» que ces biens précieux viennent de l'âme,
» qui ne périt pas; tout ce qui ne tient qu'à
» l'imagination est fragile, ou chimérique;
» tout ce qui prend sa source dans le cœur
» est indépendant de la fortune; et voilà nos
» réelles, nos seules possessions, et nos véri-
» tables richesses. En gémissant de vos mal-
» heurs, sentez le prix de ce qui vous reste;
» toutes les révolutions de l'univers ne pour-
» ront vous ôter la soumission à la volonté
» de Dieu, et la certitude qu'il existe un autre

» monde où l'innocence et la vertu trouve-
» ront des récompenses immortelles : avec
» cette croyance et une conscience aussi pure
» que la vôtre, tout peut se supporter avec la
» patience et la résignation que vous avez
» eues jusqu'ici. Conservez précieusement
» cette piété qui vous caractérise; n'en per-
» dez rien, pas même ces petites pratiques qui
» la rendent plus tendre et plus consolante.
» S'il étoit permis de comparer l'amour dû
» au Créateur à des sentimens ordinaires, je
» dirois que l'amitié qui retrancheroit comme
» puériles tous les petits soins journaliers
» qu'inspire une grande sensibilité, et qui
» se borneroit aux services essentiels, seroit
» une amitié bien froide; de même la dévo-
» tion qui se réduit aux seuls devoirs prescrits
» par l'Église, n'est jamais un sentiment vif
» et dominant. L'Evangile vous ordonne d'ai-
» mer Dieu par-dessus toutes choses; vous
» devez donc multiplier les moyens de vous
» occuper de lui, et n'en dédaigner aucun.
» Qu'est-ce aux yeux de Dieu que les dons
» les plus brillans de l'esprit? Qu'est-ce
» que toutes les lumières et l'instruction hu-
» maine, en comparaison de l'intelligence su-

» prême du Créateur de l'univers? Vous avez
» lu dans les Saintes Écritures ces paroles
» sublimes : *C'est par l'orgueil que tous les*
» *maux ont commencé.* C'est l'orgueil qui
» corrompit des anges, et perdit le premier
» homme : avec l'orgueil point de piété véri-
» table, point de vertu réelle aux yeux de
» Dieu ; aussi réprouve-t-il particulièrement
» ce vice, et ceux qui en dérivent, comme,
» par exemple, le désir de la vengeance, car
» c'est surtout l'orgueil qui rend vindicatif.
» Toutes les fois que vous faites un acte d'hu-
» milité, vous faites une action très-agréable
» à Dieu. Il aime surtout, dans le culte qu'on
» lui rend, la simplicité et la foi ; et c'est ce
» que l'orgueil confond très-injustement avec
» la superstition. Tout ce que l'Église autorise
» n'est point superstition ; croire à des reli-
» ques et à l'efficacité des pèlerinages ne sont
» point des articles de foi nécessaires pour être
» sauvé ; mais cette croyance est autorisée par
» l'Église ; par conséquent elle mérite au
» moins notre vénération, et elle fournit aux
» infortunés des idées et des espérances con-
» solantes. Pascal, un des plus grands génies
» qui ait existé, ne dédaignoit aucune de ces

» pratiques; il aimoit à humilier sa raison
» devant l'Être-Suprême; il savoit que nous
» ne devons suivre les lumières de cette rai-
» son, que pour nous conduire dans les di-
» verses situations de la vie, et non dans les
» matières de la foi. Mais jamais ne substi-
» tuez une petite pratique à un devoir positif,
» et croyez toujours qu'il vaudroit mieux
» soigner un malade et lui lire un roman [1]
» pour le désennuyer, que d'aller dire votre
» chapelet. De même ne remplacez jamais par
» des actes particuliers de dévotion les actions
» de piété commandées par l'Église; ensuite
» livrez-vous à votre dévotion particulière,
» mais sans affectation et sans vous singulari-

[1] Il est évident que j'ai voulu dire un roman écrit dans de bons principes, et ne contenant rien de répréhensible; mais on trouve toujours dans un *roman* une peinture des passions, qui peut avoir quelque chose de séduisant, et par conséquent de dangereux, et c'est une lecture qu'on ne doit jamais faire à un malade. J'aurois pu facilement retrancher ce titre de roman; mais je ne me permets pas de changer un seul mot à cette instruction si solennelle, que je donnai à mademoiselle d'Orléans, et dont elle me laissa un double, transcrit de sa main.
(Note de l'auteur.)

» ser; en même temps ne trouvez point étrange
» que les autres n'aient pas, ou autant de
» piété que vous, ou votre genre de piété;
» vous perdriez tout le fruit de la vôtre, si
» vous manquiez d'indulgence et de tolérance.
» Souvenez-vous de ces paroles de l'Évangile :
» *Ne jugez point, et vous ne serez point jugés.*
» Occupez-vous de votre conscience; et non de
» celle des autres; faites-vous un plan de
» journée, et ne perdez pas l'habitude de faire
» chaque soir votre examen de conscience.
» Tâchez de vaincre votre indolence, et ne
» soyez jamais dans l'oisiveté. Par amitié pour
» moi, cultivez vos talens, qui m'ont donné
» tant de peines; et pour cela, il faut jouer
» de la harpe chaque jour au moins deux heures
» et demie, une heure de piano, et peindre
» deux bonnes heures; écrire une heure et
» demie, et lire une heure, et régler vos oc-
» cupations. Je vous recommande la prome-
» nade et la sobriété, si nécessaires à votre
» santé. Si vous prenez l'habitude du café à
» l'eau ou à la crème, ou du thé; si vous
» buvez du vin, si vous mangez des ragoûts,
» des pâtisseries, du bœuf; si vous faites un
» usage journalier des acides, vous détruirez

» totalement votre santé, et sans retour; d'ail-
» leurs la religion ordonne la sobriété; elle
» compte le vice contraire au nombre des
» péchés mortels. Ainsi, un véritable chré-
» tien qui a un peu réfléchi sur ses devoirs,
» doit être sobre. Après les exemples et les le-
» çons que vous avez reçues à cet égard, et
» avec la délicatesse de votre constitution,
» vous seriez sans excuse, et tout-à-fait dé-
» raisonnable si vous n'aviez pas cette vertu.
» Je vous remets dans des mains respecta-
» bles et vertueuses, et vous achèverez de vous
» confirmer dans les principes que je vous ai
» donnés. Vous n'avez que seize ans et demi,
» par conséquent votre éducation n'est pas
» finie; car elle ne peut l'être parfaitement
» pour une femme qu'à dix-huit ans; mais,
» auprès de madame la princesse de Conti, vous
» pourrez facilement perfectionner votre es-
» prit et votre raison, et vous êtes assez avan-
» cée pour les talens de pur agrément, pour
» ne rien perdre si vous voulez. Tâchez de
» surmonter votre timidité, et de prendre plus
» de part à la conversation. Vous avez de quoi
» être aimable, et vous devez désirer vive-
» ment de plaire à une personne qui, de

» toutes manières, doit vous être chère, et
» qui vous reçoit avec tant de tendresse. Ayez
» en elle une entière confiance ; conservez
» précieusement la sûreté de société que vous
» avez eue jusqu'ici, et détestez toujours les
» rapports et la tracasserie. Je vous écrirai
» souvent ; montrez toutes mes lettres et
» toutes les vôtres à madame la princesse de
» Conti : ni vous ni moi n'avons rien à ca-
» cher. Depuis que vous avez l'âge de raison,
» vous avez été témoin de toutes mes actions,
» vous avez lu toutes mes lettres ; je vous ai
» montré une confiance qu'on a rarement pour
» une personne de votre âge. Vous savez si
» j'ai mérité les imputations absurdes dont on
» me noircit, surtout depuis cinq ans. Justi-
» fiez-moi par vos vertus, votre vive sensibi-
» lité pour les infortunés, votre attachement
» pour vos parens, et surtout pour une mère si
» digne de toute votre tendresse, par ses ver-
» tus angéliques, et l'excès de ses malheurs.
» Voilà les sentimens que j'ai constamment
» cultivés en vous, et cette dernière exhorta-
» tion n'est qu'une répétition de ce que je
» vous ai toujours dit depuis que vous existez.
» Je vous permets, ma chère enfant, de dire,

» si vous parlez de moi, tout ce que vous en
» savez, tout ce que vous en avez vu, et
» sans nul déguisement, nulle restriction :
» le mensonge est toujours odieux ; et si
» je vous engageois à altérer pour moi le
» moins du monde la vérité, ayant été votre
» gouvernante et votre institutrice, je ferois
» une chose très-vile, et vous seriez en droit
» de me mépriser. Il est vrai que je pouvois
» vous demander, sans rien faire de con-
» damnable, de garder le silence sur ce qui
» s'est passé dans mon intérieur ; mais j'ose
» dire que ce seroit un bonheur pour moi,
» que tous ceux qui me jugent de loin m'eus-
» sent vue de près ; ainsi, je le répète, je vous
» autorise à dire entièrement tout ce que vous
» avez vu de moi, et tout ce que vous en
» savez. Quand vous m'écrirez, rendez-moi
» compte de vos occupations et de vos lectures.
» Je tâcherai de vous rendre mes lettres ins-
» tructives. Comme vous avez perdu dans notre
» fuite tous vos extraits, faites-en de nou-
» veaux. Je vous conseille, si vous pouvez
» avoir des livres françois, dont nous sommes
» privées depuis un an, de relire, 1°. les
» Évangiles, mais avec une grande attention

» et plusieurs fois de suite ; 2°. l'Imitation de
» Jésus-Christ ; 3°. le Petit Carême de Massil-
» lon ; et ensuite tous les sermons de Bour-
» daloue. En livres d'agrément, Téléma-
» que, les Annales de la vertu, les Veillées
» du Château, le théâtre de Racine, celui de
» Corneille et de Crébillon. Je vous ferai co-
» pier peu à peu de mes extraits, que je vous
» enverrai successivement.

» Adieu, ma chère enfant, mon Adèle bien-
» aimée ! puisse la Providence vous dédom-
» mager des maux que vous avez soufferts ;
» puisse le ciel récompenser, dès cette vie,
» la pureté et la bonté de votre excellent cœur ;
» puissiez-vous mériter, par votre conduite
» et vos vertus, de devenir un jour la conso-
» lation d'une mère aussi infortunée qu'elle
» est respectable, et des autres objets de vo-
» tre attachement, et puissiez-vous mériter la
» tendresse de madame la princesse de Conti,
» et l'estime et l'amitié de toutes les personnes
» avec lesquelles vous allez vivre ! voilà les
» vœux d'une amie qui, jusqu'à son dernier
» soupir, prendra le plus vif et le plus sen-
» sible intérêt à votre bonheur. Je vous de-
» mande, ma chère amie, de porter toujours

» sur vous ce gage de la plus tendre amitié,
» et de relire quelquefois cet écrit. »

Le départ de mademoiselle d'Orléans acheva de me rendre odieux le séjour que j'habitois, malgré le sincère attachement que j'avois pour les respectables religieuses de ce couvent; mais j'avois tant souffert dans ce lieu, j'y avois éprouvé tant de peines en tout genre, qu'indépendamment de toute autre raison, je n'aurois pu y rester alors, sans y mourir de la consomption. Ma nièce, si bonne et si sensible, partageoit le désir que j'éprouvois de m'en éloigner promptement; d'ailleurs, quand je l'aurois voulu, il m'eût été impossible d'y séjourner davantage. Mademoiselle d'Orléans n'avoit pu me rendre, à beaucoup près, tout l'argent que j'avois avancé pour elle [1]. L'arrangement fait pour nos pensions étoit beau-

---

[1] Je ne comprends assurément pas là-dedans les frais de ma pension et de celle de ma nièce à Bremgarten, ni ceux des voyages que j'ai faits avec mademoiselle d'Orléans, à l'exception des chevaux de poste dont elle paya seulement sa part, quoique je n'aie fait ces voyages et que je ne sois restée à Bremgarten que pour elle. M. de Montesquiou, qui s'étoit chargé de faire notre arrangement au couvent, le fit beaucoup trop magnifi-

coup trop cher; sans compter ce qu'une juste
compassion obligeoit de donner aux infortunés
compatriotes qui passoient dans ce lieu, et
qui s'adressoient à moi. Enfin les persécutions
et les calomnies dont j'étois l'objet m'inspi-
roient le désir le plus ardent d'abandonner
une solitude où j'étois si cruellement opprimée.
Je recevois sans cesse des lettres anonymes
aussi infâmes que celles que j'avois reçues
à Bury, sur la fin de mon séjour en Angleterre. J'étois souvent outragée de la manière
la plus absurde dans les papiers publics, entre
autres, dans *la Gazette de Leyde*, qui disoit
que, *comblée des bienfaits* de la cour de France,
j'avois fait en grande partie la révolution, que
j'étois avec M. de Montesquiou et M. le duc
de Chartres dans un palais que M. de Montesquiou avoit fait bâtir, et cet article extravagant finissoit par cette exclamation : *Enfin
madame de Sillery respire tranquillement en*

quement pour notre situation, et dans un lieu où l'on
vit à si bon marché; et cependant la nourriture étoit si
peu recherchée, qu'elle ne pouvoit convenir au régime
de mademoiselle d'Orléans, ce qui nécessitoit pour elle
la double dépense de plusieurs mets particuliers faits à
part.
(Note de l'auteur.)

Suisse! Une personne de mes amies, qui étoit fort loin de moi, m'envoya cette Gazette, en me mandant que l'auteur, M. de Luzac, étoit honnête; que certainement il n'avoit pas vu cet article; qu'elle me conjuroit de lui écrire pour m'en plaindre, et qu'alors sûrement il se rétracteroit : par complaisance pour mon amie, j'écrivis à M. de Luzac, en lui demandant le secret sur cette démarche, afin qu'elle ne me fît pas prendre une sorte d'engagement de réfuter tant de calomnies. Je lui disois qu'à la vérité, *je respirois en Suisse*, mais que je n'y respirois pas du tout *tranquillement*; que d'ailleurs je n'étois pas logée avec M. de Montesquiou; que même je n'avois aucune espèce de rapport ou de liaison avec lui, mais que je savois qu'il ne faisoit pas bâtir de *palais*; qu'il vivoit fort modestement dans une très-petite maison extrêmement simple; que M. le duc de Chartres, au lieu de vivre dans un *palais* à Bremgarten, étoit à cinquante ou soixante lieues de cette ville dans un collége; que moi j'étois dans un couvent; que je n'avois pas *fait la révolution*, faute de temps, parce que neuf enfans à élever et vingt volumes à composer ne m'avoient pas laissé le loisir de bouleverser les empires; que je n'avois jamais reçu une seule grâce de la cour, par une raison assez simple, c'est que j'y avois toujours été fort rarement; que, depuis quatorze ans, je n'y allois plus du tout, et que je n'avois jamais rien demandé. Je terminois, en le priant de se rétracter sur le palais partagé avec M. de Montesquiou, et sur le séjour de M. le duc Chartres à Bremgarten; et je lui envoyois les noms et l'adresse de M. Honeggre, magistrat de Bremgarten, et de madame Müller, la prieure du couvent, afin que, s'il doutoit de ma véracité, il pût prendre des informations positives auprès de ces deux personnes : M. de Luzac ne me répondit pas, et ne se rétracta point. Tout journaliste qui, sans information, sans preuves, accuse une personne qu'il ne connoît pas, manque certainement de principes; si cette personne est dans le malheur, il manque aussi de générosité; s'il cherche à attirer sur elle la persécution, le bannissement, il est absolument dépourvu d'humanité; et que doit-on penser de sa probité, si, lorsqu'on lui prouve qu'il a indignement calomnié, il ne s'empresse pas de se rétracter? Comme on assuroit que M. de

Luzac étoit honnête, je veux croire trois choses : qu'il n'a pas fait cet article, qu'il ne l'a pas lu, et qu'il n'a pas reçu ma lettre [1].

[1] De ces trois conjectures, toutes probables, on peut considérer la dernière comme certaine, car Jean Luzac n'étoit pas moins homme de probité que savant philologue. Notre vieille Europe n'a peut-être pas de la vertu des idées bien exactes ; mais, quand des hommes tels que Jefferson, Adams et Washington accordent leur estime, celui qui en est l'objet, en est digne sous tous les rapports, et Luzac fut aimé de ces trois Américains célèbres. A l'époque de la révolution de la Hollande, il perdit la chaire de professeur de la langue et de la littérature grecque à Leyde. Washington, l'ayant appris, lui écrivit : « Dans des temps de troubles, pendant que les passions s'agitent, la raison, incapable de résister à la tourmente, se voit entraînée quelquefois dans les plus déplorables extrêmes ; mais les passions cessent-elles de fermenter, la sagesse a-t-elle recouvré son ascendant, l'homme qui agit par principes, l'homme qui ne se détourna jamais du chemin de la vérité, de la modération, de la justice, ne peut manquer de triompher avec elles. Je me tiens assuré que tel sera votre sort s'il ne l'est déjà. » En effet, la raison publique et la sagesse du gouvernement rendirent à Jean Luzac la chaire de grec. Il a écrit plusieurs ouvrages en latin. Né en 1746, tué en 1807 dans l'explosion qui détruisit une partie de la ville de Leyde.

(Note de l'éditeur.)

Cependant je m'occupois vivement des préparatifs de mon départ ; mais j'éprouvois à cet égard bien des embarras : je n'avois point de domestique, et, n'ayant jamais voyagé qu'accompagnée de plusieurs personnes, l'idée de faire trois ou quatre cents lieues, seule avec ma nièce, m'effrayoit extrêmement ; je ne savois aussi comment m'y prendre pour avoir des passe-ports sous un nom supposé. J'avois écrit à la seule amie que j'eusse dans ce pays, pour lui demander de me prêter un domestique, seulement pour traverser la Suisse, et pour la prier de m'avoir des passe-ports ; elle ne put faire ni l'un ni l'autre, et je me trouvai véritablement dans le plus cruel embarras. Ne sachant comment m'en tirer, je m'avisai d'écrire au docteur Hoze, habile et fameux médecin, et le plus honnête des hommes, qui avoit passé par hasard à Bremgarten, et que je consultai alors sur la santé de mademoiselle d'Orléans. Nous ne l'avions vu qu'une seule fois ; mais il m'avoit montré tant d'intérêt, que, ne pouvant pas lui offrir d'autre preuve de reconnoissance, je lui donnai une fleur peinte par moi, au bas de laquelle j'écrivis quatre vers, que je fis pour lui, dont je ne gardai point de copie, et dont je ne me ressouviens plus. Il fut si sensible à ce petit présent, que je crus pouvoir lui écrire deux ou trois lettres pour différentes petites choses, dont il avoit bien voulu se charger. Je lui récrivis encore, dans la situation que je viens de dépeindre. Comme j'attendois la réponse du docteur Hoze, avec trouble et inquiétude, le ciel m'envoya un nouvel ami; qui, jusqu'à ce jour, m'avoit été totalement étranger; c'étoit M. Conrad, frère d'une religieuse du couvent; il demeuroit à Bremgarten; et, depuis long-temps, sachant que nous nous amusions, mademoiselle d'Orléans et moi, à peindre des fleurs d'après nature, il nous en envoyoit sans cesse de charmantes et de très-rares; mais, respectant notre profonde solitude, il ne nous avoit jamais fait de visites. Enfin, en apprenant que nous nous disposions à partir, il imagina qu'il pourroit nous être utile, et il vint nous voir pour nous offrir ses services. Extrêmement touchée de ce procédé, je lui parlai avec confiance, car je le trouvai d'ailleurs aussi spirituel et aussi instruit qu'obligeant; je lui contai mes embarras, mes craintes; leur véritable cause, et la démarche que j'avois faite auprès de M. Hoze. M. Conrad me dit qu'il alloit lui-même me chercher des passe-ports dans un lieu qu'il me nomma; et, en effet, il partit le jour même. Durant son absence, je reçus la réponse du docteur Hoze, qui m'envoyoit des passe-ports et un domestique, dont il me répondit comme de lui-même, et qui, en effet, étoit un excellent sujet, qui nous a été bien utile. M. Conrad revint avec des passe-ports : je lui fis voir ceux du docteur Hoze; il les trouva meilleurs que les siens, et me conseilla de m'en servir; ce que j'ai fait. Mais afin que personne au monde ne sût où j'allois, et ne sût le nom supposé que je prenois (à l'exception de mes deux obligeans amis), je fis demander publiquement à une personne avec laquelle je n'étois pas liée, et qui avoit beaucoup de crédit, de m'en faire avoir sous le nom de madame Brown, que je n'ai jamais porté. L'on me fournit ces passe-ports, dont je ne me suis point servi, et que je n'avois désiré que pour mettre mon secret à couvert. Rien ne m'arrêtant plus à Bremgarten, j'en partis enfin le 19 mai, avec ma chère et jeune compagne, la seule de mes élèves et de mes enfans qui me restât...., M. Conrad vouloit nous conduire jusqu'aux frontières de la Suisse, ce que je refusai; mais il nous prêta sa voiture et ses chevaux, qui nous conduisirent à quatre lieues de Bremgarten. Je partis pénétrée de reconnoissance pour lui, et pour toutes nos bonnes religieuses, qui nous montrèrent, ainsi qu'Antonia, une sensibilité et une affection que je n'oublierai de ma vie. Je leur promis de venir passer le reste de mes jours avec elles, quand il seroit permis de se choisir une retraite et d'y vivre sous son nom. Je fis cette promesse de bonne foi; ce n'étoit pas alors renoncer à son pays, à sa famille, car il n'y avoit plus de France, puisqu'on avoit aboli le culte public, ainsi que le gouvernement, les lois, les usages, etc., et que tout ce qu'on y avoit laissé de parens et d'amis pensant bien, brûloit du désir de quitter cette terre malheureuse. J'espérois que ma fille pourroit s'échapper; et j'étois certaine que, dans ce cas, elle viendroit me rejoindre, et s'établir en Suisse. Quand le règne de la terreur fut passé, je repris naturellement les sentimens d'une Françoise; mais je n'ai jamais perdu le souvenir de Bremgarten, et surtout du couvent de Sainte-Claire ; et je puis dire avec vérité, que si le vrai bonheur se compose de la réunion si rare de la vertu, de la piété, de l'innocence, de l'inaltérable sérénité, et de la gaieté franche et pure, c'est dans cette paisible et respectable maison qu'il s'est réfugié.

En quittant la voiture de M. Conrad, j'en pris une de louage que m'avoit envoyée le docteur Hoze, qui s'étoit chargé de tous nos petits arrangemens, nous allâmes ainsi jusqu'à Schaffhouse. Ce fut là que nous fîmes une singulière rencontre : la diligence s'arrêta à la poste, deux jeunes gens s'en approchèrent ; un d'eux vint s'y placer, l'autre en fondant en larmes, se jeta à son cou pour lui dire adieu : il s'arracha précipitamment de ses bras, il disparut, et nous partîmes. Cet incident m'intéressa pour le nouveau voyageur, qui bientôt d'une autre manière fixa sur lui mon attention. Il étoit assis vis-à-vis de moi, et il me regardoit fixement avec une application que chaque instant sembloit accroître. Pour que rien ne pût le distraire de cette contemplation, qui n'exprimoit que la bienveillance et la curiosité, il se séparoit, pour ainsi dire, des autres voyageurs, en mettant de leur côté sa main sur son visage. Il resta dans cette attitude toute la journée entière. Je me plaignis deux ou trois fois de la soif; alors il faisoit, à grands cris, arrêter les postillons, il s'élançoit hors de la voiture et alloit me chercher d'excellent lait, dont il me faisoit présent malgré moi. Il parloit passablement françois, d'ailleurs il étoit aussi charitable qu'obligeant : il donnoit avec profusion à tous les pauvres; je lui demandai son nom, il s'appeloit M. Smith. Nous arrivâmes à Stuttgard, et M. Smith logea dans l'auberge où nous nous arrêtâmes : je l'invitai à notre petit souper, ce qu'il accepta sans hesiter. Dans cette soirée, il tira de sa poche un portefeuille pour nous montrer deux jolies miniatures de son ouvrage, que nous admirâmes d'autant plus qu'il n'étoit point artiste. Nous convînmes, avant de nous séparer, que nous irions ensemble le lendemain nous promener dans les magnifiques et charmans jardins d'Oheim. En effet nous y allâmes tous les trois, ma nièce, M. Smith et moi, le lendemain de très-bonne heure; le plan général de ces jardins est aussi ingénieux que pittoresque; il devoit frapper surtout des expatriés français. Les diverses fabriques représentent les vicissitudes des destinées et de la vie humaine; la partie qui m'intéressa le plus fut celle où l'on trouve de jolies chaumières sur de superbes débris de colonnades et de palais; nous revînmes à notre auberge à Stuttgard, et M. Smith resta à dîner avec nous. La veille, après le souper, nous nous étions séparés sur-le-champ pour nous coucher, mais au dîner, en sortant de table, nous restâmes à causer; il y avoit dans notre compagnon de voyage tant de singularité, de bonté, de mélancolie, que je brûlois du désir de le questionner. Je lui demandai pourquoi il voyageoit, et sa première réponse, que je ne compris pas d'abord, me causa beaucoup de surprise; il me répondit en soupirant qu'après avoir été victime des méchans, il cherchoit *des bons* pour se consoler, c'est-à-dire, des personnes qui eussent de la droiture et de la bonté; il ajouta que je lui avois paru *bonne*, ainsi que ma nièce; qu'il s'attachoit à nous et qu'il étoit décidé à ne plus nous quitter. Comme cette *décision* me parut très-étrange, et que pour la première fois je remarquai de l'égarement dans ses yeux, je restai interdite et muette; il continua de parler, et nous conta avec volubilité une histoire à peu près pareille à celle d'Antonia ; un ami perfide l'avoit supplanté auprès de sa maîtresse, au moment où il alloit l'épouser. A la fin de ce récit, il se leva et se promena dans la chambre avec une agitation qui redoubla mon trouble; il s'en aperçut, et se rapprochant de moi : « Il faut vous l'avouer, me dit-il, ce malheur m'a fait perdre la raison, j'ai des accès de folie; mais n'ayez pas peur, je ne suis jamais méchant!...» Des pleurs lui coupèrent la parole, et l'attendrissement qu'il me causa m'ôta toute ma frayeur; nous pleurâmes avec lui, nous ne pouvions que le plaindre!.... Il nous exprima sa reconnoissance de la manière la plus touchante, ensuite il nous quitta pour aller se reposer; mais il nous répéta qu'il ne nous quitteroit jamais, qu'il nous suivroit partout, et qu'il partiroit avec nous le lendemain à six heures du matin. Comme je n'avois jamais donné mon consentement à ce dessein, on juge bien que je n'avois nulle envie d'y acquiescer. Henriette me conseilla de partir à trois heures du matin, pendant son sommeil; ce que je fis en effet, mais non sans remords : il me sembloit que je trahissois cet infortuné, et peu de choses dans ma vie m'ont autant coûté que cette action assurément très-raisonnable; et il est certain que, si j'eusse connu plus anciennement ce malheureux jeune homme, je n'aurois jamais pu me résoudre à l'abandonner.

Notre manière de voyager, sans s'arrêter ni le jour, ni la nuit, si nouvelle pour nous, nous parut fort étrange, et nous étions surtout troublées par la crainte de rencontrer des émigrés, chose qui ne nous est jamais arrivée. Au reste notre santé ne fut nullement dérangée par la fatigue; ma nièce en fut un peu abattue le second jour, mais pour moi je ne me suis jamais mieux portée que durant ce voyage. A Mayence nous quittâmes les voitures publiques; nous suivîmes dans une gondole particulière le cours du Rhin jusqu'à Cologne; là nous prîmes une voiture à nous, qui nous conduisit jusqu'à Utrecht. M. de Valence étoit établi dans les environs de cette ville; nous avions toujours entretenu une correspondance suivie: je lui avois écrit dans les derniers temps de mon séjour à Bremgarten; quand je sus que j'allois me séparer de mademoiselle d'Orléans, je le conjurai de me chercher, sous un nom supposé, une place de concierge dans un château; dans ce cas, j'aurois laissé ma nièce au couvent de Sainte-Claire, entre les mains de madame l'abbesse, à laquelle j'aurois payé une demi-année de pension, j'aurois été dans mon château, où je n'aurois rien dépensé, et dans lequel j'aurois pu travailler en secret; j'aurois envoyé mes ouvrages en Angleterre, à Shéridan, qui les auroit parfaitement vendus ; de cette manière, j'échappois à la calomnie, aux persécutions, et j'aurois pu amasser beaucoup d'argent. Une seule chose dans ce plan m'embarrassoit, c'étoit ma harpe; je ne pouvois me résoudre à m'en séparer ; j'étois décidée à l'emporter, en déguisant dans l'emballage la forme de l'étui, et j'espérois trouver dans le château le moyen d'en jouer incognito dans quelque coin isolé ; enfin, j'aimois à me représenter l'effet que je pourrois produire avec un peu de temps, sur mes maîtres, et je bâtissois sur ces suppositions les plus jolis romans du monde, d'autant plus que je me voyois, pendant toute la mauvaise saison, dans une solitude absolue, et souveraine maîtresse du château, pendant que mes maîtres habiteroient la ville. M. de Valence rejeta d'abord cette proposition qu'il appeloit une *folie roma-*

nesque; j'insistai vivement, et je donnai de si bonnes raisons, qu'il me répondit promptement qu'il avoit trouvé ce que je pouvois désirer; des maîtres instruits, spirituels, très-riches, ayant une fille non mariée, à laquelle j'aurois pu donner des soins d'institutrice; un château antique et vaste; et, pour que rien ne manquât au bonheur de cette *trouvaille* (ce fut son expression), il m'assuroit que le château contenoit une superbe bibliothèque. Cette lettre m'enchanta; mais, quelques jours après, il m'en écrivit une autre, pour se dédire formellement, en me disant qu'il ne pouvoit se résoudre à se donner le ridicule de faire de moi une *concierge;* il me conjuroit de venir le trouver près d'Utrecht, et que là, nous formerions des projets plus raisonnables. J'eus beau lui représenter qu'il existoit un nombre infini d'émigrées, qui me valoient bien, et dont les unes, sans *aucun ridicule*, étoient marchandes de modes [1], les autres institutri-

---

[1] Entr'autres, madame la baronne de Crussol, en Angleterre, où l'on a su apprécier sa conduite parfaite, et son noble courage dans l'infortune, qui lui a fait préférer le travail aux emprunts.

(Note de l'auteur.)

ces de particulières, etc., etc. : il fut inexorable.

Nous arrivâmes donc à Utrecht : M. de Valence vint lui-même nous chercher, et nous mena à Oud-Naarden, une charmante maison de campagne qu'il avoit louée sur le bord du Zuyderzée. Je me reposai là environ cinq semaines; je rejetai à mon tour tous les projets que me proposa M. de Valence, et je me décidai à m'aller établir sous la domination danoise. J'avois encore un peu d'argent, je n'en demandai point à M. de Valence : je convins seulement que je laisserois ma nièce chez lui, avec une dame étrangère qui s'y trouvoit, et que je préparerois l'établissement de M. de Valence à Altona, car il avoit aussi le projet de s'y fixer. Je me séparois pour quelque temps de ma nièce, parce que je voulois être absolument inconnue, et qu'elle auroit pu contribuer à me faire reconnoître. Avant de me réunir à mes amis, je voulois étudier le pays où nous avions le projet de nous établir, et m'assurer par moi-même si le gouvernement en étoit aussi sage, aussi tolérant, et aussi doux qu'on l'assuroit. Je partis d'Oud-Naarden, sans femme de chambre et sans domestique (j'avois renvoyé en Suisse celui que le docteur Hoze m'avoit procuré), mais avec un homme que je connoissois fort peu et qui alloit à Hambourg pour son compte. J'étois tout-à-fait aguerrie et sans nulle frayeur. Je m'établis avec mon compagnon de voyage dans un chariot de poste, à moitié couvert, rempli de ballots, et beaucoup plus rude que la plus grossière charrette. Je m'en trouvai à merveille, car j'y dormis fort bien la seconde et la troisième nuit ; ce que je n'ai jamais pu faire dans les belles voitures qu'on appelle très-improprement pour moi *des dormeuses ;* et j'éprouvai que le sommeil qui fuit la mollesse est le prix assuré d'une véritable fatigue. J'arrivai à Osnabruck en parfaite santé; j'y pris un cabriolet et des chevaux de poste; je versai une fois dans cette route, et de la manière la plus effrayante, mais sans me faire de mal ; j'arrivai à Harbourg le 25 juillet 1794. J'y couchai, ou, pour mieux dire, j'y passai la nuit à écrire dans ma chambre [1] ; je m'embarquai sur l'Elbe le lendemain, quoiqu'il fît un vent impétueux mêlé d'une grosse pluie,

[1] J'y composai toute entière mon épître *A l'Asile que j'aurai.*

(Note de l'auteur.)

et les bateaux ne sont pas couverts; j'en avois loué un pour moi seule ; au moment de m'embarquer, une marchande juive et son fils me demandèrent la permission de passer dans mon bateau, ce que j'accordai avec d'autant plus de plaisir que le fils de la marchande, âgé de treize ans et d'une beauté remarquable, avoit une ressemblance frappante avec l'une de mes élèves. Je ne savois où débarquer à Altona, je n'avois point de lettres de recommandation, et je n'y connoissois personne; ma bonne marchande étoit fort communicative et fort obligeante : je lui fis des questions sur les auberges d'Altona; je lui demandai le nom de celle dont le maître passoit pour aimer le mieux la révolution française, et elle me nomma celle de Plock. Je pensai que dans cette maison je ne rencontrerois pas les émigrés de la classe dont j'étois connue, et j'allai m'établir chez Plock. J'eus lieu de m'applaudir de ce choix; le maître de la maison étoit la probité et la bonté même, et sa fille remplie de douceur, d'esprit, de sensibilité, ayant reçu la meilleure éducation, devint bientôt, mon amie. Je ne comptois d'abord rester dans cette auberge que le temps nécessaire pour trouver à me mettre en pension aux environs de la ville ; mais dans les premiers jours j'éprouvai un mortel embarras. Je voulois manger dans ma chambre, et l'on me signifia que ce n'étoit pas l'usage de la maison, et qu'il falloit aller dîner à table d'hôte; la nouveauté de cette proposition, et surtout la crainte d'être reconnue, m'effarouchèrent beaucoup; on me dit que les convives que je rencontrerois seroient des Allemands et des François patriotes ; je pensai que vraisemblablement je ne trouverois parmi ces derniers personne avec qui j'eusse vécu, et je me décidai à ce qu'on exigeoit de moi ; d'ailleurs il le falloit bien. Je fus très-embarrassée pendant une quinzaine de jours ; ensuite, ne craignant plus de faire de *mauvaises rencontres*, je m'accoutumai à ce genre de vie, qui devint pour moi la matière de beaucoup d'observations nouvelles.

L'amitié que j'avois prise pour mademoiselle Plock me retint huit mois et demi dans cette maison. Tout ce temps s'est écoulé pour moi d'une manière paisible et douce; je ne sortois de ma chambre que pour aller dîner, et de la maison que pour aller à l'église; je ne recevois personne sans exception ; j'étois logée dans l'endroit le plus retiré de la maison. J'avois un voisin fixé aussi dans cette maison (M. de Kercy); c'étoit un patriote françois, chargé des affaires de France, homme aussi estimable par les rares qualités de son cœur, qu'il est distingué par son instruction et la piquante originalité de son caractère; philosophe vertueux, sans pédanterie et sans orgueil, et le philanthrope le plus sincère que j'aie rencontré. Il étoit presque aussi sédentaire que moi; jamais je ne l'ai reçu en visite; mais je dînois presque tous les jours avec lui, et sa conversation étoit pour moi aussi instructive qu'agréable. Je n'allois à table qu'une demi-heure après tout le monde, parce que le dîner étoit long; aussitôt après, je rentrois dans ma chambre : j'avois un assez bon piano, une harpe, une guitare, des couleurs, des pinceaux, une écritoire, quelques livres, un herbier qu'on m'avoit prêté, et mes journées s'écouloient avec une inconcevable rapidité. J'ai passé neuf mois de la sorte dans le plus parfait *incognito;* on me prenoit généralement pour une femme à talent, née en Irlande et élevée en France, et qui attendoit une occasion particulière pour repasser dans sa patrie; quelques personnes prétendoient que j'étois une religieuse émigrée, mais jamais on n'a soupçonné la vérité. Très-souvent, à table, j'entendois parler de moi, surtout dans le moment où une troupe de *strollers*, c'est-à-dire, une troupe de comédiens anglois ambulans passa, et séjourna à Hambourg et à Altona, où ils jouèrent des pièces angloises, et plusieurs traductions des miennes, entre autres *Zélie* ou *l'Ingénue*. Comme ces représentations étoient le sujet de presque tous les entretiens de table, on parloit aussi très-naturellement de l'auteur de ces pièces. Comme on doit se respecter soi-même, je m'étois promis, si j'entendois parler de moi d'une manière outrageante, de me lever de table, et de me nommer à l'instant; car, alors, cacher son nom, eût été se renier, et par conséquent une lâcheté. Mais je ne fus point forcée de prendre ce parti violent, car, à cette table, je n'entendis jamais parler de moi d'une manière offensante; il est vrai que mademoiselle Plock et M. de Kercy, très-passionnés pour mes ouvrages, n'auroient souffert qu'impatiemment sur moi de simples critiques littéraires [1]. On disoit

---

[1] Cependant, au bout de quelques mois, je fus re-

universellement que j'étois avec M. Dumouriez depuis son arrivée dans ce pays; plusieurs personnes assurèrent positivement qu'elles m'avoient vue, et *parfaitement reconnue;* de sorte que pendant les neuf mois que j'ai passés dans cette maison, c'étoit une chose incontestablement établie, que j'avois passé tout ce temps avec M. Dumouriez, tandis qu'inconnue au milieu d'une foule de mes compatriotes, je vivois sous leurs yeux, et que j'ignorois même s'il étoit vrai que M. Dumouriez fût dans ce pays, car, comme je l'ai déjà dit, je n'ai eu avec lui aucune espèce de rapport direct ou indirect [1]. Les convives allemands qui venoient

---

connue par deux voyageurs qui me parurent étrangers. L'un ne m'avoit vue qu'une seule fois, il y avoit dix-huit ans; et, malgré la différence de l'âge et de mon costume, il me reconnut sur-le-champ, mais il ne me le dit qu'à moi seule, et il a été d'ailleurs de la plus parfaite discrétion. L'autre eut la même honnêteté, et mon secret ainsi surpris et découvert, fut gardé avec autant de fidélité que s'il eût été confié. (Note de l'auteur.)

[1] Le rôle politique et les exploits militaires de Dumouriez pendant la révolution, sont fort connus. On sait moins ce qu'il étoit, ce qu'il fit auparavant, et comment il passa les dernières années de sa vie. Du-

dîner dans cette maison, étoient en général des hommes de fort bonne compagnie : dans ce nombre j'en remarquai deux, que l'on distinguera toujours partout où ils pourront se trouver : l'un, M. Texier, qui tenoit du roi de Danemarck une place considérable dans le Holstein; et l'autre, le professeur Uncer. D'après leur réputation si bien méritée, et mes

mouriez étoit issu d'une famille parlementaire. Il suivit son père, en 1757, à l'armée du comte d'Estrée et lui succéda dans la place de commissaire des guerres, à laquelle il renonça pour les fonctions de cornette de cavalerie. Il se distingua, et de grade en grade parvint à celui de colonel. Chargé personnellement, par Louis XV, d'une mission pour le roi de Suède, le duc d'Aiguillon punit Dumouriez d'avoir, sans son aveu, accepté cette mission; il fut arrêté et conduit à la Bastille, où il resta jusqu'à l'avénement de Louis XVI au trône. Alors il fut envoyé à Lille pour faire manœuvrer les troupes françoises à la prussienne ; c'étoit la mode militaire du temps : tout y étoit prussien, jusqu'aux coups de bâton. Au moment où la révolution éclata, Dumouriez commandoit à Cherbourg, place devenue d'une plus haute importance par les travaux entrepris pour en faire un des grands ports militaires de la France. Né en 1739, à Cambrai, Dumouriez est mort en Angleterre il y a quelques années.

— (Note de l'éditeur.)

propres observations, je leur confiai mon secret avant de quitter Altona. L'un et l'autre m'ont rendu tous les services de l'amitié la plus active et la plus tendre; et c'est à eux que je dois les liaisons que j'ai formées depuis, et les autres amis que j'ai acquis dans ce pays. Enfin, bien certaine que, malgré la calomnie, l'innocence trouvera toujours une honorable hospitalité dans les territoires de Holstein et de Hambourg, je quittai Altona le 1er. avril 1795, en déclarant mon vrai nom, afin que tous les François que j'avois vus pendant neuf mois sussent, à n'en pouvoir douter, qu'il étoit faux *que madame de Genlis fût établie avec M. Dumouriez* [1].

Je ne quittai pas sans attendrissement une maison où j'avois vécu si paisiblement, où j'étois universellement aimée, et dans laquelle je laissois une amie sincère qui m'a constamment rendu les plus tendres soins. Je lui en rendis à mon tour dans une douloureuse cir-

---

[1] Ce mensonge, bien reconnu, me fut très-utile, en ce qu'il ôta toute autorité à ceux qu'on a faits depuis sur moi : la personne qui logeoit avec le général Dumouriez étoit madame de Bauvert, sœur de M. de Rivarol.
(Note de l'auteur.)

constance : pendant que j'étois dans cette auberge, elle perdit son père, vieillard respectable, qui m'avoit donné aussi beaucoup de preuves d'amitié. Je ne l'avois pas mis dans mon secret; et, croyant que j'étois en effet *miss Clarke*, il vouloit absolument me marier, afin de me fixer dans le Holstein; il jeta les yeux sur un boulanger veuf et retiré, qui avoit deux cent mille francs de bien. Ce boulanger, qui ne savoit pas un mot de françois, étoit un homme de quarante-six ans, il venoit souvent dîner à notre table d'hôte; je remarquai qu'il avoit toujours les yeux fixés sur moi ; j'en parlai à mademoiselle Plock, qui me dit qu'il s'étoit passionné pour moi, en m'écoutant dans la cour, quand je jouois de la harpe. M. Plock, qui avoit achevé de le décider à *me demander en mariage*, se chargea de me faire cette proposition, qu'il me fit très-gravement, et il fut extrêmement choqué de mon refus positif; il mourut peu de temps après, ce qui me fit connoître les cérémonies funèbres du pays, qui me causèrent beaucoup d'étonnement, parce qu'elles ont un rapport extraordinaire avec les coutumes du même genre des anciens Grecs, dont on peut trouver le détail, entre autres, dans *Athénée*. Aussitôt que M. Plock fut mort, on mit à son lit des draps blancs, et des oreillers garnis de mousseline. Le mort, à visage découvert, fut revêtu d'une belle camisole et mis sur son séant, ses deux mains étendues sur un couvre-pied brodé, sur lequel on jeta des fleurs et un grand nombre de branches de romarin : on entoura son lit de lumières qui doivent brûler nuit et jour ; sa chambre, à l'extrémité de la cour, étoit vis-à-vis de la mienne, ses fenêtres n'avoient point de volets ; je vis ces lumières pendant tout le temps de l'exposition, qui dura six jours, et cette clarté funéraire me causoit une tristesse invincible. Toutes les personnes de la maison allèrent, suivant l'usage reçu, lui baiser la main, mais je me dispensai de cette visite. Son enterrement fut très-beau, il y eut un très-grand nombre d'hommes ; les gens mariés avoient un citron à la main, et les garçons une branche de romarin ; quand ils revinrent après le convoi, mademoiselle Plock leur donna *le repas funéraire*. J'y fus invitée, car il s'y trouva plusieurs femmes, j'y allai par curiosité ; mademoiselle Plock en fit les honneurs; les convives, ainsi qu'elle, étoient en grand deuil; tout s'y passa fort gravement, mais le dîner à trois services étoit excellent, et l'on mangea de très-bon appétit.

Ce fut dans la maison de mademoiselle Plock que je goûtai les premières consolations que j'aie reçues depuis mes malheurs; c'est dans ma petite chambre d'Altona que j'ai appris plusieurs événemens du plus grand intérêt pour moi, entre autres, la chute de Robespierre, la délivrance de ma fille, dont j'avois ignoré les affreux dangers, mais que je savois dans une maison d'arrêt; c'est là que j'appris aussi la paix avec la Prusse : c'étoit un événement heureux pour la France, et il me causa autant de joie que si je n'eusse pas été fugitive.

J'appris singulièrement la mort de Robespierre, à une heure après minuit. Je fus très-surprise d'entendre frapper à ma porte à coups redoublés; et je m'étonnai davantage en reconnoissant la voix de mon paisible voisin M. de Kercy. Il me crioit : « Ouvrez, ouvrez, il faut que je vous embrasse. » Comme je résistois à ce singulier désir il répéta plusieurs fois : « C'est vous-même qui m'embrasserez, ouvrez,

ouvrez. » Enfin, j'obéis. M. de Kercy se jette à mon cou, en disant : « Le tyran n'est plus, Robespierre est mort. » En effet, à ces mots, je l'embrassai de moi-même et de tout mon cœur ; nous apprîmes le lendemain que cette même nouvelle avoit produit un effet tout contraire sur un des partisans passionnés de Robespierre; il y en avoit beaucoup dans le Holstein. Un de ces *profonds politiques*, en apprenant sa fin tragique, fut tellement saisi de douleur qu'à l'instant même il tomba roide mort.

Après cette époque il nous arriva dans l'auberge une charmante jeune personne, appelée madame Gudin, elle étoit avec son vieux mari et sa nièce, elle étoit musicienne, elle aimoit passionnément les arts, elle prit pour moi un sentiment passionné. Au lieu de rester huit jours dans l'auberge, elle y passa quatre mois. J'allois tous les jours chez elle, elle y rassembloit d'excellens artistes allemands ; nous faisions beaucoup de musique ; nous jouions à de petits jeux, et nous donnions des walses. Je ne pouvois m'arracher à cette dissipation qui, très-souvent, me contrarioit. Sur la fin de son séjour dans l'auberge on commença à soupçonner mon vrai nom, on le dit à madame Gudin, qui éclata de rire, en s'écriant : « *Miss Clarke un auteur !* » Je vous réponds que, passé ses Heures, elle n'a jamais mis le nez dans un livre.

Ma nièce étoit venue me rejoindre ; nous allâmes ensemble à Hambourg, où nous avons passé quatre mois, admises dans une famille respectable qui a formé, durant tout ce temps, notre seule société. Nous étions chez M. le pasteur Volters, nous avions un appartement charmant au premier : les murs de notre salon étoient baignés par l'Alster, sur lequel donnoient nos fenêtres, un jour que je m'amusois à contempler le cours de ce fleuve, je vis passer la plus fraîche et la plus belle branche de roses que je suivis de l'œil ; à cinq ou six maisons au-dessus de la nôtre, je vis sortir d'une fenêtre une espèce de longue fourche de bois avec laquelle on saisit cette branche, qui disparut à mes yeux, parce qu'on s'en saisit dans cette maison. Mon imagination fit de cet incident une intrigue romanesque que je plaçai dans les *Mères Rivales*, dont je faisois alors le plan ; ce qui m'a valu depuis un charmant présent de madame la duchesse de

Chevreuse, qui m'envoya une belle caisse de porcelaine remplie de roses; sur la caisse étoit collée une inscription de son écriture, que j'ai conservée précieusement, et que voici :

« A celle qui, par une rose, a embelli l'un de ses
» plus charmans ouvrages. »

Je fus long-temps sans savoir à qui je devois cette galanterie, et je ne l'ai appris que lorsque madame de Chevreuse renonça à son incognito avec moi.

J'entendis chez le pasteur Volters une chose qui me frappa beaucoup. Sa maison étoit tout près d'un temple protestant dont il étoit pasteur; au lieu de cloche, c'étoit une trompette placée sur le haut d'une tour, qui annonçoit les baptêmes, les mariages, et les enterremens. Je fus surtout frappée de l'admirable mélodie de cette dernière annonce : elle me parut si belle que j'en témoignai mon admiration à M. Volters, qui me répondit que ce chant étoit composé par le célèbre Haydn, qui avoit passé trois ans auparavant à Hambourg : il trouva sans expression le chant funèbre de la trompette, et il y substitua celui que j'admirois si justement, et que tous les temples de la ville avoient adopté.

Sur la fin de juillet, j'allai m'établir avec ma nièce chez M. de Valence, à Sielk, à cinq lieues d'Hambourg, dans une jolie maison de campagne qu'avoit louée M. de Valence; je n'y consentis qu'à condition que je lui paierois une pension; j'avois vendu au libraire Fauche trois cents frédérics d'or [1] *les Chevaliers du Cygne;* il y avoit long-temps que je n'avois touché autant d'argent à la fois; ce fut le prix que m'en offrit Fauche, qui a toujours été pour moi de la plus parfaite honnêteté. J'étois dans un tel dénûment lorsque je lui vendis cet ouvrage, que, s'il ne m'en eût offert que cinquante frédérics, je n'aurois pas hésité à le lui donner.

M. de Valence cultivoit lui-même son jardin : nous menions une vie aussi douce que solitaire, nous n'avions près de nous qu'un seul voisin (le seigneur du lieu), et ce voisin étoit pour nous l'ami le plus aimable et le plus zélé.

M. de Valence, qui avoit besoin d'un se-

[1] Un frédéric d'or valoit alors 22 francs de France. (Note de l'auteur)

crétaire, en prit un fort singulier; c'étoit l'une des deux sœurs Amazones qui avoient servi dans l'armée de Dumouriez avec tant de valeur et d'éclat, et sans que jamais on ait pu dire un mot défavorable sur leurs mœurs; elles s'appeloient mesdemoiselles Fernig [1]; la plus

[1] Le besoin d'une prompte et légitime défense fit de deux jeunes filles, modestes et timides, l'une âgée de treize ans, l'autre de quinze, deux soldats audacieux et redoutables. Pour protéger les femmes et les enfans du village de Mortagne, qu'elles habitoient, et que, presque toutes les nuits, les Autrichiens venoient insulter, les demoiselles Fernig (Félicité et Théophile) revêtirent les habits de leur frère, s'armèrent de fusils de chasse, et, mêlées aux gardes nationales du lieu, combattirent avec eux pour repousser les partis et les maraudeurs de l'ennemi. C'est dans les rangs de ces premiers défenseurs de l'honneur des familles et de la sûreté des foyers, que le général Beurnonville découvrit les demoiselles Fernig, trahies par le soin même qu'elles prenoient d'éviter ses regards. Le général les présenta à Dumouriez, qui se les attacha comme officiers d'état-major, ainsi que leur père et leur frère. Ces deux jeunes filles, au milieu d'un camp, devinrent les objets du respect et de l'admiration de toute l'armée. Elles combattirent à Valmy, à Jemmapes, à Anderlecht, à Nerwinde et dans toutes les affaires qui ont eu lieu jusqu'au 5 avril 1793, avec la valeur la

jeune, Théophile Fernig, âgée de vingt et un ans, avoit la plus jolie et la plus modeste figure et des petites mains blanches, délicates et charmantes ; ce fut elle qui vint à Sielk demeurer avec nous ; elle avoit une écriture superbe et une très-bonne orthographe ; la douceur et l'égalité de son caractère donnoient à son commerce un agrément infini. Dumouriez m'avoit conté d'elle beaucoup de traits intéressans, entre autres, celui-ci. Dans une bataille, le pistolet à la main, elle saisit un grand Autrichien qu'elle fit prisonnier, elle le conduisit sur-le-champ à Dumouriez, auquelle elle dit,

plus brillante. Dans un combat, en avant de Bruxelles, entraînées par leur ardeur, elles se trouvent au milieu de l'arrière-garde ennemie; un officier supérieur leur crie : Bas les armes ! La cadette s'avance, et, pour toute réponse, le jette à ses pieds d'un coup de pistolet. Dans la journée de Jemmapes, à l'attaque du village de Quaregnon cette même sœur se précipite, avec quelques chasseurs à cheval, sur un bataillon hongrois, et de sa main prend et désarme celui de tous ces grenadiers qui paroissoit le plus redoutable. La stature de ce prisonnier à pied dépassoit presque celle de son vainqueur à cheval. L'autre sœur accompagna M. le duc de Chartres, et ne le quitta pas dans les charges les plus périlleuses exécutées par ce général, aujourd'hui M. le

avec une petite voix douce et enfantine: *Mon général, voilà un prisonnier que je vous amène!*. Cette douce et jolie voix fit tressaillir l'Autrichien, qui fut inconsolable de s'être rendu à une jeune fille. J'ai vu d'elle, à Sielk, une action de ce genre. Un jour que nous étions chez notre voisine, madame Clrhost, pendant que tous les hommes de Sielk étoient à la chasse avec leurs valets, la cuisinière effrayée vint tout à coup nous dire qu'un brigand étoit entré dans la cuisine et y faisoit un ravage affreux; Théophile aussitôt, prenant un air martial, se lève, saisit une grosse canne res-

---

duc d'Orléans. Dumouriez, dont les demoiselles Fernig protégèrent la fuite, les entraîna avec lui; mais à peine eurent-elles touché la terre étrangère qu'elles se séparèrent de ce général, reprirent les habits de leur sexe, et reparurent, ce qu'elles avoient toujours été, timides et modestes. La stature de ces jeunes filles étoit peu élevée, et, douées de l'âme la plus forte, elles avoient les traits et la voix d'une extrême douceur. Elles ont erré longtemps loin de la France, guidant, consolant, nourrissant leur vieux père du fruit de leurs travaux. L'une a épousé un général belge; l'autre, Théophile, est morte à Bruxelles, et repose modestement, dit un de ses biographes, auprès des théâtres de sa gloire.

(Note de l'éditeur.)

tée dans un coin du salon, et sort impétueusement ; elle va dans la cuisine, se jette sur le voleur, le terrasse, lui fait demander grâce, et le chasse de la maison. Après cet exploit, elle revint près de nous avec autant de simplicité que si elle eût fait l'action la plus commune. Pendant tout le reste du jour, nous ne pouvions nous lasser de regarder ses jolies petites mains, si valeureuses et si fortes dans les occasions périlleuses.

J'écrivis dans cette campagne mon *Précis de conduite*, qui produisit en ma faveur un si grand effet en Allemagne, parce qu'il contenoit des faits irrécusables. Je ne puis m'empêcher de rapporter dans ces mémoires les pages qui le terminent :

« Qu'ai-je fait, avant et depuis la révolu-
» tion, qui ait pu m'attirer des ennemis ? J'ai
» toujours vécu aussi retirée que me le per-
» mettoit ma situation ; j'ai toujours eu la
» réputation d'être *sauvage;* toujours égale-
» ment occupée de mes enfans, des arts et
» de la littérature, je n'ai de ma vie sollicité
» une grâce de la cour; j'y ai toujours été
» rarement ; jamais on ne m'a vue chez un
» ministre. Si quelqu'un de mes amis entroit

» au ministère ; de cet instant il étoit perdu
» pour moi, car je cessois entièrement d'aller
» chez lui, et par conséquent de le voir. J'ai
» toute ma vie montré un désintéressement
» et un dénûment d'ambition qu'on a sou-
» vent trouvé poussés jusqu'à la singularité.
» Avant l'héritage de feu madame la maré-
» chale d'Estrée, je n'étois assurément pas
» riche, et j'ai constamment refusé tous les
» intérêts qu'on m'a mille fois offerts dans dif-
» férentes affaires. Dans ce même temps, je
» refusai toute espèce d'appointemens, en me
» chargeant de l'éducation de trois princes du
» sang : je les ai tous élevés gratuitement, et
» au lieu de me contenter de présider à leur
» éducation, comme auroit fait un gouver-
» neur, je leur ai donné, pendant l'espace de
» douze années, des leçons d'histoire, de my-
» thologie, de géographie, de littérature, de
» langue françoise (en les faisant composer),
» et je présidois aux leçons d'allemand, d'italien
» et de grec, qui se donnoient dans ma cham-
» bre, sans parler des longues leçons de harpe
» que je donnois régulièrement tous les jours à
» mademoiselle d'Orléans, qui n'a jamais eu
» sur cet instrument d'autre maître que moi.

» En mettant si peu de prix à la fortune, je n'ai
» jamais laissé échapper une occasion d'être
» utile à celle des autres, et j'ai eu le bon-
» heur d'y réussir souvent. Pendant les neuf
» ans que j'ai été au Palais-Royal, je n'ai
» employé l'ascendant que j'avois alors, qu'à
» faire du bien et à rendre des services; ce fut
» ainsi qu'aux sollicitations du vicomte de La
» Tour-du-Pin, et long-temps après du mar-
» quis de Chastellux, j'obtins les places de
» mesdames de La Charce et de Chastellux;
» ce fut ainsi que madame la comtesse de
» Blot s'adressa à moi afin d'obtenir une
» place pour sa nièce, une jeune personne
» âgée de quatorze ans (aujourd'hui. ma-
» dame la duchesse d'Aumont). On avoit
» beaucoup de répugnance à donner cette place
» à un enfant, je sollicitai avec ardeur et j'ob-
» tins. Je me suis depuis chargée de cette même
» jeune personne dans le voyage d'Italie, ayant
» d'elle le soin que j'aurois eu de ma fille;
» aussi m'appelloit-elle sa *petite mère*. J'ai
» conservé d'elle plusieurs lettres remplies de
» tendresse et de reconnoissance, qui attestent
» ces faits; et son cœur, qui est excellent, ne
» les désavouera certainement pas. Je m'atta-

» chai à elle de très-bonne foi; elle étoit jolie
» sans aucun germe de coquetterie, elle avoit
» une naïveté remplie de grâce, une âme sen-
» sible et beaucoup d'esprit naturel. Enfin,
» dans ce même temps, je rendis à un homme
» attaché depuis vingt ans au Palais-Royal (le
» chevalier de Durfort) un service qui fit
» toute l'aisance de sa vie, et tellement, qu'il
» m'appeloit sa *bienfaitrice*, et me donnoit ce
» titre en m'écrivant. J'ai rendu une foule
» d'autres services moins importans, et fait
» donner une multitude d'emplois subalternes
» à des infortunés d'une autre classe que je
» ne connoissois que par leurs malheurs, et
» qui s'adressoient à moi. Ne voyant point de
» gens de lettres, du moins d'habitude, j'ai
» toujours saisi avec empressement l'occasion
» de leur être utile, et même à ceux que je
» savois être mes ennemis, tels que M. de La
» Harpe et M. de Marmontel. Non-seulement
» je ne me suis jamais vengée (et je l'aurois
» pu bien souvent), mais jamais, ni dans
» mes écrits, ni dans ma conduite, je n'ai
» été un seul instant injuste pour ceux qui me
» haïssoient, louant avec plaisir ce qu'ils
» avoient d'estimable, et leur rendant le bien

» pour le mal toutes les fois que j'en ai trouvé
» l'occasion [1]. Il seroit sans doute ridicule de
» faire ainsi son éloge dans une situation ordi-
» naire, et c'est ce que je n'ai jamais fait, sans
» y être forcée; mais, après tant de calomnies
» et d'injustices sans nombre, je ne suis que
» trop autorisée à donner enfin cette apologie.
» Si on prend la peine de comparer les pré-
» faces de mes ouvrages avec celles des autres
» auteurs [2], assurément on les trouvera infi-
» niment plus modestes, car je ne les ai nul-
» lement écrites dans l'intention de faire mon
» *panégyrique ou l'énumération de mes succès.*
» On me reproche depuis long-temps, dans

[1] Il n'est pas inutile d'observer que j'ai publié toutes ces choses dans les pays étrangers, et dans les premières années de la révolution ; et que dans aucun écrit, même ennuyeux, on n'a osé nier ou démentir un seul fait de cet ouvrage.

(Note de l'auteur.)

[2] Il va sans dire que ceci souffre quelques exceptions, et que je ne parle qu'en général ; quelques auteurs, mais en bien petit nombre, ont fait des préfaces qui peuvent servir de modèle en ce genre ; entre autres (et mon témoignage en ceci ne sera pas suspect), M. de Voltaire, ainsi que je l'ai déjà dit plusieurs fois ailleurs.

(Note de l'auteur)

» beaucoup de satires, d'avoir un orgueil pro-
» digieux; dans un temps où l'on ne pouvoit
» m'accuser d'être intrigante ou ambitieuse,
» on répétoit de même que j'avois un orgueil
» excessif. On ne le trouvoit ni dans mes pré-
» faces, ni dans mes actions; on n'entroit à
» cet égard dans aucun détail, mais on pen-
» soit qu'une femme qui osoit se charger d'é-
» lever des princes du sang, qui osoit faire
» des ouvrages sur l'éducation, sur la reli-
» gion, et qui avoit la témérité de critiquer
» les philosophes modernes; que cette femme,
» dis-je, devoit avoir un orgueil intolérable.
» J'ai élevé, il est vrai, trois princes du sang,
» mais je pouvois penser, sans avoir beaucoup
» d'orgueil, que je remplirois aussi bien cet
» emploi qu'un homme de la cour, qui ne le
» rempliroit pas du tout; car, en général, les
» gouverneurs des princes abandonnoient tous
» les soins de l'éducation aux sous-gouver-
» neurs; et, d'ailleurs, il n'y avoit pas une
» grande présomption à croire qu'ayant con-
» sacré ma vie entière à l'étude, j'avois au-
» tant d'instruction et de connoissances ac-
» quises qu'un courtisan [1]. Enfin, ces enfans

[1] Je dis dans cette phrase, *en général*, car je recon

» ont été bien élevés, et c'est un fait qu'on a
» bien voulu ne pas contester. J'ai fait des ou-
» vrages sur l'éducation; d'autres femmes en
» ont fait, et personne ne s'est récrié sur leur
» orgueil; d'autres femmes ont donné des ou-
» vrages qui annoncent des prétentions bien
» plus ambitieuses : elles ont publié des poë-
» mes, des tragédies, des dissertations sur
» les auteurs grecs, des ouvrages de géomé-
» trie [1], et aucun auteur ne s'en est plaint.
» J'ai fait un ouvrage sur la religion, mais ce
» n'est point un ouvrage théologique. Je n'en-
» tre point dans le détail des mystères : c'est
» un traité de morale fondé sur les maximes
» éternelles de l'Évangile, c'est-à-dire, sur la
» *seule base solide* (comme l'exprime le titre) que
» puisse avoir la morale. J'ai critiqué les philo-
» sophes modernes et les encyclopédistes, voilà
» mon véritable crime. Si réellement j'avois eu
» de l'orgueil; si j'avois voulu me faire louer, me
» faire de puissans panégyristes, et une foule

nois qu'il y a eu plusieurs gouverneurs de princes, d'un mérite infiniment supérieur au mien.

(Note de l'auteur.)

[1] Et depuis des ouvrages sur la politique.

(Note de l'auteur.)

» de partisans et de prôneurs, je me serois
» tu sur la religion, et par conséquent sur les
» philosophes; on m'auroit pardonné (j'en ai
» eu l'assurance) de n'être pas *esprit fort*, si
» j'avois bien voulu me contraindre au si-
» lence; ce silence eût été payé par les flatte-
» ries les plus outrées. J'ai eu le désir et l'es-
» poir d'offrir des ouvrages purs et de quelque
» utilité, dans un temps où je voyois la mo-
» rale se corrompre tous les jours. J'ai par-
» faitement prévu que je me ferois beaucoup
» d'ennemis; et j'ai peint le sort que je pré-
» voyois, dans les *Lettres de M. de Lagraye au*
» *jeune Porphyre*, dans *Adèle et Théodore*,
» mon second ouvrage. J'ai voulu montrer dès
» lors que je m'attendois à tout ce que le res-
» sentiment et l'orgueil irrité me préparoient :
» l'événement a justifié cette prédiction dans
» tous ses détails. J'avoue cependant que cette
» prévoyance m'empêcha, pendant quelque
» temps, de publier mes ouvrages; et, sans
» le motif pressant d'humanité qui me fit don-
» ner le premier, pour tirer de prison trois
» infortunés condamnés injustement à y passer
» le reste de leurs jours, faute de pouvoir
» payer une somme considérable, peut-être

» n'aurois-je jamais eu le courage de me faire
» imprimer avant la révolution; car, depuis
» cette époque, le talent d'auteur devint ma
» principale ressource. Il est cruel pour une
» âme sensible d'exciter le ressentiment d'une
» multitude de personnes dont on n'a reçu au-
» cune offense, et qu'on estime à beaucoup
» d'égards. Du moins on ne peut me re-
» procher la plus légère responsabilité : si
» j'ai critiqué les ouvrages, j'ai constamment
» respecté les individus, quoiqu'ils n'aient
» pas eu les mêmes ménagemens pour moi;
» et je n'ai jamais critiqué que ce qui m'a
» paru contraire aux mœurs et à la reli-
» gion, et toujours en rendant justice aux
» talens.

» On a trouvé excessivement mauvais que
» j'eusse écrit que *la Nouvelle Héloise* est de
» tous les romans le plus invraisemblable et
» le plus immoral; on a ajouté que, pour
» soutenir une telle assertion, il falloit envier
» les talens de Rousseau. D'autres écrivains,
» avant et depuis moi, ont soutenu et prouvé
» la même vérité, ce qui n'est certainement
» pas difficile, et personne ne les a rangés

» dans la classe des envieux de Rousseau ¹. Si
» j'avois eu l'orgueil qu'on me suppose si gra-
» tuitement, en renonçant aux suffrages des
» encyclopédistes, j'en aurois sollicité quel-
» ques autres; mais je n'ai jamais cherché
» à me faire des partisans dans le clergé;
» je ne voyois point d'ecclésiastiques, je ne
» faisois point de visites à l'archevêché; je
» n'ai jamais flatté les gens de la cour et
» du grand monde. On trouve, entre autres,
» dans *Adèle et Théodore*, plusieurs pas-
» sages sur les rois, les reines, les princes
» et les courtisans, qui firent une sensa-
» tion dont mes amis s'effrayèrent; et l'on
» imprima alors, dans les papiers publics

¹ Je connois deux excellentes critiques de ce roman; l'une de M. de Marmontel, qui se trouve dans son *Essai sur les romans*; elle est de la plus grande force, et tout ce que j'ai dit sur ce sujet est infiniment plus adouci. L'autre critique, qui est aussi ingénieuse, piquante, et solide, contient beaucoup de détails qu'une femme n'auroit pu faire, surtout dans des ouvrages consacrés à la jeunesse; car il y a dans ce roman des choses si li-cencieuses, qu'il n'est pas possible qu'une institutrice puisse les citer à ses élèves. L'auteur de la critique les relève avec autant de finesse et de sagacité que de raison

(Note de l'auteur)

» anglois, en citant ces passages, qu'ils m'a-
» voient coûté la liberté, et que j'étois à la
» Bastille¹.

» Enfin, avec de l'orgueil, j'aurois fait con-
» noissance avec quelques journalistes, j'au-
» rois entretenu des correspondances, j'aurois
» fait imprimer, comme tant d'autres, des
» *vers à ma louange*, les lettres flatteuses

¹ C'étoit une exagération, comme tant d'autres sur le prétendu *despotisme de la censure;* je puis même assurer avec vérité, qu'*Adèle et Théodore*, loin d'irriter la cour, y réussit parfaitement bien. La censure d'autrefois a réprimé, et avec raison, des intentions insolentes et évidemment séditieuses, mais elle n'a jamais étouffé une vérité morale et par conséquent chrétienne. Qu'on relise les bons ouvrages du siècle de Louis XIV et du siècle dernier, et l'on y trouvera une vertueuse hardiesse qui, en général, a presque entièrement cessé, depuis la révolution; par exemple, on verra que nul prédicateur n'a parlé avec autant de force contre les conquêtes et les conquérans que Bossuet et Massillon; et, parmi les littérateurs, que Boileau, et Jean-Baptiste Rousseau; on n'en dira pas autant des philosophes modernes et des encyclopédistes, surtout de M. de Voltaire, qui, sur la guerre et l'esprit de conquête, a prodigué dans ses lettres particulières (toutes imprimées aujourd'hui) les plus basses flatteries à l'impératrice de Russie et au grand Frédéric; c'est à ce prince, qui lui avait envoyé des

» qu'on m'écrivoit; j'en aurois même quêté,
» en envoyant mes ouvrages aux princes étran-
» gers; je me serois fait recevoir de quelques
» académies étrangères, dont les femmes ne
» sont pas exclues, etc., etc. Au lieu de tout
» cela, je n'ai jamais connu, ni reçu de jour-
» nalistes; je n'ai point envoyé mes ouvrages
» aux souverains étrangers; je n'ai point fait

pilules purgatives, qu'il adressa ces vers infâmes en
tous sens :

> Enfin je vais être purgé
> Par la main royale et chérie,
> Qu'on vit, bravant le *préjugé*,
> *Saigner* l'Autriche et la Hongrie.

Craindre de répandre le sang humain est un *préjugé!*...
et comparer le carnage des batailles à une *saignée*, est
une image poétique et remplie de grâce!...

Notre inimitable La Bruyère, dans ses *Caractères*, loin
de s'avilir par ces odieuses flatteries, n'a pas craint, sous
le règne du souverain le plus magnifique et même le plus
fastueux, de faire la critique la plus animée, la plus piquante, du luxe inutile dans les chefs des nations : il
suppose un berger ayant un habit d'or, une panetière
d'or, une houlette d'or, et il ajoute : *que fait tant d'or à
son troupeau?...* et Louis XIV, loin de témoigner du
mécontentement de ce trait et de tant d'autres du même
genre, montra toujours hautement la plus grande estime
pour l'ouvrage et pour l'auteur.

(Note de l'auteur.)

» parade des preuves particulières d'estime et
» d'indulgence que j'ai reçues. Je ne me suis
» jamais vantée que d'un hommage, qui n'a-
» voit rien de commun avec les talens litté-
» raires, mais qui devoit toucher le cœur : ce
» fut une députation que m'envoyèrent les six
» corps des marchands de Paris, avec une
» lettre signée par eux, et que je conserverai
» toujours, et dans laquelle ils me remer-
» cioient d'avoir fait un volume du *Théâtre*
» *d'Éducation pour les enfans du peuple*. Je
» me suis glorifiée d'avoir été le premier au-
» teur qui ait fait un ouvrage sur l'éducation
» de cette classe si intéressante, si dédaignée
» alors, si flattée depuis, et si corrompue au-
» jourd'hui. Je n'ai été reçue d'aucune acadé-
» mie. Loin d'entretenir des correspondances,
» comme j'étois accablée de lettres, je renon-
» çai à en recevoir par la poste, plusieurs
» années avant la révolution; de sorte que
» tous les étrangers qui m'ont écrit depuis
» cette époque, ont été fort peu satisfaits de
» ma politesse, ignorant vraisemblablement
» (quoique j'en eusse averti dans une note
» d'un de mes ouvrages), que c'étoit un sa-
» crifice général que je m'étois imposé. Il faut

» conclure de cette récapitulation, que si je
» suis orgueilleuse et avide de succès écla-
» tans et de louanges, je suis d'une inconce-
» vable stupidité, car, assurément, je ne me
» suis pas conduite de manière à parvenir au
» but qu'un tel caractère se propose. Non, j'ai
» été trop frappée, dès ma première jeunesse,
» des inconvéniens de ce vice affreux, pour
» n'avoir pas su m'en garantir; la basse en-
» vie, la flatterie mercenaire, l'injustice, l'in-
» gratitude, les ressentimens implacables, tels
» sont les détestables fruits de l'orgueil. Ah!
» qui a long-temps vécu et réfléchi, sait ap-
» précier les éloges de la multitude! Il n'y a
» que deux suffrages désirables pour un cœur
» droit et sensible, le sien, et celui de l'amitié.
» J'ai vu tant de brillantes réputations se for-
» mer et s'affoiblir; j'en connois tant d'autres
» qui s'anéantiront, ou qui subiront une af-
» freuse révolution; j'ai si bien connu tous les
» petits ressorts que la vile intrigue sait em-
» ployer, pour obtenir une célébrité sûre,
» mais éphémère; j'ai vu ce vain désir pro-
» duire tant de faussetés, de méchancetés et
» de noirceurs, que, sans peine et sans ef-
» forts, j'ai su, depuis long-temps, me ren-

» fermer en moi-même, et me contenter de
» ma propre approbation. En effet, qui vou-
» dra bien lire mes ouvrages avec quelque at-
» tention, y trouvera certainement tous les
» caractères de la vérité, et d'une parfaite im-
» partialité; et la preuve en est, que, dans
» tous, il y a de quoi déplaire à tous les
» partis. »

J'ai pensé que le détail qu'on vient de lire, loin d'être déplacé dans mes Mémoires, devoit nécessairement s'y trouver. Maintenant je vais reprendre le fil de ma narration :

J'étois fort aimée à Hambourg, l'une des villes les plus hospitalières de l'Allemagne; ce qui n'empêchoit pas les libellistes de continuer contre moi leurs calomnieuses déclamations, qui, comme on sait, ne prouvent jamais rien, et qui, faute de matière, devinrent si extravagantes, qu'elles n'excitèrent généralement que le mépris et l'indignation. En voici quelques traits qui feront juger du reste : dans un de ces écrits on disoit qu'on m'avoit vue avec le comte de Potocki au spectacle, déguisée en jockei; dans un autre, que j'avois été en Suisse, pour y épouser M. Necker, devenu veuf; et enfin, dans un article daté d'Hambourg, et inséré, le 3 *floréal*, dans la feuille intitulée le *Spectateur de Paris*, un anonyme m'identifie avec une personne que je n'ai pas l'honneur de connoître; il m'appelle la *ci-devant comtesse de Flahault Genlis*, ignorant que ces deux noms désignent deux personnes différentes, qui n'ont entre elles aucune espèce de rapport, ni de liaison. Quelle foi peut-on ajouter à des calomniateurs aussi évidemment mal instruits, et qui font de telles bévues [1] ?

Après avoir tant souffert, je me trouvois aussi heureuse que je pouvois l'être, avec d'affreux souvenirs si récens encore. J'étois fort liée avec madame Matthiessen et toute sa famille. Son fils, l'un des négocians d'Hambourg les plus distingués par son mérite, son excellent caractère, sa fortune, et la considération dont il jouissoit, devint amoureux de ma nièce Henriette de Sercey : sa mère me la demanda en mariage pour lui. Je parlai à Henriette, qui me répondit qu'elle y consentoit avec joie, parce que M. Matthiessen étoit l'homme du

---

[1] Bévues que je viens de voir se renouveler dans les biographies des *Contemporains*. (Note de l'auteur.)

monde qu'elle estimoit le plus. Néanmoins, j'exigeai que l'un et l'autre fissent bien leurs réflexions pendant six mois. Ma nièce avoit vingt et un ans, M. Matthiessen en avoit quarante-quatre. Au bout de six mois ce mariage se fit. Je déclarai, dès le même jour, malgré les regrets de ma nièce et les offres obligeantes de M. de Matthiessen, que je ne resterois point avec eux, ni à Hambourg, ni même à Sielk. Rien ne put me faire manquer à cette résolution, car je ne voulois pas que l'on pût croire que j'avois marié ma nièce à un négociant par quelques vues d'intérêt personnel. Au reste, les grands négocians, dans cette ville commerçante, étoient les premiers personnages de la société, et M. Matthiessen, par ses vertus et sa réputation, en étoit l'un des plus recommandables; ma séparation d'avec ma nièce laissa un grand vide dans ma vie; Henriette est une des plus aimables personnes que j'aie jamais connues; elle joint à un excellent cœur, à des talens charmans, à un esprit fin, délicat et cultivé, une parfaite égalité de caractère, et une obligeance et une gaieté incomparables; il n'existe point de société plus douce, plus piquante, et plus aimable que la sienne.

Huit jours après son mariage, je partis pour Berlin, où je me mis en pension chez mademoiselle Bocquet, qui tenoit une maison d'éducation la plus fameuse de la ville. Mademoiselle Bocquet étoit alors âgée de quarante ans, elle étoit grande, bien faite, elle auroit été belle encore, si son teint n'eût pas été extrêmement couperosé : elle avoit de grands yeux noirs fort brillans et fort spirituels; il y avoit de la rudesse dans sa physionomie, mais elle savoit l'adoucir, quand elle étoit bienveillante, et l'on n'y trouvoit alors qu'une expression très-vive et très-animée; elle avoit beaucoup d'esprit, savoit parfaitement le françois, l'écrivoit bien, et faisoit même de fort jolis vers; son caractère étoit impérieux et violent, et tous ses sentimens passionnés; elle aimoit et elle haïssoit avec fureur, et son amitié avoit la susceptibilité, l'exigence, et toutes les jalousies de l'amour. Elle me reçut à bras ouverts, elle s'étoit passionnée pour moi, par mes ouvrages. Son accueil me charma, ainsi que sa conversation : je me trouvai tout de suite à mon aise avec elle; elle avoit une société très-aimable, composée des personnes les plus spirituelles de Berlin, entre autres, MM. Hermann, père et fils, M. Ancillon[1], M. Mayet, directeur des manufactures, de famille réfugiée, homme aussi aimable que spirituel, et qui faisoit aussi des vers charmans; il en a fait beaucoup pour moi : je citerai seulement la pièce suivante :

> Il est au ciel une déesse
> Assemblage heureux de bonté,
> De force d'âme, de sagesse,
> De modestie et de fierté.
>
> Dans tous les beaux-arts elle brille :
> Faites-lui prendre, à votre choix,
> Le pinceau, la plume ou l'aiguille,
> Un chef-d'œuvre naît de ses doigts.

[1] Prédicateur, historien et professeur, issu d'une famille de réfugiés françois, J.-P.-F. Ancillon est né à Berlin en 1766. Il a publié des Sermons, des Voyages, des Mélanges de Littérature et de Philosophie, un Tableau des Révolutions et du Système Politique de l'Europe au quinzième siècle. Cet ouvrage, écrit en françois et non moins remarquable par le style que par la force des raisonnemens, a été traduit en allemand par M. Ancillon lui-même. Le roi de Prusse l'a nommé conseiller d'état, gouverneur de son fils le prince royal et de son neveu, et l'a décoré des ordres du Mérite-Civil et de l'Aigle-Noir. (Note de l'éditeur.)

Lorsque la harpe ravissante
Se fait entendre dans les cieux,
Du nectar la coupe enivrante
S'échappe de la main des dieux.

Ce fut elle qui dans Ithaque,
Sous la figure de Mentor,
Forma le jeune Télémaque
Aux vertus du beau siècle d'or.

On ne la peint pas dans cet âge
Qui fuit si vite et sans retour,
Où la fraîcheur d'un beau visage
Est le seul droit à notre amour.

Mais, sous les fruits dont se décore
L'immortel été de ses ans,
L'œil enchanté découvre encore
Toutes les fleurs de son printemps.

Pâris jugea comme un jeune homme,
Séduit par un éclat trompeur :
Ah! Minerve auroit eu la pomme,
Si Pâris avoit eu mon cœur.

Mais à ce mot, chacun observe
Qu'avec tous ces traits embellis,
Le portrait flatté de Minerve
N'est qu'une esquisse de Genlis.

Lit-on Genlis, chacun désire
De la voir, de l'interroger;
La connaît-on, notre délire
Ne permet plus de la juger.

Beaucoup d'autres personnes, de ce qu'on appeloit la colonie françoise ou les réfugiés, faisoient aussi des vers avec beaucoup de succès, particulièrement madame Reclam, une amie de mademoiselle Bocquet.

Parmi les pensionnaires, j'en pris trois en amitié, qui étoient charmantes, entre autres mademoiselle Gerlach, qui étoit belle comme un ange; je leur appris à faire des fleurs artificielles. Mademoiselle Bocquet avoit un frère pasteur, qui étoit fort savant, et de l'académie royale de Berlin; sa femme étoit une jeune et jolie personne, également intéressante par l'esprit, la douceur, les talens et la conduite; elle avoit une voix ravissante et chantoit à merveille. M. Bocquet, qui cultivoit aussi les arts et les sciences, jouoit parfaitement du piano, nous passions des soirées délicieuses; ma harpe ravissoit mademoiselle Bocquet, j'en jouois tant qu'elle vouloit, et nous faisions régulièrement de la musique tous les soirs. Mademoiselle Bocquet m'avoit parfaitement bien logée, elle avoit pour moi toutes les attentions de la plus vive et de la plus tendre amitié; je répondois à ses sentimens du fond de l'âme. Je m'applaudissois d'être venue à Berlin; je trouvois seulement que mademoiselle Bocquet me faisoit voir trop de monde, et me prenoit trop de temps; mais l'amitié fait tout passer, et je lui sacrifiois de grand cœur une partie de mes études. Je m'étois remise à travailler aux *Vœux téméraires*. Je joignis à mes études les lectures de romans allemands, que je faisois tous les jours avec mademoiselle Bocquet; elle m'y perfectionna, car j'avois déjà eu à *Belle-Chasse* un maître de langue allemande, seulement pour la lecture.

Les fous me poursuivoient; j'avois déjà rencontré l'intéressante Antonia et l'infortuné M. Smith; et, au bout de peu de jours, je découvris chez mademoiselle Bocquet qu'elle avoit une sœur entièrement folle, et dont la folie, disoit-on, étoit extrêmement douce. Elle logeoit à côté de moi, je n'étois séparée d'elle que par une cloison, et j'avoue que le vacarme qu'elle faisoit souvent la nuit me causoit beaucoup de frayeur; cependant, comme j'étois en possession de gagner les cœurs de tous les fous, je fis une vive impression sur celui de cette pauvre fille. Comme on la menoit tous les jours à la promenade, je la rencontrois souvent dans les corridors; alors elle se précipi-

toit vers moi pour m'embrasser, et je devins
bientôt l'objet de ses rêveries nocturnes ; presque toutes les nuits elle m'appeloit à grands
cris, en me donnant les noms les plus tendres; je priai un soir mademoiselle Bocquet de
venir l'entendre, ce qu'elle fit : elle rit beaucoup de ses exclamations passionnées, mais
elle sentit que pour mon repos il falloit la
séparer de moi ; il fut décidé qu'on la mettroit
en pension. Pour l'y déterminer, on lui promit
que, lorsqu'elle auroit été *bien sage*, on la
feroit venir dîner avec nous, de temps en temps;
elle y dîna le jour de son départ. Elle voulut
être placée auprès de moi, la jeune madame Bocquet étoit de l'autre côté ; la moitié du dîner
se passa assez bien, la folle s'obstinoit à mettre sur mon assiette la moitié de tout ce qu'on
lui donnoit ; mais à la fin de l'entremets je vis
clairement qu'elle prenoit de l'humeur, et qu'elle
lançoit des regards affreux à la jeune madame
Bocquet ; elle étoit devenue jalouse de mon
amitié pour elle. Après le dîner elle ne nous
suivit point quand nous entrâmes dans le
salon ; à peine y étions-nous assises que je
vis entrer précipitamment Jenny, nièce de
mademoiselle Bocquet (que j'ai eue depuis avec

moi); Jenny ferma brusquement la porte au verrou, elle tenoit dans sa main un énorme et lourd bouchon d'une carafe de cristal ; nous la questionnâmes, et elle nous dit qu'elle avoit vu la folle s'emparer subitement de ce bouchon ; que, lui ayant demandé ce qu'elle en vouloit faire, la folle avoit répondu qu'elle étoit décidée à le jeter à la tête de cette *insolente petite Bocquet* qui lui enlevoit mon cœur. Ce récit nous fit frémir. Mademoiselle Bocquet alla sur-le-champ trouver sa sœur, qui étoit tombée dans des accès inexprimables de colère et de rage; on fut obligé d'user de violence pour la ramener à sa pension, on l'y retint en pénitence pendant plus de quinze jours, elle fit tant de protestations de *sagesse*, qu'on la laissa revenir, mais seulement en visite, et toujours en l'absence de madame Bocquet. Sa passion pour moi continua, elle m'apportoit de temps en temps de petits présens, entre autres des mitaines qu'elle avait tricotées pour moi; et, pour qu'elles eussent quelque chose de particulier, elle imagina de tricoter à l'extrémité de la pate un petit bas en miniature parfaitement bien fait : c'étoit un vrai chef-d'œuvre de travail et d'extravagance. J'avois bien recommandé qu'on ne la laissât jamais entrer chez moi sans sa sœur; mais un jour elle échappa au surveillant et je la vis tout à coup paroître dans ma chambre, dont elle referma la porte sur elle; je faisois une natte de paille, elle s'approcha, et, malgré son égarement habituel, elle remarqua sur ma physionomie une vive impression de frayeur : elle en fut irritée, et me dit d'un ton menaçant : « Je vous fais peur ! » Ses yeux étincelans portèrent au comble mon effroi; mais je tâchai de le dissimuler, et je lui dis deux ou trois phrases bienveillantes qui l'adoucirent un peu, sans la calmer tout-à-fait. Elle regarda mon ouvrage; et, saisissant mes ciseaux, qui étoient sur la table, elle me dit, avec un sourire affreux : « J'ai bien envie de couper tout cela !... » Ces paroles me firent frissonner, mais je conservai toute ma présence d'esprit : je l'assurai que je ne la craindrois jamais, qu'elle possédoit toute ma confiance, et je la désarmai; elle me rendit mes ciseaux, et demanda en échange de lui donner un livre qu'elle vit sur mes tablettes; et dont elle s'empara; dans ces entrefaites, mademoiselle Bocquet survint, qui me débarrassa d'elle sans aucune scène.

J'étois depuis six semaines à Berlin, lorsqu'un jour M. Mayet vint m'avertir qu'il savoit, à n'en pouvoir douter, que les émigrés, en faveur auprès du roi employoient tout leur crédit à me faire renvoyer. Le roi étoit père de celui qui est maintenant sur le trône, il avoit une véritable passion pour la musique : ce que certains émigrés craignoient surtout en moi, c'étoit ma harpe, on en parloit beaucoup; le roi témoigna quelque curiosité de m'entendre, il n'en fallut pas davantage pour exciter des craintes qui décidèrent à tout employer pour me faire bannir de Berlin. Un incident, formé par le hasard, servit puissamment à ce dessein; l'abbé Sieyes étoit alors à Berlin, je ne le connoisois pas du tout, pas même de vue : je haïssois tout ce que je savois de sa conduite politique et tout ce que j'avois lu de ses ouvrages, ainsi je n'avois avec lui aucune espèce de rapport; un matin, cherchant quelqu'un et se trompant d'adresse, il entra dans notre maison, y resta assez long-temps à chercher inutilement la personne qu'il vouloit voir, enfin il s'en alla; on sut qu'il étoit entré chez mademoiselle Bocquet, et l'on transforma cette méprise en une visite que l'on prétendoit que j'avois reçue. On le dit au roi, qui le crut; en même temps madame de ***, avec laquelle je n'avois jamais eu le moindre rapport, présenta au roi un mémoire contre moi, dans lequel j'étois peinte sous les plus noires couleurs, comme ayant beaucoup contribué à la révolution, et comme étant capable de bouleverser le *Brandebourg et la Prusse*. Le roi, après avoir lu ce mémoire, dit, en propres termes, qu'*il ne m'excluroit jamais de sa bibliothéque, mais qu'il ne me souffriroit pas dans ses états;* en conséquence il m'envoya à midi un exempt de police, qui me signifia, en me montrant son ordre par écrit, que j'eusse à partir de Berlin et des états du roi sous deux heures, et qu'il étoit chargé de venir avec moi jusqu'aux frontières. Ce fut un véritable coup de foudre; renvoyée ainsi et avec un tel éclat, il étoit naturel de craindre que l'on imagineroit universellement que j'avois donné lieu, par les choses les plus étranges et les plus coupables, à une mesure aussi violente, et qu'alors je ne serois reçue nulle part. Ce malheur étoit d'autant plus grand, que mademoiselle Bocquet étoit convenue d'un excellent arrangement avec un libraire pour la vente de mes *Vœux téméraires*, dont il n'y avoit encore qu'un quart de fait. Il me restoit environ quatre-vingts louis ; car, outre *les Chevaliers du Cygne*, j'avois vendu cent louis mon *Précis de Conduite*, et six cents francs quelques poésies, que j'avois fait imprimer séparément à Hambourg, entre autres, l'*Épître à l'Asile que j'aurai*. Je l'avois faite dans une auberge d'Harbourg, où j'avois passé la nuit sur une chaise, pour ne pas coucher dans un lit dégoûtant. Mademoiselle Bocquet m'offrit généreusement de me prêter de l'argent, que je refusai. J'opposai le courage et un sang-froid inaltérable à ce revers inattendu et si peu mérité ; mademoiselle Bocquet fondoit en larmes ainsi que toutes les jeunes personnes de la pension, et jusqu'aux servantes. Cette scène touchante me rappela celle de mon départ du couvent de Bremgarten ; je trouvai que l'on n'est point entièrement à plaindre, lorsqu'on a le bonheur de se faire aimer ainsi. Cependant l'exempt de police, sa montre à la main, pressoit mon départ ; mademoiselle Bocquet me prit en particulier pour me dire, en sanglotant, qu'elle craignoit que l'on ne me conduisît dans la forteresse de Laudau, et qu'alors on saisiroit tous mes papiers; qu'en les examinant, on auroit beau voir qu'ils étoient fort innocens, on ne me les rendroit pas, et qu'elle me conseilloit de les lui laisser, parce qu'elle avoit un moyen sûr de conserver ce dépôt, si par hasard on venoit les chercher dans sa maison. Je les lui confiai tous, ainsi que la plus grande partie de mon petit bagage, plusieurs cassettes, ma harpe, ma musique, et la moitié de mon linge et de mes habits, car j'avois acheté beaucoup de choses à Hambourg; d'ailleurs, je fus forcée de lui donner cette preuve de confiance; au moment de partir, je n'avois point de voiture; un ordre du ministre me prescrivoit de partir en poste à mes propres frais; despotisme bizarre, qui fit penser à mademoiselle Bocquet que l'on vouloit me conduire dans une forteresse. Comme nous n'eûmes pas le temps de chercher une voiture, j'acceptai la première que, dans notre rue, un voisin (M. Parandier) voulut bien me prêter. C'étoit une espèce de petite calèche entièrement découverte, on y pouvoit tenir quatre. Je n'emportai qu'un porte-manteau; mademoiselle Bocquet m'accompagna jusqu'à la première poste, afin de voir quelle route on feroit prendre à la voiture, parce que, si l'on m'eût conduite à Landau, elle vouloit le savoir, afin de pouvoir faire sur-le-champ, par elle et par ses amies, toutes les démarches nécessaires pour m'en tirer. Elle voulut aussi que son neveu, lorsqu'elle me quitteroit, me suivît jusqu'à Hambourg.

Lorsque nous quittâmes la maison pour monter en voiture tous les quatre, mademoiselle Bocquet, son neveu, l'exempt et moi, nous trouvâmes la rue entièrement remplie de peuple et de curieux, accourus et rassemblés pour voir cette malheureuse émigrée, enlevée par ordre du gouvernement. J'eus la consolation de recevoir des marques universelles du vif intérêt que j'inspirois à toute cette multitude. L'exempt ne savoit pas un seul mot de françois : ainsi sa présence ne nous empêcha pas de causer librement. A la première poste, je me séparai de mademoiselle Bocquet, non sans un profond attendrissement. J'étois pénétrée de toutes les preuves d'amitié qu'elle m'avoit données; son neveu continua de voyager avec nous. Mon exempt de police étoit un fort bon homme; il avoit ordre de payer sa nourriture, je ne le souffris point; je le fis toujours manger avec nous, il trouva que ce procédé avoit *beaucoup de grâce*. Il me prit en amitié, me dit qu'il ne savoit pas pourquoi l'on me renvoyoit, et que ce n'étoit sûrement pas pour *ma malice*. Il m'étoit ordonné d'aller jusqu'à la frontière sans m'arrêter, excepté pour les repas. Nous fûmes obligés de passer une nuit : nous étions aux derniers jours de l'automne, il faisoit froid ; la voiture, comme je l'ai dit, étoit absolument découverte ; on m'avoit prêté, en partant, une grosse redingote de drap et un parapluie. A la nuit, la pluie vint avec beaucoup de force ; j'aurois pu m'en garantir avec mon parapluie ; mais les chemins étoient bordés de haies et de grands buissons, que rien ne pouvoit empêcher de côtoyer, et les branchages chargés de pluie, accrochés par la voiture, nous inondoient. Je me trouvai si mouillée et si pénétrée de froid au milieu de la nuit, qu'étant dans une forêt, j'obtins de mon exempt de s'arrêter une demi-heure dans la cahute d'un garde de chantier de bois, devant laquelle nous passions ; il y avoit un petit poêle dans cette cahute, elle sentoit extrêmement la fumée de pipe ; mais il y faisoit très-chaud, je m'y trouvai fort bien, je m'y séchai de mon mieux, et je cédai aux instances de mon exempt en buvant quelques gouttes d'eau-de-vie qui achevèrent de me réchauffer ; nous nous remîmes en route, et nous arrivâmes le lendemain de bonne heure à la frontière. L'exempt m'avoit pris tellement en amitié, qu'il vouloit me conduire jusqu'à Hambourg ; je le remerciai de cette offre obligeante, que l'on pense bien que je n'acceptai pas. Il m'avoit prévenu qu'il avoit ordre, quand il me quitteroit, de me présenter un papier, sur lequel je devois prendre l'engagement de ne jamais retourner en Prusse. Je lui dis que je ne savois pas écrire l'allemand et que j'écrirois en françois ; j'ai déjà dit qu'il n'entendoit pas un mot de cette langue. J'écrivis sur le papier qu'il me donna ce qui suit :

> Malgré mon goût pour les voyages,
> Je promets, avec grand plaisir,
> D'éviter, et même de fuir
> Ce royaume dont les usages
> N'invitent pas à revenir.

Mon exempt prit bonnement ces vers, croyant que j'avois écrit ce qu'il m'avoit dicté. Il porta cet impromptu au ministre, qui en rit beaucoup et le montra. Ces vers coururent et furent imprimés dans quelques gazettes. Le neveu de mademoiselle Bocquet ne me quitta qu'à Hambourg ; il y passa même deux jours ; je lui donnai une lettre de huit pages pour mademoiselle Bocquet, dans laquelle je lui mandois, ce qui étoit vrai, que, malgré ma triste aventure de Berlin, j'étois reçue à bras ouverts à Hambourg. J'y pris un logement, et je me mis en pension chez une veuve, ce qui me coûta assez cher, parce que je n'eus pas le temps de marchander. Trois semaines après, mademoiselle Bocquet m'envoya par la diligence tous mes manuscrits et une malle contenant le reste de mon bagage ; elle avoit chargé de ce dépôt sa nièce, âgée de seize ans, nommée Jenny Riquet, dont j'ai déjà parlé, qu'elle me prioit de garder tant que je voudrois pour demoiselle de compagnie, sous la seule condition de ne jamais lui parler de religion ; elle étoit protestante. Je fis cette promesse et je l'ai tenue fidèlement. Jenny avoit une figure agréable, un teint éblouissant, une jolie taille, toute l'innocence de son âge, un caractère plein de douceur, de l'esprit naturel et l'âme la plus sensible. Elle eut pour moi un charme particulier dès le premier abord, celui d'avoir un son de voix enchanteur ; chose si rare, et surtout parmi les personnes de sa nation ; la langue allemande étoit harmonieuse et douce dans sa bouche; elle savoit assez bien le françois, elle l'écrivoit passablement, sauf quelques fautes d'orthographe. Elle étoit fille d'un négociant de Magdebourg; elle avoit été élevée dans l'opulence jusqu'à l'âge de seize ans, à cette époque elle se trouva orpheline et complétement ruinée.

Je revis ma nièce Henriette avec un grand plaisir; elle avoit à Hambourg une existence charmante, par la fortune et la considération de son mari, et la manière si distinguée dont elle faisoit les honneurs de sa maison : on n'a jamais eu plus de politesse, de grâce, et des manières plus nobles; elle étoit bienfaisante sans ostentation, et d'une obligeance extrême pour les émigrés; elle joignoit à ces excellentes qualités beaucoup d'instruction, et des talens charmans : peignant à merveille dans plus d'un genre, ayant une voix ravissante, chantant parfaitement, sachant l'anglois, l'italien et l'allemand, ayant une adresse véritablement de fée, et enfin écrivant de la manière la plus distinguée, et avec une écriture parfaite. Durant son éducation, je lui avois donné des sujets de composition, ainsi qu'à tous mes autres élèves; mais étant restée beaucoup plus longtemps avec moi, elle les a surpassés tous en ce genre. Elle acheva de se former le style, par une idée ingénieuse qu'elle eut d'elle-même : elle copioit tous mes ouvrages, elle me pria de ne mettre qu'une barre sur mes ratures, afin qu'elle pût les lire et m'en demander raison ; je lui expliquai, pendant quelque temps, pourquoi j'avois effacé telle ou telle phrase : ensuite je lui demandai à mon tour de trouver elle-même, le motif de ces ratures, elle le devinoit presque toujours ; on n'imagine pas combien cet exercice a formé son esprit et son style. Enfin, pendant tout le temps de mon séjour à *Brevel* et à *Berlin*, elle m'écrivoit avec une extrême régularité, sur du grand papier avec une large marge, et à sa prière je lui répondois sur le même papier, en corrigeant et en critiquant ses lettres, que je lui renvoyois : ce qui formoit ma réponse. Ce que l'on doit le plus admirer en ceci, c'est la modestie qui lui persuadoit qu'elle avoit toujours besoin de leçons, lorsqu'elle étoit universellement admirée par son esprit et sa manière d'écrire. Elle me fit à ce voyage trois présens qui me furent bien agréables : une apothicairerie dans une charmante petite armoire de bois d'acajou, que j'ai donnée par la suite à mademoiselle Bocquet; une boîte angloise à couleurs, et une belle écritoire angloise, remplie d'outils du fini le plus précieux. J'ai donné successivement les outils, mais j'ai conservé l'écritoire que j'ai encore, et sur laquelle j'ai écrit presque tous les ouvrages que j'ai faits depuis [1]. Je fis connoissance à Hambourg, avec une charmante jeune dame âgée alors de vingt ans, qui s'appeloit la comtesse Cordélie de Wédercop : elle étoit jolie, remplie de talens, de grâce et de bonté. Je voulois m'établir dans une chaumière du Holstein, madame de Wédercop se chargea de me la choisir aux environs de son château. Elle partit de Hambourg avant moi; peu de jours après, elle m'écrivit qu'elle m'avoit trouvé ce que je désirois; je n'avois presque plus d'argent, *Les Vœux téméraires* n'étoient pas finis, à beaucoup près : j'avois encore les trois quarts de l'ouvrage à faire ; ainsi je n'avois rien à vendre à un libraire. Mon marché conditionnel de Berlin étoit rompu par mon départ. Dans

---

[1] Par la suite M. de Valence me demanda cette écritoire, que je lui ai donnée.

(Note de l'auteur.)

cet embarras, j'imaginai de vendre à Henriette *Les Vœux téméraires ;* je les aurois vendus trois cents livres à Berlin, je n'en demandai à ma nièce que cent, et seulement cinquante comptant, en convenant qu'elle me donneroit le reste, quand je lui livrerois le manuscrit, qu'elle se chargea de faire imprimer, à ses frais et à son profit. Elle trouva que ce marché étoit excessivement désavantageux pour moi, elle vouloit me donner davantage; je n'acceptai rien de plus. Je revis, dans ce voyage à Hambourg, Paméla et son mari, qui vinrent exprès me faire une petite visite. Je m'aperçus que lord Edward avoit des principes fort exagérés sur la liberté politique, et contre son gouvernement. Je soupçonnai qu'il s'engageoit dans de mauvaises affaires; j'en parlai à Paméla, pour lui conseiller d'employer à l'en détourner son ascendant sur lui; elle me fit une réponse digne d'être rapportée : elle me dit qu'elle s'étoit imposé la loi de ne pas lui faire une seule question sur les affaires, par deux raisons : la première, parce qu'elle n'auroit, à cet égard, aucune influence sur lui, la seconde afin, si les choses tournoient mal, et qu'elle fût interrogée juridiquement, de pouvoir jurer sur l'Évangile, qu'elle ne savoit rien, et ainsi de ne pas se trouver dans l'affreuse alternative, ou de le dénoncer, ou de faire un faux serment. J'admirai cette réponse, qui étoit en effet au-dessus de son expérience et de son âge. Ce voyage augmenta, s'il étoit possible, la tendresse que j'avois pour elle. Dans tout l'éclat de sa jeunesse et de sa ravissante beauté, elle s'étoit conduite jusque-là avec une rare perfection; elle étoit mariée depuis quatre ans, elle étoit adorée de sa famille, de son mari; et même un de ses oncles lui avoit donné personnellement une jolie maison de campagne. Elle avoit un garçon qu'elle avoit nourri; elle arriva grosse de huit mois à Hambourg, où elle accoucha d'une fille, qu'elle a nourrie aussi : ce qui prolongea de six semaines mon séjour à Hambourg; enfin elle venoit de me donner la plus grande preuve d'amitié, en accourant pour me voir dans l'état où elle étoit. Je la trouvai plus charmante que jamais, de sorte que je me séparai d'elle avec une vive douleur, surtout en pensant que son mari alloit s'engager dans de périlleuses aventures.

M. de Valence eut la bonté de me conduire dans le Holstein : nous nous rendîmes à Dolrott, au château de madame de Wédercop, où il resta trois jours; pour moi j'y fus retenue cinq semaines qui s'écoulèrent très-agréablement. Madame de Wédercop étoit charmante à tous égards, et elle avoit pour moi les soins et les attentions de la fille la plus tendre. En voici un trait. Je fus émerveillée, en arrivant dans le château, de l'appartement qu'on me donna. Il étoit d'une grandeur et d'une beauté remarquables, et j'y trouvai une toilette, montée en argenterie et de la plus grande magnificence; je découvris le lendemain que madame de Wédercop avoit cru devoir me donner son propre appartement. On pense bien que je ne le gardai point, mais il me fallut soutenir un véritable combat pour la déterminer à le reprendre. Pour sentir le prix de semblables procédés, il faut avoir éprouvé la perte subite de fortune, de rang, de patrie, et tout l'isolement de l'émigration. M. de Wédercop[1], jeune

---

[1] M. de Wédercop avoit une singularité si étrange, qu'elle mérite d'être mentionnée. Je m'étonnai de ne pas voir une seule fleur dans les jardins et dans les parterres à Dolrott, ni dans les beaux vases du salon, et j'appris, avec plus de surprise encore, que ces char-

encore, étoit aimable, instruit, et de la société
la plus agréable : quoiqu'ils fussent protestans,
ils avoient recueilli un bon prêtre émigré,
l'abbé Marié, qui étoit un homme d'un très-
grand mérite. Je vis dans ce château les personnes les plus distinguées du voisinage, qui
formoient une excellente société. Le château
étoit très-beau et arrangé avec beaucoup d'élé-
gance. Nous fimes beaucoup de musique ; je
jouois presque tous les jours de la harpe dans
le salon, j'y composai plusieurs romances que
j'ai fait imprimer depuis, et dont j'avois fait
aussi la musique, que j'ai perdue. J'y fis aussi
ces vers pour madame de Wédercop :

*Vers sur l'arabesque du nom de Cordélie, que je peignis
et que je donnai à M. de Wédercop.*

Quoi ! pour le nom de Cordélie,
Quel est l'artiste sans génie
Qui ne présente à nos regards
Que les seuls attributs de l'amour et des arts ?

mantes productions de la nature étoient proscrites dans
ce lieu, parce que M. de Wédercop avoit, pour toutes
les fleurs, une invincible antipathie. Ce qui me rappela
que M. le prince de Condé avoit la même aversion pour
tous les fruits.

(Note de l'auteur.)

Quelle imparfaite allégorie!...
De ce reproche mérité
Qui mieux que moi sent la justice?
Mais que vouloit-on que je fisse,
Puisque l'on n'a pas inventé
Des symboles pour la beauté,
Pour la vertu, la modestie,
La raison à la grâce unie,
L'esprit à la simplicité?
Sans doute mon âme attendrie
Eût tenté de tracer tant de charmes divers,
Si le doux nom de Cordélie
Ne les exprimoit pas avec plus d'énergie
Que ma peinture et que mes vers.

« Pendant mon séjour à Dolrott, madame de Wédercop fit la noce d'une de ses cousines : ce qui nous procura pendant huit jours des bals, des fêtes, et toutes sortes de divertissemens, qui charmèrent surtout Jenny. Enfin, madame de Wedercop me conduisit dans ma chaumière, à deux petites lieues de son château, dans un lieu appelé *Brevel*. C'étoit une véritable chaumière de roman, dont les habitans étoient des personnages d'églogue. La maison étoit couverte de chaume, mais l'intérieur en étoit charmant; d'ailleurs madame de Wédercop s'étoit plu à arranger mon logement avec tout le soin et toute la recherche imaginables. Il étoit composé de deux chambres à coucher, d'un charmant petit salon avec un poêle, et d'une grande salle à manger, qui m'étoit commune avec les maîtres de la maison, dont l'heure des repas étoit différente de la nôtre. Dans toutes les chaumières de ce pays, on trouve toujours un appartement destiné pour un temps aux étrangers. Le chef de famille le loue jusqu'à ce qu'il soit assez vieux pour quitter le labourage et le travail; alors, pour consacrer le reste de sa vie au repos; il se retire dans ce logement, en se réservant une petite pension; il abandonne la ferme et tout le bien à son héritier, qui travaille à son tour jusqu'à la vieillesse. Quand j'entrai dans cette chaumière, le maître de la ferme, nommé M. Péterson, étoit encore dans la force de l'âge; il avoit plus de deux cent mille francs de bien: sa famille étoit composée de sa femme, de sa fille âgée de dix-neuf ans, nommée Léna, et la plus belle bergère que j'aie jamais vue, et d'un fils qui avoit vingt-deux ans, et qui étoit aussi un véritable berger d'idylle; ce dernier étoit très-bon musicien, il jouoit fort agréablement de la flûte, il faisoit de fort jolis vers allemands, et il étoit beau comme un ange. Il y avoit encore dans la ferme un valet qui n'étoit occupé que des écuries, et deux servantes uniquement consacrées à prendre soin du nombreux troupeau de vaches. M. Péterson et son fils se livroient à la culture du jardin et au labourage; madame Péterson et Léna se chargeoient de la cuisine et des soins du ménage, la belle Léna ne dédaignoit pas de bêcher tous les jours pendant plus d'une heure, seulement dans le jardin, et c'étoit d'une manière très-singulière inventée, me dit-on, par les jeunes filles de fermier que l'on dispensoit des grands travaux des champs. Léna bêchoit assise avec une petite bêche assez large, mais qui n'avoit presque pas de manche; elle faisoit ainsi sans fatigue beaucoup d'ouvrage et très-lestement. J'aimois à voir passer son frère, lorsqu'il alloit aux champs debout sur son stullhwagen : il avoit un air noble et grec, qui réalisoit l'idée qu'on se fait d'Apollon; en tout ces paysans sont de véritables bergers des plus élégantes églogues.

Léna et sa mère, outre les travaux ordinaires du ménage, faisoient aussi une quantité d'autres ouvrages; toute la chandelle qui se brûloit dans la maison, et tout le drap des habits de M. Péterson et de son fils. En présidant à la lessive, elles prenoient des filles de journée; mais elles seules faisoient encore tout le beurre qui servoit à la maison, et tout celui que l'on vendoit; ce qui formoit une grande partie de leur commerce; mais on ne battoit pas le beurre à notre manière : au moyen d'une grande machine, on en faisoit sans aucune fatigue une énorme quantité par jour; ce qui demandoit si peu de force, que Jenny et moi nous nous amusions à en faire tous les soirs.

J'eus l'occasion de connoître à Brevel une superstition singulière, que je n'ai point vue ailleurs : dans les premiers temps de notre séjour dans ce lieu, j'aperçus un matin, sur le toit de notre chaumière, un nid d'oiseau, qui me frappa par sa forme et sa grosseur. On m'apprit que c'étoit un nid de cigogne; j'eus envie de le peindre, et je priai M. Péterson de me le donner; il se récria sur cette demande, en me disant que ces oiseaux étoient tellement respectés dans tout le canton, que l'on causeroit une espèce de sédition dans le village si l'on détruisoit un de leurs nids, et que d'ailleurs on croyoit que ces oiseaux portoient bonheur aux maisons sur lesquelles ils s'établissoient [1]. Voilà encore, dans cette province une idée *renouvelée des Grecs*, qui avoient un si grand respect pour les cigognes, respect fondé sur l'instinct sublime qu'on leur attribue : on assure que lorsque leurs père et mère sont devenus vieux, qu'ils perdent leurs plumes, et qu'ils souffrent, durant l'hiver, les jeunes cigognes les portent dans leurs nids, s'arrachent leurs propres plumes pour les couvrir, et vont leur chercher de la nourriture. Ces oiseaux réunissent ainsi le double instinct si touchant de l'amour paternel et de l'amour filial. C'est d'après ces faits, dit-on, très-avérés, que les Grecs avoient placé dans leur code la loi qu'ils appeloient *loi de la cigogne*, qui obligeoit les enfans à nourrir et à soigner leurs parens dans leur

[1] Ce respect pour les cigognes, fondé par un sentiment moral, sur un instinct purement machinal, est général en Europe; et ces oiseaux ne sont pas moins respectés en Belgique, en Hollande et en Espagne, qu'en Allemagne. Autrefois, en France, on plaçoit au haut des toits des roues pour les engager à y nicher; cet usage subsiste encore en quelques lieux. En Hollande on dispose, dans le même dessein, des caisses au haut des maisons.

(Note de l'éditeur.)

vieillesse et tombés dans l'infortune. Jamais on n'eût fait une telle loi chez les chrétiens : la nature, fortifiée dans tout ce qu'elle a de pur par l'Évangile, la rend inutile.

Le Holstein appartient au Danemarck, et sous ce gouvernement entièrement despotique se trouvoient les paysans les plus heureux de la terre; ils avoient tous droit de chasse sur leur territoire ; M. Péterson me nourrissoit des meilleures perdrix rouges que j'aie jamais mangées. Ces paysans sont très-considérés ; leurs belles chaumières sont souvent pour les seigneurs des environs un but de promenade ; quand ils y viennent, les fermiers leur offrent du thé, qu'ils prennent avec eux, et qui est servi très-élégamment, en belle argenterie, et en porcelaine. J'étois là en pension pour trois frédérics d'or par mois, logement et chauffage compris. M. Péterson fit dans le jardin un banc recouvert de treillage et de fleurs grimpantes, qu'il appela mon banc. Il avoit deux chevaux de stullhwagen, avec de beaux harnois, qu'il appeloit aussi mes chevaux, parce qu'il me les prêtoit sans cesse pour aller me promener. Léna, qui me servoit, étoit remplie d'attentions pour moi. Elle nous apprit à faire de la dentelle; je lui appris, ainsi qu'à Jenny, à faire des fleurs artificielles. Dès que j'avois besoin de quelques matériaux pour faire de petits ouvrages, j'écrivois à Henriette, qui me les envoyoit sur-le-champ, et qui ne manquoit jamais d'y joindre quelques friandises, des confitures et des bonbons. L'hiver qui suivit cet automne fut très-rude : Henriette s'en inquiéta pour moi, et elle m'envoya une douillette si ouatée et si chaude, que l'on pouvoit braver avec ce vêtement le froid le plus rigoureux du nord. De son côté, mademoiselle Bocquet ayant la même pensée, m'envoya quatre paires de bas comme je n'en ai jamais vu depuis; ils étoient fins et unis en dessus, et excessivement plucheux en dedans; rien n'étoit plus léger, plus chaud, et plus agréable à porter. Madame de Wédercop m'envoyoit des pâtisseries, des sirops, et du vin pour Jenny, qui avoit dit qu'elle n'aimoit pas à boire de l'eau pure. Je fais mention de toutes ces choses, parce qu'on ne peut pas imaginer combien elles sont agréables dans la situation où j'étois; je m'en ressouviens comme de véritables bienfaits.

A propos de présens, j'en dois rappeler encore un qui fut fait d'une manière bien agréable, et qui me charma. Dans mon dernier voyage à Hambourg, je revis M. de Talleyrand Périgord[1], revenant d'Amérique pour se rendre à Paris; je l'avois vu très-intimement à Londres, où il s'étoit réfugié dans les commencemens de la terreur, pour se dérober aux persécutions, parce qu'il ne vouloit participer à aucun des crimes. Nous nous rappelâmes avec un extrême plaisir les soirées que nous avions passées ensemble à Londres avec Mademoiselle et ma nièce, sans y admettre jamais une autre personne: je n'ai jamais entendu parler avec une indignation plus énergique des excès qui se commettoient en France; ce fut lui qui nous conta la fin tragique de la vertueuse madame Duchâtelet, et le courage héroïque que, dans cette occasion, montra la duchesse de Grammont pour la sauver. Ces tristes récits furent souvent entremêlés d'entretiens agréables, dont l'esprit de M. de Talleyrand faisoit tout le charme. Il assistoit communément à nos petits soupers, dont il louoit avec la plus aimable moquerie l'*estimable frugalité*. Un

---

[1] Aujourd'hui le prince de Talleyrand.

(Note de l'auteur.)

soir, je donnai un grand souper parfaitement bien servi, où tous nos amis furent invités; M. de Talleyrand, en voyant ce magnifique festin, s'approcha de mon oreille, et me dit tout bas : *Je vous promets que je n'aurai pas l'air étonné.* On n'a jamais été plus aimable qu'il le fut à ce souper. M. de Talleyrand m'avoit écrit plusieurs fois d'Amérique des lettres dans lesquelles il me recommandoit toujours de mettre dans mes réponses *beaucoup de noms propres.* Nous fûmes enchantés de nous revoir; je lui demandai s'il prendroit part aux affaires, il me répondit qu'il en étoit dégoûté pour la vie, et que rien au monde ne pourroit le déterminer à s'y rengager. Je suis sûre qu'il me parloit de bonne foi; mais les ambitieux sont les hommes du monde qui se connoissent le moins eux-mêmes : ils sont comme les amans, qui prennent sans cesse leur mécontentement et leur dépit pour le détachement et la raison. Quelques jours avant son départ, M. de Talleyrand me demanda mes commissions pour Paris, et je le priai de m'envoyer le livre intitulé, *La Sagesse de Charron;* le lendemain, à mon réveil, je reçus de M. de Talleyrand un joli billet, avec le livre que je désirois, parfaitement relié, et une superbe édition *Elzévir*. Le hasard avoit fait que M. de Talleyrand possédoit précisément ce livre, qu'il avoit conservé, en vendant à Londres sa belle bibliothèque, et que, l'aimant beaucoup, il le portoit toujours avec lui. Je fus très-sensible au sacrifice qu'il me fit ; ce n'étoit pas la première preuve d'amitié que je recevois de lui ; car, dans les commencemens de l'émigration, lorsqu'étant encore à Londres il apprit que j'étois dans un couvent à Bremgarten, il m'écrivit pour m'offrir *douze mille francs* ; je refusai cette offre généreuse, mais je ne l'oublierai jamais.

Je reviens à ma chaumière de Brevel : j'étois chaque jour plus contente de mon fermier et de sa famille, dont les attentions pour moi ne se sont jamais démenties. Il n'auroit tenu qu'à moi de passer tout mon temps au château de Dolrott chez madame de Wédercop ; mais je chérissois ma solitude de Brevel, et rien ne pouvoit m'en arracher ; M. et Mme. de Wédercop venoient me voir toutes les semaines, et, après avoir causé une demi-heure, je leur donnois une leçon d'anglois. Je leur appris à lire parfaitement les gazettes angloises, c'est tout ce qu'ils vouloient en savoir. Madame de Wédercop vint me prendre cinq ou six fois dans sa voiture, pour me faire voir les environs de Brevel, dont plusieurs sont dans des sites charmans, entre autres, Pageroe, dont j'ai parlé dans mon conte du *Malencontreux*[1]; c'est là où j'ai vu des roses entées sur un pommier et mêlées avec les pommes. Nous allâmes voir aussi plusieurs châteaux des environs, dans l'un desquels habitoit une dame veuve, qui, quinze ans auparavant, ayant reçu, en l'absence de son mari, un cartel pour lui, se déguisa en homme, se rendit au lieu du rendez-vous, se donna pour le frère de son mari, se battit au pistolet contre son adversaire qui ne la connoissoit pas, et le tua. Cette personne avoit un ton et des manières remplis de douceur et d'ingénuité. Il y a dans cette même province du Holstein, un canton appelé les Hautes-Marches, où les paysans sont si riches,

[1] Ce petit canton est très-peuplé. On y trouve, à chaque pas, de grandes fermes habitées par de riches paysans; des bois magnifiques, des sites pittoresques. La beauté de ce paysage est merveilleuse, on ne voit rien de plus agréable en Suisse et en Angleterre.

(*Contes Moraux*, LE MALENCONTREUX.)

que toutes leurs femmes ont des bijoux, des bagues de mariage en diamans, et des vases d'or pur dans leurs buffets. J'étois à cinq lieues de Sleswig, où madame de Wédercop me mena deux ou trois fois; il y avoit là un vice-roi et une cour, le prince de Hesse, qui avoit épousé la sœur du roi de Danemarck. Ce prince, qui avoit alors quarante-cinq ans, étoit également bienfaisant, aimable et instruit. Il voulut me voir, j'allai dîner à sa cour : il eut pour moi des bontés inexprimables. Il avoit une fort belle bibliothéque, il donna ordre à son bibliothécaire de me prêter tous les livres françois et anglois que je demanderois, en outre il m'envoyoit tous les papiers anglois; il me prêta de superbes herbiers et de charmans tableaux de fleurs, pour les copier; il m'envoyoit sans cesse des oranges et du vin excellent, dont je faisois des présens. Ses enfans étoient élevés dans la perfection; une des princesses ses filles a épousé le roi actuel de Danemarck. J'aurois pu recevoir beaucoup de monde dans ma chaumière; mais, à l'exception de mon amie, madame de Wédercop, et de deux ou trois personnes qu'elle m'amena en passant, je me refusai à toute espèce de visites. Je ne me suis jamais autant occupée que durant ces dix-huit mois ; je faisois régulièrement tous les jours de la musique, je peignois deux heures, je lisois trois heures, en comptant une lecture tout haut que me faisoit tous les jours Jenny, pendant que je peignois. Je relus pour la seconde fois l'Encyclopédie toute entière, à l'exception des mathématiques et de l'astronomie. J'en fis un second extrait, que j'ai conservé, ainsi que le premier. J'écrivois le reste du temps, à l'exception d'une heure et demie de promenade. Il ne me manquoit dans cette habitation qu'une église catholique à ma portée. Il y en avoit une à Sleswig, mais j'en étois à cinq lieues ; et, n'ayant point d'autres chevaux que ceux que me prêtoit mon fermier, je ne pouvois y entendre la messe qu'une ou deux fois par mois. Jenny y venoit toujours avec moi : fidèle à ma parole, je ne lui disois jamais un mot de religion, et je lui donnois le temps nécessaire pour aller à son temple protestant à Brevel, tous les dimanches, avec la famille de mon fermier. Au bout de six mois, je m'aperçus qu'elle alloit moins régulièrement à son temple, elle me faisoit beaucoup de questions sur la religion catholique, quoique j'y répondisse fort laconiquement. J'avois, depuis quinze ans, la petite Bible de Sacy, que j'ai toujours portée avec moi et qui ne m'a jamais quittée, depuis le Palais-Royal. Jenny fut très-étonnée de voir que j'en lisois quelque chose tous les jours; elle me conta que les protestans croyoient qu'il nous étoit défendu de lire la Bible, et que cette lecture n'étoit permise qu'à nos prêtres, et je reconnus ainsi par ses questions que les protestans font beaucoup de mensonges sur les catholiques. Cette découverte fit une profonde impression sur son esprit et sur son jeune cœur. Le fils de mon fermier devint passionnément amoureux de Jenny, qui, contre mon avis, refusa de l'épouser : il s'en consola en faisant des milliers de vers pour elle.

Je fis là un tour de force en littérature, qui me fatigua beaucoup : je travaillois tous les matins aux *Petits Émigrés*, que je composai et que j'achevai entièrement à Brevel; et tous les soirs, je travaillois aux *Vœux téméraires*, que j'y achevai aussi, Jenny copioit à mesure ces deux ouvrages ; en outre je composai toutes les fables de mon *Herbier moral*. Je ne me suis jamais assise devant une table avec une écritoire pour faire des vers; je les ai tous faits, ou en me promenant, ou dans mon lit, quand je ne dormois pas. J'eus de grandes insomnies à Brevel, de sorte que j'y fis toutes ces fables, que je dictois à Jenny tous les matins avant de me lever. Lorsque *les Vœux téméraires* furent achevés, Jenny vint un soir très-émue me dire qu'elle avoit une grâce à me demander, qui dépendoit entièrement de moi, et à laquelle elle attachoit un prix infini; je la priai de s'expliquer, elle hésita beaucoup, et enfin se jetant à mes pieds en fondant en larmes, elle me conjura de changer mon dénoûment des *Vœux téméraires*, et de ne pas faire mourir Constance. Ce qu'il y a de singulier, c'est qu'au lieu de me faire rire elle me toucha, et qu'après l'avoir bien raisonnée sur la nécessité de la mort de Constance, ne pouvant le lui faire sentir, je cédai à ses instances, et je lui promis de bonne foi de la ressusciter. En effet, dès le soir même, je travaillai à changer ce dénoûment, mais je ne pus jamais le rendre supportable. Le lendemain, je l'annonçai à Jenny, je lui fis voir mon travail : je la raisonnai pendant deux heures, et enfin je la décidai à me rendre ma parole, et à permettre la mort de Constance, en lui prouvant qu'en la laissant vivre elle auroit été la plus malheureuse de toutes les créatures.

Cependant le temps en s'écoulant m'apportoit tant de peines et d'inquiétudes, que ma santé en fut sensiblement altérée. J'appris par les papiers publics dans quelles intrigues lord Edward s'engageoit en Irlande, et je sus bientôt qu'il étoit arrêté, et que sa femme se conduisoit, dans toutes ces tristes circonstances, comme une héroïne. D'un autre côté, la situation de mon frère me donnoit les plus grandes alarmes. Je tâchai de me distraire en ne retranchant rien de mes occupations, car je ne pouvois y rien ajouter de plus. Je continuois toujours à parler tout haut quand j'étois seule, et je poussai cette folie jusqu'à un point d'illusion qui m'attaqua les nerfs. Tous les soirs, avant de demander de la lumière, je renvoyois Jenny dans sa chambre, ensuite j'allois ouvrir la porte de mon petit salon, comme si j'eusse fait entrer deux ou trois personnes; c'étoit, dans mon imagination, tantôt ma fille et mademoiselle d'Orléans, tantôt Paméla, mon frère, mon neveu, tantôt ma nièce, ou une amie imaginaire, dont j'avois formé, depuis quinze ans, le caractère à mon gré. J'embrassois ces personnes quand elles entroient, je les prenois par la main; je les faisois asseoir auprès de mon poêle, où j'avois placé des chaises, et je m'entretenois avec elles; je leur parlois de mes sentimens, de ma situation, de mes craintes, de mes projets et de mes espérances: elles me répondoient en me contant des aventures beaucoup plus surprenantes que les miennes, auxquelles tenoit le hasard heureux qui leur procuroit un asile aux environs de ma chaumière.

Je ne recevois jamais que deux personnes à la fois, et souvent une seule; il m'est arrivé bien souvent de pleurer dans ces entretiens, qui finirent par me faire un mal réel, par les émotions extraordinaires qu'ils me causoient. Sur la fin de mon séjour à Brevel, je lus dans les gazettes qu'un vaisseau allant à Copenhague avoit fait naufrage, que deux François qu'on ne nommoit pas, et qui étoient sur ce bâtiment, avoient péri; je savois que mon frère et mon neveu étoient sur mer, allant en Danemarck. Je ne doutai point qu'ils n'eussent péri. Cette idée acheva de m'accabler; je fus désabusée cinq ou six jours après, mais le coup étoit porté. Mes maux de nerfs devinrent si violens, que je fus obligée d'aller à Sleswig, pour consulter un médecin. Dans ce moment, je n'eus pas les ressources de l'amitié de madame de Wédercop, qui étoit elle-même accablée des plus violens chagrins; la ruine totale de M. de Wédercop éclata, elle ne s'en doutoit pas, et croyoit ses affaires dans le meilleur état. Tout à coup, une bande d'huissiers et de gens de justice fondirent dans son château, pour y tout saisir, et pour y arrêter M. de Wédercop. Elle avoit de la fortune et ne s'étoit engagée à rien : elle répondit de tout; elle sauva ainsi son mari, mais elle se trouva dans un mortel embarras d'affaires : elle fut obligée, pour les arranger, de faire, sans délai, un assez long voyage; ainsi je ne la revis plus. Elle m'a écrit plusieurs fois depuis. J'ai su par la suite que cette personne généreuse, sensible et si aimable, étoit parvenue à payer toutes les dettes de son mari, en faisant les plus grands sacrifices. Devenue veuve quelques années après, elle se remaria. Elle est aujourd'hui à Stockholm, aussi heureuse qu'elle mérite de l'être.

Cependant mes maux de nerfs augmentant chaque jour, et une fièvre lente s'y mêlant, je pris le parti d'aller à Sleswig, m'établir dans une auberge, afin d'avoir les secours du médecin de la cour du prince Charles de Hesse. J'arrivai malheureusement à Sleswig, dans le temps d'une foire célèbre dans le pays; je ne pus trouver qu'un petit logement fort incommode, qui n'étoit séparé que par une cloison d'une chambre où se trouvoit une jeune femme avec son mari : ces deux personnes faisoient un bruit épouvantable, ne rentrant jamais qu'à deux heures du matin, en faisant surtout alors un vacarme dont rien ne peut donner l'idée. On eut beau leur dire qu'ils étoient à côté d'une personne mourante : ils n'en tinrent aucun compte; ce qui redoubla ma fièvre et tous mes maux. M. Licht trouva que ce voisinage m'étoit si funeste, qu'il me fit transporter, couchée sur un matelas dans une autre chambre devenue vacante, et qui étoit plus tranquille. Le prince de Hesse eut la bonté de m'envoyer une baignoire, et toutes les choses dont il imagina que je pouvois avoir besoin. J'eus une fièvre nerveuse qui fut suivie d'une fièvre putride, dont je fus à la mort pendant six jours; je conservai toujours parfaitement ma tête : Jenny ne voulut jamais me permettre de prendre une garde, elle m'en tint lieu, avec le zèle et l'affection que l'on pourroit avoir pour la mère la plus chérie. Elle me veilla dix-huit nuits sans se coucher ; les servantes de l'auberge étoient fort désobligeantes : dans des momens de crise, où j'étois forcée d'envoyer chercher M. Licht, il falloit les payer très-cher et argent comptant, pour les engager à y aller ; et une fois au milieu de la nuit, pour en engager une à se relever, elle demanda, et il fallut lui donner un ducat.

Je ne m'abusai point sur mon état ; je connoissois tout mon danger, et je m'occupai du soin d'avoir un prêtre. Il y avoit, à quatre lieues de Sleswig, un saint ecclésiastique qui avoit été jadis aumônier du duc des Deux-Ponts, et qui avoit cinq ou six mille livres de rente. Il étoit venu s'établir là, uniquement pour y administrer les secours spirituels aux catholiques, en assez grand nombre dans ce canton ; il avoit des chevaux, afin d'accourir à leur secours, sans délai. Jenny lui écrivit, il vint aussitôt ; il m'administra tous les sacremens, il resta avec moi un jour entier. Je ne puis exprimer combien sa charitable visite me procura de consolation ; j'étois bien parfaitement résignée à mourir, et c'étoit avec tout le courage que peuvent donner la religion et le malheur. Ce qui me faisoit le plus de peine, c'étoit de mourir isolée en pays étranger, dans une auberge, sans avoir la douceur d'être soignée par ma fille, ma nièce, mon neveu, mon frère, mes élèves, mes amis. Cette séparation de tout ce que j'aimois me paroissoit l'abandon le plus déplorable. Jenny envoyoit tous les jours un bulletin fait par M. Licht à ma nièce et à M. de Valence; ces bulletins n'étoient point flattés, ils exprimoient la maladie la plus grave et l'état le plus dangereux, et personne ne vint à mon secours!.... Mais Henriette n'étoit pas sa maîtresse, elle dépendoit des volontés d'un mari. Cependant je l'attendis continuellement, non-seulement pendant les six jours où je fus à l'extrémité, mais pendant trois semaines où ma vie fut en danger. J'avois un tel besoin de consolation et d'appui, que j'aurois reçu avec toute l'effusion de la plus vive amitié une simple connoissance, qui seroit venue me voir durant ce temps. Combien Jenny alors m'étoit chère! combien je fus touchée de ses tendres soins! Je lui demandai de m'appeler sa mère, afin qu'à mes derniers momens ce doux nom retentît à mes oreilles. Le jour où je fus le plus mal, M. Licht ne me quitta qu'à neuf heures du soir. Jenny, comme à son ordinaire, le reconduisit jusqu'à l'escalier, et lui demanda à quelle heure il reviendroit le lendemain matin. Il lui répondit qu'il ne reviendroit pas, parce que je n'existerois plus à cinq heures du matin; il ajouta qu'une crise même ne pourroit me sauver, puisque je n'aurois pas la force de la soutenir. On peut juger dans quel état Jenny rentra dans ma chambre! J'étois horriblement souffrante, et, quoique je contraignisse mes plaintes, pour ne pas l'alarmer, il m'en échappoit de temps en temps malgré moi. Elle me faisoit boire de quart d'heure en quart d'heure des potions, et je n'oublierai jamais les regards inquiets et effrayés qu'elle jetoit sur moi en me les donnant. Malgré mon accablement mortel, j'en étois vivement frappée; elle croyoit à chaque instant que j'allois expirer. Dans un moment de calme, je l'entendis sangloter; j'entr'ouvris mon rideau qui me la cachoit, et je la vis au milieu de la chambre me tournant le dos, échevelée, à genoux, les bras tendus en l'air et la tête élevée vers le ciel; elle prioit avec la ferveur d'un ange, et je fus très-surprise de la voir à genoux, parce que, dans sa secte, on ne s'y met point pour faire ses prières; je l'appelai pour l'interroger, elle vint éperdue se jeter sur mon lit, en me disant : J'ai promis à Dieu de me faire catholique s'il vous sauve! Je la serrai dans mes bras en fondant en larmes ainsi qu'elle; il me semblait qu'elle venoit de me racheter et de me rendre l'existence : ce moment ne peut ni se dépeindre ni se représenter!....

« Une heure après, j'eus une crise que je supportai parfaitement; et, lorsque M. Licht vint à sept heures du matin, appelé par Jenny, il déclara que j'étois hors de tout danger, et que c'étoit une chose véritablement *miraculeuse*. Elle l'étoit en effet. Jenny existe, et peut attester la scrupuleuse vérité de ce récit. Ma convalescence fut longue, car, sans pouvoir me lever, je restai deux mois dans mon lit. Ma nièce vint elle-même me chercher, et m'emmener à Hambourg; elle me fit prendre une route agréable : nous passâmes par Kiel, et j'eus le plaisir de voir la mer Baltique; j'étois charmée de pouvoir réunir ce souvenir à celui de la mer Méditerranée. Je me remis en pension à Hambourg, chez ma bonne veuve; je n'y restai que quinze jours. Le roi de Prusse étoit mort; je savois que le prince royal régnant avoit, dans le temps, publiquement blâmé la violence exercée à mon égard. J'avois toujours conservé un commerce de lettres très-vif avec mademoiselle Bocquet; elle me conjuroit de revenir à Berlin, chez elle, et me conseilloit d'écrire directement au roi. Je suivis ce conseil, et je reçus, le courrier d'ensuite, une réponse du roi, remplie de bonté: il m'autorisoit à revenir à Berlin, en m'assurant que j'y trouverois toujours *tranquillité et sûreté;* il ajoutoit que, si l'on m'inquiétoit dans ma route, je pourrois montrer sa lettre, qui me serviroit de passe-port. Je possède cette lettre. Quoique je fusse encore infiniment foible, je partis sans délai avec ma chère Jenny. J'arrivai heureusement à Berlin, où mademoiselle Bocquet me reçut avec transport. Elle m'avoit préparé un charmant logement qui communiquoit au sien. Il étoit composé d'une jolie chambre, et d'un grand et beau salon, le tout arrangé avec les recherches de la plus tendre amitié.

Mon salon avoit deux portes, l'une donnant

dans ma chambre, et l'autre conduisant à un escalier dérobé descendant dans la cour, ce qui me faisoit deux sorties; sur le palier de cet escalier se trouvoit une porte vis-à-vis la mienne et qui étoit celle d'un appartement où logeoit un émigré; cet homme, d'un caractère sauvage, disoit mademoiselle Bocquet, ne voyoit personne dans la maison. On me donna deux pots de belles jacinthes; comme je crains l'odeur des fleurs la nuit, et que je voulois laisser la porte de mon salon ouverte pour avoir de l'air, j'imaginai de mettre le soir en me couchant ces fleurs sur le palier de mon petit escalier entre la porte de mon voisin et la mienne. Le lendemain matin j'allai sur le palier pour reprendre mes fleurs, et j'eus la désagréable surprise de voir mes belles jacinthes coupées par petits morceaux et dispersées autour des pots qui les contenoient; je devinai facilement que mon voisin l'émigré étoit l'auteur de cette action que, malgré la galanterie françoise, les libelles publiés contre moi lui avoient sans doute inspirée. Comme je ne voulus pas conter cette histoire, je ne redemandai point d'autres jacinthes aux personnes qui m'avoient donné celles qu'on venoit d'anéantir; je chargeai une servante de m'en acheter; elle n'en trouva point, mais elle m'apporta d'autres fleurs dont je remplis l'un des pots, ensuite je collai sur ce pot une bande de papier sur laquelle j'écrivis ces mots : *Déchirez si vous voulez mes ouvrages, mais respectez ceux de Dieu.* Le soir, avant de me mettre au lit, je replaçai ce pot sur le palier; à mon réveil je fus très-curieuse de connoître le sort de ces nouvelles fleurs; j'allai avec empressement les visiter, et je vis avec un grand plaisir qu'on s'étoit contenté de les arroser; je les portai sur-le-champ dans mon salon, et en les posant sur une table, je m'aperçus qu'on avoit suspendu à deux de ces fleurs deux soies vertes portant chacune un charmant petit anneau de cornaline. L'émigré, qui vouloit réparer son tort, savoit apparemment que je faisois à cette époque une collection de petits bijoux de cornaline; j'en avois des bagues, des cachets, des cœurs, de petites boîtes, etc.[1]. Je fus très-touchée de ce

---

[1] J'ai depuis, suivant ma coutume, dispersé cette collection en petits présens. Je n'en avois conservé que les anneaux de l'émigré, mais je les ai donnés dernièrement à ma fille.

(*Note de l'auteur.*)

procédé qui m'ôta toute ma rancune. Ce qu'il y eut de plus singulier, c'est que l'émigré s'en tint là, il ne m'écrivit point, ne demanda point à me voir, et ne me fit rien dire; j'imitai sa discrétion, et depuis cette aventure nous n'avons jamais eu ensemble le moindre rapport.

FIN DU TOME QUATRIÈME.

www.ingramcontent.com/pod-product-compliance
Lightning Source LLC
Chambersburg PA
CBHW070439170426
43201CB00010B/1151